自主学习法

给孩子更好的教育

［英］娜奥米·费舍尔 著
（Naomi Fisher）

范鹏 译

CHANGING OUR MINDS
How Children Can
Take Control of Their Own Learning

本书将有关学习的研究、理论和实践融为一体，系统地介绍了自主教育对孩子成长的重要性，并对自主教育下的学习方式进行了诸多探讨，既包括对自主教育领域颇有影响力的思想家的采访，也包括来自很多家庭的案例以及非常实用的建议，是一本必不可少的指南。它能让您明白为什么要进行自主教育、自主教育如何发挥作用以及如果付诸行动应该做些什么，从而让孩子通过自主教育重新掌控自己的学习，使孩子能以自己的方式茁壮成长，并使孩子的福祉置于教育的中心位置。

Copyright © 2021 Naomi Fisher.
First published in the United Kingdom in the English language in 2021 by Robinson, an imprint of Little, Brown Book Group.
北京市版权局著作权合同登记　图字：01-2021-4882号。

图书在版编目（CIP）数据

自主学习法：给孩子更好的教育/（英）娜奥米·费舍尔（Naomi Fisher）著；范鹏译. —北京：机械工业出版社，2022.10

书名原文：Changing Our Minds: How Children Can Take Control of Their Own Learning

ISBN 978-7-111-71504-7

Ⅰ.①自…　Ⅱ.①娜…②范…　Ⅲ.①教育研究　Ⅳ.①G40-03

中国版本图书馆CIP数据核字（2022）第157717号

机械工业出版社（北京市百万庄大街22号　邮政编码100037）
策划编辑：坚喜斌　　　责任编辑：坚喜斌　侯振锋
责任校对：贾海霞　王　延　责任制印：李　昂
北京联兴盛业印刷股份有限公司印刷
2023年1月第1版·第1次印刷
145mm×210mm·10.375印张·1插页·209千字
标准书号：ISBN 978-7-111-71504-7
定价：69.00元

电话服务	网络服务
客服电话：010-88361066	机　工　官　网：www.cmpbook.com
010-88379833	机　工　官　博：weibo.com/cmp1952
010-68326294	金　　书　　网：www.golden-book.com
封底无防伪标均为盗版	机工教育服务网：www.cmpedu.com

献给艾贝尔（Abel）和杰萨米（Jessamy）
是你们让我真正懂得了自主教育的意义

致　谢

首先，我要感谢利特尔 & 布朗出版社的编辑团队，尤其是安迪·麦卡利尔（Andy McAleer），感谢您一直以来的启发和鼓励。

我在英国和法国遇到的孩子都拒绝因为所谓的教育而放弃自立，他们让我深受启发。他们的精神是本书写作背后的力量所在。

在本书写作的过程中，很多人对于我开发自己的思维都有很大帮助。有些人专门花时间跟我进行认真的对话，有些人为我通读文章，跟我进行线上或线下的交流。

我采访过布莱克·博尔斯（Blake Boles）、凯文·柯里 – 奈特（Kevin Currie-Knight）、丽贝卡·英格里希（Rebecca English）、帕特·法伦加（Pat Farenga）、彼得·格雷（Peter Gray）、哈里特·帕蒂森（Harriet Pattison）、吉娜·莱利（Gina Riley）和艾伦·托马斯（Alan Thomas）。

他们都为我指明了新的方向、拓展了我的思维，他们对我的影响远超我在本书中对他们的引用。本书的创作正是得益于他们的慷慨相助才得以完成。书中谬误之处均由我负责。

布莱克·博尔斯通读了本书初稿并对本书的写作予以了持续的鼓励，非常感谢！没有他的支持，本书不可能完成。亚历山大·霍斯特（Alexander Khost）对我的创作也给予了大力支持。

如果没有凯茜娅·坎特韦尔-赖特（Kezia Cantwell-Wright）、劳拉·麦卡利尔（Laura McAleer）和海蒂·斯蒂尔（Heidi Steel），完成本书只能是一场白日梦。他们以不同的方式鼓励了我的写作，他们很乐于跟我探讨这种教育如何真正发挥作用，有时我们谈到深夜还意犹未尽。

一路上有幸遇到很多对我深有启发的教育界人士。当然，我也遇到了不少对我有所质疑的教育界人士。我们为此不断进行辩论，尽管有时候我们之间也会产生激烈的分歧。简·克劳西科（Jane Clossick）、艾玛·福尔德（Emma Forde）、尼古拉·加利（Nicola Gallie）、露西·格林（Lucy Green）、莎莉·霍尔（Sally Hall）、杰拉尔丁·霍姆伍德（Geraldine Homewood）、艾尔贝·赫尔利（Ailbhe Hurley）、朱丽叶·坎普（Juliet Kemp）、卡罗尔·洛弗西（Carole Lovesey）、伊丽莎白·米尔斯（Elizabeth Mills）、卡利·穆勒（Kari Müller）、安吉·穆林（Angie Mullin）、丽贝卡·彭宁顿（Rebecca Pennington）、弗朗西斯卡·拉奥（Francesca Rao）、苏·里德（Sue Reid）、凯特·罗布森（Kate Robson）、帕尔文·舍希德（Parvine Shahid）及萨斯基亚·塔肯斯-米尔恩

（Saskia Takens-Milne），感谢你们让我不断思考。如有遗漏，在此表示抱歉。

另外，凯瑟琳·索迪（Katharine Thoday），谢谢您跟我进行多次热烈而富有成效的有关书稿修改的讨论。丽贝卡·拉丁-罗斯特龙（Rebekah Lattin-Rawstrone），谢谢您激励我更认真地对待写作。

最后，我想感谢我的家人，拥有他们对我来说是一件非常幸运的事。我的父母——简（Jane）和西蒙（Simon）——曾告诫我，永远不要觉得某件别人都在做的事就是正确的事。姐姐苏西（Susie）和艾比（Abi）对我给予了一贯的支持和鼓励。弟弟乔纳（Jonah）竭尽全力地让全家人为我创造一个安静点儿的环境。

我的两个孩子艾贝尔（Abel）和杰萨米（Jessamy），每天都让我认识到关于自主学习我要了解的还有很多，以及自己的思维受学校的影响是多么深刻。我们选择了这条非传统教育之路，这全部要归功于乔尼（Jonny）的支持，尽管无视他人的质疑直接采纳自主教育体系可能会轻松得多。没有您的支持，我们什么都做不到。非常感谢。

案例研究

本书包含有关儿童和家庭的若干案例研究。相关儿童并非真实生活中的儿童，为了说明某些观点，我创造了一些向我咨询过的或我遇见过的孩子的复合体。虽然我描述的事情都发生过，但它们并未发生在我遇见过的某个孩子身上。如果相关描述跟某个真实的人的经历相似，那么纯属巧合。

语言问题

在英国，对于孩子在学校之外接受教育，人们通常使用"住家教育"这一术语，而且这一术语被写入了法律。英国的很多家庭教育者坚持应该使用这一术语而不是"在家上学"这一说法，因为这一术语明确表明了他们无意在家中复制学校，而且这种教育跟学校教育也有所不同。本书中统一使用这一术语。在美国等国家，官方说法就是"在家上学"，因此彼得·格雷在序言中也使用了"在家上学"这一说法。

序　言

彼得·格雷（Peter Gray），
美国波士顿学院心理学与神经科学研究教授

我曾经相信父母能在很大程度上控制孩子未来变成怎样的人。读本科期间我学的是心理学，我了解到的信息一直都是环境造就人。父母对于孩子的生长环境具有很大的控制力，因此父母造就了自己的孩子。

对吗？不，事实并非如此。

25岁时，我刚刚本科毕业。儿子出生后，我原来的观念被彻底颠覆了。尽管他还那么小，但他已经是一个独立的人了。我可以为他做一些事情来让他开心或不开心，但我改变不了他这个人，我一下子跟不上了。不过，时间长了，他让我明白：作为一名父亲，我要做的不是去塑造他，而是去了解他。他需要什么，想要什么？为此，我该怎么做？为了跟他融洽相处，我必须做出什么改变？很显然，他对我的塑造比我对他的塑造还要多。如今，研究儿童发展几十年后，我更坚信父母要做的就是：了解孩子、了解他们的需求、满足这些需求，并帮助他们成为自己希望或者需要成为的那种人。

娜奥米·费舍尔——从她作为一个接触过很多孩子和家庭的临床心理学家或者为人父母的经历来说——对此感悟颇深。本书探讨的教育不同于传统求学，因此您或许会认为本书要讲孩子如何向父母学习。可以说，有一点，不过本书所讲的更多的是父母如何向孩子学习。"改变思维"意味着，我们要从认为孩子是课程或行为塑造的被动接受者转变为认为孩子是在主动创造自我（从他们出生的那一刻起）。

学习，真正的学习，那种会一直存在并影响人一生的学习，从来都是出自我们的内心。每时每刻，孩子（此后的成年人）都在试图理解这个世界。这种理解只能出自人们的内心，否则就毫无意义，人们要么很快把它忘得一干二净，要么不把它当回事儿。谁也不知道另一个人如何理解这个世界或在某个时间乐于理解这个世界的哪个方面。教育，真正的教育，始终是自主的，或者说至少是自我选择的，原因就在于此。有时候，自主学习者会自由选择另一个人来引导自己的教育的某个方面。但是，即便在这种情况下，该学习者也处于掌控者的地位。他们自己选择是否寻求这位老师的帮助，而且他们随时可以退出。

正如娜奥米所指出的，我们所说的"传统"教育体系并非建立在对孩子学习方式的科学理解的基础之上。这种体系认为，世上存在某些真理，人们必须将这些真理视为自己的信条，不得提出任何质疑。所有孩子同时"上"同样的课程，定期接受测试，通过者予以奖励而不及格者受到惩罚。经过了一代又一代人，这一模式基本被原封不动地传承了下来。改变的只是我们对学校的看法，而非办学的方式。教育工作者可能会说其目的是培养学生的批判性思维、创新思维或对学习的热爱。然而，这一体系的设计初衷不是为了这样的目的，而且也没有为此而努力，因而这种目的只会"胎死腹中"。

请您好好思考一下。说实在的，基本上孩子不及格的唯一原因就是没有按要求去做，而孩子及格的唯一原因就是做到了别人要求他们去做的事情。在学校，基本上对权威的挑战总会带来麻烦。您必须怎么做呢？您必须记住别人教给您的东西并做出反馈。如果您打算设计一个旨在培养学生的批判性思维、创新思维或对学习的热爱的学校，这种学校会与传统学校完全不同。它看起来会像瑟谷学校或世界各地其他支持自主教育的学校一样。

儿子9岁时说服了他的母亲和我，让我们相信我们必须让他脱离传统教育。我们给他报名，让他读了旨在推行自主教育的瑟谷学校。您可以在网络上找到有关该校的完整描述。在此，我只想指出，该校招收4岁以上的孩子，不按年龄区分学生，不提供任何课程（除非孩子主动要求）或进行任何测试，由孩子和教辅人员以民主的方式共同管理。在这里，孩子们可以探索、玩耍、社交或以其他方式追求自己的兴趣，每天如此，成年人不得干涉。按每个学生计算，学校的运营成本大约只有当地公立学校的一半。

如果您也在考虑让自己的孩子接受自主教育，现在您正在考虑的很多问题可能跟我当时考虑的问题一模一样。他能学会自律,好好学习吗?他能学到今后过上令人满意的、有意义的成年生活所需要知道的东西吗?如果他想接受更高等的教育,他会具备这种能力吗?我发现,不仅对我的儿子而且对所有的学生来说,对这些问题的回答都是"是的"。我针对该校毕业的学生进行了一项研究,发现他们都发展得很不错,后来我又进行了旨在弄清自由掌控自己学习的孩子如何获得教育的研究。

我的研究以及其他人的研究都让我相信,孩子生下来就带有自我教育的相关设计。该设计的组成并不神秘。教育包括两大方面:知其然以及知其所以然。换句话说,就是获得信息及其技巧。好奇心是促使孩子获得信息的主要驱动力。孩子们从来不会停止对这个世界的探索,他们这样做是为了弄清楚这个世界上有些什么东西以及这些东西具有什么特性。他们能拿这些东西做些什么?玩耍是促使孩子学习技巧的主要驱动力。全世界的孩子都会进行很多活动,这些活动对他们的学习来说最为重要。他们会玩身体技巧、语言、手工、想象与假设、社交技巧以及有助于他们学会如何应对恐惧和愤怒的方式——情绪管理技巧。

另一种至关重要的教育驱动力是社交能力。孩子们希望跟他人建立联系,他们这样做的部分原因是他们想知道别人知道什么并跟他们分享自己知道的东西。孩子们在一起玩、一起探索时,一个人的发现就会变成所有人的发现。不玩的时候,孩子们会观察别人并通过看和听来进行学习。只有在孩子们有时间能够自由运用这些驱动力时,这些驱动力才有效。在学校,这三种驱动力基本上处于关闭状态。

学校会在一定程度上抑制孩子的好奇心，让孩子们觉得自己的问题无关紧要、课程中的问题才重要，无论孩子或老师是否对那些问题感兴趣。学校里的玩耍变成了休息时间（学习过程的暂停），而非一种必不可少的学习工具。因此，学校在一定程度上关闭了孩子的自然学习方式，试图通过奖励和惩罚对他们进行教导。有些老师可能尝试在传统学校中鼓励学生的好奇心、玩耍或社交，不过那绝非学校的初衷。在学校里，每个学生都应该同时以同样的方式学习同样的东西并通过测试来证明自己，而好奇心、玩耍或社交只会成为绊脚石。

在美国等几个国家，家庭主要通过两种合法的方式让自己的孩子避开传统教学，转而选择自主教育。一种方式是给自己的孩子报名读一所旨在推行自主教育的学校，如瑟谷学校这类的学校；另一种方式更为常见，即在家上学。目前，大约4%的美国学龄儿童在家上学。理论上，正如这一名称所示，在家上学就是以家为校。事实上，家并非学校。或者，我应该说，在现实中家极少能够成为学校。

父母可能想象着自己在家里给孩子开一所小小的学校，就像在学校一样给孩子上课、测试和打分。但是，孩子很快就会让他们改变想法。孩子讨厌上课，他们会反叛，而父母很快也会明白孩子为什么恨自己。同时，父母也会注意到：在兴趣的带动下，孩子会不断学习。而且，他们还会注意到：孩子们学到的东西至少跟上某门强加给他们的课程学到的东西一样有价值，而且更有意思。在这种情况下，批判性思维、好奇心和对学习的热爱得以尽情绽放。

家长可能多多少少也会给孩子在家再上些课，但孩子的兴趣会对这些课程产生强烈影响。很多学校都在谈论以学生为中心的课程，但一个班有20~30个孩子（甚至更多）而且都要参加相同的测试，因此不太可能以学生为中心。不过，在家里这一点有可能得以实现。事实上，如果要在家里上课而且还希望家里一片祥和，以孩子为中心基本上是不可避免的。

此外，家长们很快也会意识到自己不必在孩子想学的每件事情上都成为专家。每个孩子都有自己的发展方向，这些方向往往远超父母的知识、技巧和兴趣。情况历来如此，如今，互联网让这一情况比以往更容易出现甚至更加严重。

就在家上学而言，有些家庭完全采取了自主教育。他们放弃了任何强加课程的托词。据美国政府相关统计数字显示，大约10%~20%的美国在家上学家庭属于这一类。这些家庭通常宣称自己是"非学校教育者"。在这类家庭中，孩子们光明正大地完全掌控自己的教育。父母按照孩子的意愿提供力所能及的帮助，但他们不会强加给孩子任何课程。

非学校教育对于家庭内外关系都非常密切而健康的家庭来说效果最佳。孩子，尤其是越来越大的孩子，需要超越自己的家庭，因此，跟其他家庭以及整个社区关系良好的家庭比更为孤立的家庭更适合非学校教育或任何形式的在家上学。如果孩子能够观察到足够多年龄、兴趣、观点或个性不同的人并与他们进行互动,这样的学习效果最好。像在马萨诸塞州的瑟谷学校,这种情况是非常自然的。不过,对于在家上学而言,父母必须刻意为之才会产生这种效果。

在与吉娜·莱利（Gina Riley）的合作中,我对75个已经成年的非学校教育者进行了跟进研究。研究表明,跟那些民主化学校的毕业生一样,他们在现实中发展得很好。大部分情况下,他们追求的事业正是他们童年玩耍期间培养的强烈兴趣的直接延续;而他们在童年时期被赋予的指导自己行为和学习的责任似乎在成年时期带来了红利,体现为高度的个人责任感和自我引导力。

改变思维与改变行为是两件不同的事情。我遇到过很多人,从逻辑或实证角度他们都相信让自己的孩子接受自主教育比在传统学校接受教育要好,但他们就是无法冒险一试。在吉娜·莱利和我对232个非学校教育家庭进行的调查中,我们提了以下问题:"对您家来说,在非学校教育中您要克服的最大挑战或障碍是什么?"毋庸置疑,我们听到的最多的答案都跟因为违背常规而遭受的社会压力或批评有关（来自亲戚、朋友、邻居甚至陌生人）。

我们都是规范生物,违背社会潮流非常不易。非规范似乎暗示着不正常,而不正常是非常不好的事情。如果大部分人都无法理解,那么做自己觉得（甚至明确地知道）正确的事情就需要很多勇气。不过,随着更多人渐渐走上自主教育之路,这种非规范感正在逐渐减弱。

我非常认同有关社会变化的转折点的言论。起初，只有少数几个勇敢的先行者会去尝试一条全新的道路。他们开辟了道路，这样下次沿路而来的人就会轻松一些。最终，当走这条路的人足够多的时候，所有人都会认识某个已经走上这条路的人。那时候，这件事就不会显得不正常了。而且，如果这条新路明显比老路更好，人们就会像潮水一样涌上这条新路。

我深信，如今我们所走的自主教育之路也是如此。我不知道这扇大门何时会轰然打开，但我希望有生之年能有幸见证这一天。对于实现这一点，本书大有助益。

目 录

致 谢

序 言

第一章　获得教育 ... 001

第二章　学习——科学家、处理器与老鼠 ... 023

第三章　动机——星星、贴纸和笑脸贴 ... 047

第四章　自主学习——不逼着孩子学习会怎样 ... 066

第五章　从牙牙学语到青涩少年
　　　　——孩子长大过程中学习有何变化 ... 091

第六章　结果——我们如何衡量教育 ... 113

第七章　育儿——神奇的计数、依恋与控制 ... 132

第八章　差异——做自己 ... 152

第九章　去学校化——将学校丢在脑后 ... 180

第十章　支持自主学习者 ... 206

第十一章　幸福感——看到其他人不想看到的东西 ... 232

第十二章　求救！关于自主教育的问题 ... 258

第十三章　自主学习在行动——自主学习者的故事 ... 274

后　记 ... 301

结　论 ... 310

第一章
获得教育

　　时值九月,我的信箱里塞满了孩子们的照片。他们都很阳光,穿着崭新的校服,微笑着面对镜头。他们穿着白色的袜子、灰色的裙子或裤子,头发梳得整整齐齐。照片传递的信息清晰无比:免费而且轻松的学前班结束了,现在该干点儿正事儿了。

　　初入校门令人兴奋,令人充满期待。孩子们心中对即将在自己面前开启的新世界充满了敬畏。看着自己的宝贝向着独立迈出第一步,父母们紧张得大气也不敢出。我们跟自己4岁大的孩子说学校很美好,在学校他们能交到新朋友,而且能学到在家里学不到的东西。他们相信我们的说法。

　　然后,他们就上路了。

　　对某些孩子来说,这一承诺得到了兑现。学校提供了一次机遇,他们能够结交新朋友,能够得到启迪。对其他孩子来说,这一承诺带来的是幻灭或失望。对所有的孩子来说,接下来的12年将定义他们的人生。他们永远不会忘记自己的校园时光。

我们大部分人都无法想象若一个孩子不上学将如何接受教育。这意味着，如果某个孩子在学校里不太成功，我们也并未认真考虑其他选项。我们让孩子尝试不同的学校或者在学校寻求更多支持；我们带孩子做心理障碍评估，花钱请治疗师，只希望能得到他们完成学业所需要的帮助。完全脱离学校体系通常被描述为一场灾难，这种情况被称为辍学，这事儿糟透了。

不过，到底学校里有哪些事情如此必不可少呢？上学是件很费时间的事情。从大概 4 岁到 16 岁甚至 18 岁，孩子们每周上 5 天课。在这段时间内，一名成年人可以读完四个本科学位或者两度完成医生培训。我们坚持认为自己的孩子应该在学校投入大量的时间和精力。但是，这么做值得吗？

停课之时

此刻是 2020 年春。如今，去年 9 月好像是很久之前的事情了。由于新冠肺炎疫情的暴发，世界各地的学校都准备关门。孩子们（以及他们的父母）可能要居家几个月。

报纸上充斥着各种有关如何"让学习不落下"的文章。老师们建议学生严格按照计划学习，投入足够的时间，要跟在学校一样。在《卫报》一篇典型的文章中，一位小学的副校长阿曼达·格蕾丝（Amanda Grace）对此说得斩钉截铁："每天早上制定一份时间表并安排好时间。使用'现在'或'接下来'这样的说法。如果孩子较小，您可以进行精确的定时，比如 10 分钟阅读，

第一章　获得教育

然后再玩 10 分钟乐高、过家家、追逐或锻炼。"

换句话说,她是在建议您如何在家里控制您的孩子,就像在学校里一样。

学校行事有一定之规是因为它们必须如此。如果一个小房间里面坐着 30 个要学同样东西的孩子,您需要一张时刻表,也需要安排好时间。您需要规定他们的玩耍时间,而其余大部分时间您需要他们老老实实地坐好。如果您没法控制这些孩子,他们就会乱作一团。这些方法跟教育没有关系。它们与如何管理很多人的组织工作有关。学校为了管理孩子所做的事情在某种程度上变成了人们所认为的"良好教育"理应该包括的一部分。因而,学校停课时,很多人尝试在家里复制同样的做法,他们认为这是最好的办法。

这说明我们的学校教育影响非常深远,而我们也难以想象用什么东西取而代之。我们怎样都不会去想这是否真的是最佳的学习方式。即便我们痛恨学校,我们的孩子也痛恨学校,我们也会带着这种情绪让孩子继续上学。

孩子们放学后,大部分父母很快就会发现在学校里有用的东西在家里并不起作用。尽管他们试图让孩子每天早上学习英语和数学,但他们发现,一旦离开校园,如果孩子说"不",他们也没什么好办法。一旦新鲜劲儿过去,很多孩子就会说"不"。当孩子趴在桌子上或拒绝对话时,想让他们严格按照计划表学习是徒劳的。试图在家里复制学校的做法往往很快就会翻车。

父母们应该清醒地意识到:如果能够选择,孩子们并不希望做他们在学校做的事情。在学校,孩子们毫无办法。对于要做什么或什么时候做什么事情,他们毫无选择。当孩子们有了更多的自主权——在家里往往就是如此——他们就会选择做点儿不一样的事情。

然而,这并不意味着教育离开了传统学校就会徒劳无功。相反,学校之外的教育可能令人兴奋、充满活力和饶有趣味。的确,人们需要一种不同的方法,父母要尊重孩子的观点并让他们控制自己的学习。这种教育始于赋权而非服从。

为此,我们必须放弃我们被学校灌输的若干原则。尤其是,我们必须改掉"所有的孩子必须按照同样的顺序学习同样的东西"这一想法。我们从不会要求成年人这样去做,因此也没理由要求孩子们这样去做。我们要放弃"成年人是规划孩子学习的最佳人选"这一想法以及"奖惩能够有效地控制孩子的学习"这一迷思。

这意味着教育会发生巨大的改变。这种教育的目的是让每个孩子找到学习的快乐并发现自己感兴趣的东西。每个孩子童年时都有机会了解自己以及自己在乎的东西。这不仅有利于学习,而且也有利于孩子的心理健康。

要开启这一进程,我们需要学会如何区分教育和上学。我们不应该继续认为教育意味着传授某门标准化的课程或对孩子的时间进行微观管理。这些是学校要求我们做到的事情,而不是教育要求我们做到的事情。我们不应该告诉孩子他们需要知道什么,我们应该给他们茁壮成长的机会。

第一章
获得教育

这些观点并不新鲜

奇怪的是,这些有关教育的观点并不新鲜或特别极端。几百年来,教育学家们注意到:如果孩子能够自己选择要做什么,他们往往能够学得更好。19世纪60年代,列夫·托尔斯泰在自己的庄园亚斯纳亚·波利亚纳(Yasnaya Polyana)为农民子女建了一所学校。在这所学校,学生可以选择上不上课,这里的教育从孩子的兴趣开始。托尔斯泰写道:"教导方法对老师越方便,对学生越不方便。唯一正确的教学方式是学生满意的教学方式。"

稍近些时候,在20世纪大部分时间里,"自由学校"曾风靡一时,后来渐渐风光不再。1921年,A.S.尼尔(AS Neill)创办的夏山学校(Summerhill)或可称为其中翘楚。位于英国萨福克郡的夏山学校有一项教师主导的课程项目,但课程为选修课。很多孩子选择不上这门课,他们没有压力这样去做。1968年,丹尼尔·格林伯格(Daniel Greenberg)和哈娜·格林伯格(Hanna Greenberg)在美国马萨诸塞州创建了瑟谷学校。瑟谷学校没有课程方案,除非学生对此有要求。截至2020年,两所瑟谷学校仍在运营而且蒸蒸日上。

不过,如果您出自传统学校体系,您绝不会想到还有这样的学校。发展心理学家们一直高度推崇基于社交和玩耍的学习。社会心理学家们发现,一个人越自主,其做事情的动力就越大。除了对年龄非常小的孩子的教育,上述见解似乎未曾进入如今的教育体系。对年幼的孩子来说，人们公认最佳的教育做法应该允许他们选择自己想做的事情，或许原因在于他们极其善于抵制自己不想做的事情。随着孩子逐渐长大，学习往往变成了别人违背他们的意志、强迫他们去做的事情。他们的学习环境变得越来越窄，从可爱的幼儿园教室中各种多感官选择变成了课桌和课本。等孩子10岁以后，他们唯一的选择就是可以选择不同的科目以及致力于记忆哪种信息。他们可以选择历史或地理，但其结构和背后的原则没什么不同。他们没法选择真的非常不同的东西，例如，启动一个自己对其最终结果无法预知的项目；通过雕刻或舞蹈而非文章来表达对自己正在学习的东西的想法；以开放的方式探索自己的兴趣，率性而为；或者找份兼职，边学习边赚钱。

路在何方

我们并非总是会送4岁的孩子去学校。事实上，在人类历史绝大部分时间内，学校从来不是大部分孩子的一个选项。义务教育最早出现于1763年的普鲁士（今属德国）但并未被其他国家迅速采纳，或许因为人们担心其价格昂贵或可能动摇社会秩序。1882年法国将小学教育纳入义务教育，与英国的时间大致相同。1852—1918年，美国各州相继通过相关立法，其中最晚纳入义务教育的州是密西西比州。

即便是今天，各国在"到底什么是义务教育"上仍然各执一词。在瑞典和德国，义务教育就等于学校。在欧洲大部分国家和

第一章
获得教育

美国,义务教育就等于教育。如果父母想在校外给孩子提供教育,他们就可以如此行事,尽管他们可能要接受州政府有关其对孩子教育情况的检查。

学校普及之前,孩子们以不同的方式学习成年后所需要的各种技巧。在欧洲,根据人们社会地位的不同,孩子的学习方式非常不同。上流社会的孩子跟家庭教师学习或上学。穷孩子在家帮助父母,做学徒或学做生意。在欧洲之外,孩子们受教育的方式也非常不同,其中很多孩子的教育并不依赖书面语言。美洲原住民基于口述历史和讲故事让孩子获得教育,同时通过让孩子参加部落中的各种活动来获得实用的技巧。南非的历史学家们描述了村庄中的长者和传统领袖如何向孩子传递知识和技巧,帮助他们在自己的社会中扮演有用的角色。人们还希望孩子通过参与部落生活,如参加围绕宗教、日常生活或战争的活动等,进行学习。其他文化也拥有不同的教育孩子的方式,往往采取正规的指导结合非正规的学习、观察或玩耍的方式。

此后,我们有关教育的视野越来越窄。如今,全世界大部分人都认为上学是教育孩子的最佳方式。学校被提升为孩子学习最佳的、唯一的方式。如今,人们认为即使以前那些只有特权阶层才用的教育方法(如请家庭教师)也不尽如人意。我们觉得"教育"只是意味着"上学"。

义务教育在全球大部分地区普及大概130年之后,我们所生活的这个世界已经发生了很大变化。智能手机的出现,意味着很多人都拥有了一个能够获得大量信息的工具。对于一位来自19

世纪 80 年代的人来说，我们现在做的工作、我们的休闲方式都会让他一头雾水。可是，学校怎样呢？

在伦敦东区的运河旁边有一家小型博物馆，它每个月只开放几天的时间。在其内部，人们可以一瞥维多利亚时期的历史，因为这里正是 1877 年托马斯·巴拿度（Thomas Barnardo）博士创办科波菲尔路免费学校的地方。这所"破烂学校"为伦敦东区的穷孩子提供了 31 年的教育。如今，您可以参加教室重现活动，体验一下维多利亚时代的学校是个什么样子。我带着两个孩子去参加了一下。

经过几次未能成行后，我们最终赶上了该教室向公众开放的日子。我们到了之后被要求穿戴整齐，穿上无袖连衣裙，戴上鸭舌帽。我们坐在板凳上，面前是一张课桌，老师站在前面教我们拼写和字母表。我们用写起来发出沙沙声的铅笔把老师讲的内容抄在石板上。我们写错时遭到了老师的训斥，说话时被告知要保持安静。还有人被戴上了笨蛋高帽，然后被告知坐到角落去。

我儿子对于这一时光旅行体验不感兴趣。他跟我耳语（只不过声音太大了）道："这就像个学校，我们走吧？"

我们满怀愧疚地猫着腰离开了教室。当时我有种强烈的预感，感觉自己会被叫回去坐好，不要乱跑。

我儿子说得没错。如果某个维多利亚时代的老师能穿越到今天，他完全能认出教室，也能准确地知道自己的位置在哪里。情况没什么变化。老师在前面讲课，学生们在下面听课和学习。对于维多利亚时期伦敦的穷孩子来说，这可能是他们学会认字的唯一方式。而对于现代的孩子来说,情况则非常不同。

我们离开后去了礼品商店,在那里我们花了 3.5 英镑买了一块石板复制品。我女儿灵机一动,问道:"我们能买个维多利亚时代的 iPad 吗?"我知道她的意思,这块嵌在木条之中的灰色石板看上去就像一款早期的、极简版的平板电脑。

自维多利亚时代以来,人们对信息的获取方式一直在发生变化。19 世纪 90 年代,人们只能把知识放在自己头脑中或者写在石板上。如果您想了解什么东西,必须去图书馆或问问某个有学识的人。如今,人们可能会说我们的问题正好相反,因为无论我们身处何方,周围的信息都太多了。

您确定每个人都像我们一样行事吗

近来,我的一位法国朋友跟我取得了联系。她的儿子们读法语学校,而她在家教他们英语。她想给他们做听写。

在法国,有关听写的书籍和手册随处可见。在亚马逊网站上搜索一下,您会看到:《听写大全》、《101 篇听写:2500 处难点解析》(法语版)等书。从小学低年级到高中毕业班,各个等级的听写用书您都能找到。

原因在于,在法国的学校里,小孩子从 6 岁起就会坐在课桌旁,把老师读出来的东西写下来。他们会尽可能地做到精确,因为每犯一个错误他们就会受到惩罚。法国学校专门盯着错误,做对的地方老师也不会打钩。老师只会在旁边写下您写错的单词的数量。

法国人认为,在认字过程中听写至关重要。尽管如此,2017年法国学校都滑出了国际阅读排行榜,时任教育部部长让-米希尔·布朗克(Jean-Michel Blanquer)宣布小学生今后每天都要做听写练习。

然而,如果您隔空跨越英吉利海峡,登录亚马逊网站,那里的情况就会有所不同。如果您在那里搜索"听写"(dictation),您看到的会是录音电话机或某些音乐类书籍。那里没有《听写大全》,没有看上去非常用功的坐在课桌旁的孩子的图片,也没有分级的手册。我明白我的朋友遇到了什么问题——她找不到给讲英语的孩子用的听写用书,原因很简单——英国学校不听写。

在法国,人们普遍认为,要想学好认字,定期听写必不可少,这被视为常识。在英国,听写几乎算不上一个选项。我禁不住想,还有哪些事情我们觉得至关重要,但事实上孩子们不学也没关系呢?我们都在继续做曾经做过的事情,我们又从哪里得知呢?

我们需要学校吗

在此,我想打个岔,先谈一下相关社会学研究。请暂且忍耐一下。

社会学中争议最大的一件事情就是因果问题。表明两件事情

第一章
获得教育

同时发生相对简单,但要表明其中一件事情引发了另外一件事情就要困难得多。举例来说,我们可以做一项测量孩子身高以及阅读能力的研究,会发现身高较高的孩子阅读能力更强。这叫作相关性。我们可能会得出结论,认为身高带来了更好的阅读能力,或者认为较好的阅读能力有助于孩子长高。然而,那样我们就错了。随着孩子逐渐长大,他们往往会变得更善于阅读,而且通常也会越长越高。年龄是关联身高和阅读能力的第三因素。

我们还会期待另一种相关性,即孩子们在学校的年数跟他们的阅读能力相关。在这种情况下,大部分人会假定孩子们在学校的那些年月让孩子的阅读能力得到了改善。可是,如果情况并非如此,我们又怎会知道呢?我们怎么知道是学校带来了更好的阅读能力还是有一种第三因素在发挥作用呢?

如果您试图证明一件事情导致了另外一件事情,您可以问两个十分重要的问题,即这件事情是否必要或是否充分。"必要"意味着,离开了这件事情另外一件事情就不会发生。如果学校是学习阅读的必要因素,那么任何人不上学都无法学会阅读。

"充分"意味着,这件事情本身就足以导致另外一件事情的发生。如果学校是学习阅读的充分因素,那么每个上学的人都能学会阅读,但不排除其他学会阅读的方式。也许非正规教育或家庭教师也能让人学会阅读。

您只需朝四周瞥一眼就会发现:学校并不符合这两个标准。学校并非必要因素,因为有些孩子不上学也能学会阅读(并成为受教育者)。学校也并非充分因素,因为很多孩子上过学但离开学校时却连成年人必需的包括阅读在内的基本技巧都没有掌握。这并不会阻止大部分人认为不上学就无法获得教育。

那么，我们如何评估学校对孩子的影响呢？我们如何得知上12年学会对某个孩子造成什么影响呢？

就个人层面而言，我们无从得知。我们无法让时光倒流去看看本来可能会怎样。通常，为了了解某件事的影响，我们会对两群人进行比较以发现其差异。例如，我们可以在数学方面给予某些孩子额外的帮助，然后再拿他们跟那些未获得这些帮助的孩子进行比较，看看第一组孩子的数学成绩是否更好。

设计对上学和不上学的孩子的研究不像给某些孩子提供数学方面的额外帮助那么简单。我们不能把孩子编入随机组，让其中一半上学，而让另一半接受校外教育。他们的父母可能也不会同意。我们也无法把父母为其选择校外教育的孩子与上学的孩子进行比较，因为他们并非对等的两组孩子。如果周围的人都跟您说上学是正确的事情，不让孩子上学需要很多勇气以及反叛的个性，而且做出这种选择的父母可能在其他方面不那么传统。

有些父母会选择其他形式的教育，因为他们看到自己的孩子在学校显然不太成功。这意味着这些孩子可能会跟那些留在学校的孩子不同，这使比较变得更加困难。我们无法对不同国家进行比较，因为更富有的国家倾向于让所有的孩子上学而贫穷的国家则不会如此。人们很容易认定普及教育是某些国家比其他国家更为富裕的原因，不过事实上我们并没有相关证据。

此外，我们如何才能衡量某种教育是否有效呢？学校用考试结果来衡量自己是否成功,但我们可能对教育有更高的期待。我们可能希望看到孩子对学习和自己面前的机遇充满热情。您无法用某场标准化考试来对此进行衡量。

学校从来不是一种基于证据的干预。起初普鲁士人并未先进行针对不同教育方法的大量比较研究然后才得出拥有课桌、教师和课本的教室才是正确的方式。一名老师对一大群孩子讲课既实用又经济,这就是他们这样做的原因。

所有人都应该像我们这样做

关于学校有益影响相关证据的缺乏,并未妨碍人们宣称传播西方的教育模式就是解决全世界教育问题的良药。在过去一百年中,西方教育孩子的道路越来越窄,但我们还在竭力确保让该道路遍及全球。

全球教育行动想都不想就接受了这一模式。您可以看一下联合国教科文组织。在我登录其网站的那天,其教育倡议网页上挂满了来自世界各国的面带微笑、专心听讲的孩子的图片。其中,来自塞内加尔的孩子手里抓着铅笔,坐在木板凳上,望着黑板旁边的老师;来自埃及的孩子面带微笑,每个人都穿着一模一样的格子校服;来自乌干达的一排排孩子们都穿着整洁的蓝色衬衫,他们的老师在教室里走来走去。如果孩子们都穿着校服,一排排地坐好,他们肯定是在学习。

"教育"是一种委婉的说法——意思就是"学校"。如果我不这么习惯于学校的样子，或许会觉得这些来自世界各地穿着一模一样的孩子的图片看起来有点奇怪。

几乎所有人都会说，那是一种衡量标准。但是，孩子们在上学过程中却越来越缺少学习的动力。在美国，大约有十分之一的青少年辍学，连高中毕业证都拿不到。在英国，大约40%的青少年在英国会考（GCSE）考试中拿不到五个好成绩——继续接受教育、体现基本读写能力和计算能力的最低要求。在一个考试过关最重要的学校体系中，这种统计数字可算不上出色。很多受过教育的年轻人没法证明上这么多年学的价值。

学校不能减少不公平吗

我们回到联合国教科文组织的网站，联合国全球教育特使戈登·布朗（Gordon Brown）认为教育的意义在于："没有普及教育，换句话说，没有打赢对文盲和无知的这场战争，我们就无法打赢针对疾病、道德败坏和失业的战争。没有普及的高标准教育，我们只能走这么远，远远不足以打破贫困循环。"

令人激动。谁会不同意呢？在全球普及教育，听起来是个想都不用想的好主意。

当然，只不过他的意思是"学校"而非更广泛意义上的"教育"。不幸的是，欧洲、北美等很多国家多年的学校教育并未为人们赢得针对无知的战争，也没有打破贫困循环。这个世界上还存在疾病、道德败坏和失业。在很多欧洲国家，不公平现象越发

第一章
获得教育

严重,其原因在于政府的政策而非教育的缺失。我们有什么理由觉得在其他地方教育会带来不同的结果呢?

我们大部分人都认识某个因为在学校表现好或遇到某个关心自己的老师而人生发生巨大变化的人。鼓舞人心的老师是流行文化中常见的比喻——想想《吾爱吾师》《死亡诗社》和《心灵捕手》。对某些孩子来说,在学校里表现好意味着他们可以过上不同于父母的生活。我们想想这些人,假定这意味着,正像戈登·布朗所说的,学校正在"打破贫困循环"。

对那些个人来说,是的,确实如此。在学校取得成功的确帮助某些人摆脱了贫困。问题在于,学校从来无法让所有人都摆脱贫困。这些问题是社会组织而非教育失败造成的结果。

事实上,学校加剧了本就存在的不公平。原因在于,学校不停地让孩子们彼此比较,孩子们都知道这一点。那些表现最好的孩子能得到更好的机会并得到奖励,人们会说他们天赋异禀、多才多艺。那些表现没这么好的孩子注定要花时间重复学习起初没学会的东西,在这个过程中他们变得心不在焉、痛苦不堪。人们会说他们学习困难或具有特殊的教育需求。孩子们的这种分类关系到他们的社会经济地位。富孩子更有可能表现好,而穷孩子可能表现没那么好。

在某些国家,如法国和美国,到了年底表现不好的孩子不得不留级。在其他一些国家,如德国和英国,孩子们被分到不同的班级和学校,因而彼此的机会也各不相同。这两种体系都会给孩子一个明确的成功与否的信息。

慢孩子群体

慢孩子

艾伦·亚伯格（Allan Ahlberg）

我—是——一个—慢—孩

—子—我—哥—哥—们

—是—足球—队—成员

—我—姐—姐—是

——一个—服务—员—我

—弟—弟—是—幼儿—圣诞—剧—里的——一位—智者

—我—是——一个—慢—孩

—子—我—就—这样—我—恨

—这——一点。

对于在 20 世纪七八十年代读英国小学的人来说，艾伦·亚伯格的儿童诗集是一个盛满回忆的宝库。每首诗都能让我想起那段经历的某个方面，一直到我们常常盘腿坐在凉风习习的礼堂的地板上唱的那些赞美诗。

"慢孩子"的开头令人想笑，被放慢的速度伴随着听某个孩子读自己还不太能驾驭的东西时的那种乏味。不过，诗歌的末尾流露出了孩子的真心，让人为之动容。我们听到了孩子的感受——他们痛恨这一点。

第一章
获得教育

如今,我们生活的这个时代羞于使用"慢孩子"这种直言不讳的称呼。其实,这并没什么不同。研究表明,就算小孩子也非常清楚自己是否被人视为"聪明"的孩子,何况很多学校在孩子四五岁时就将他们分成不同的能力组。孩子们很快就会明白哪个组位于顶端、哪个组位于中间以及哪个组位于底层,即便他们都被叫作"小袋鼠"。不幸的是,平均来说,最后沦落到最底层组的都是穷孩子或其他劣势群体的孩子。他们永远无法赶上来,他们对此心知肚明。

在未来多年岁月中,这些早期的标签会形成孩子的自我认识。从很小的时候我们就知道,孩子对于别人对自己学习能力的看法非常敏感。我们还知道,孩子对自己能力的看法会影响他们今后的成功,而这与他们的实际能力并无关系。如果孩子觉得自己擅长数学,那么他们在今后的数学学习中就会有更好的表现,即便他们实际上从一开始并不具备这种能力。

考试,考试,没完没了地考试

在英国,10岁的孩子每年都要参加一场有关拼写、标点符号和语法的考试。近年来,该考试要求学生通过勾选等方式说明具有特定意义的"theirs(他们的)"一词是并列连词、从属连词、物主代词还是关系代词。尽管我的学业一直很优秀,获得了一个学士学位和两个博士学位,但关于这一点我一直不太清楚。然而,这正是老师们不厌其烦地要这些孩子学习的东西。对其中的某些孩子来说，这真的非常难学。不论怎样，这是他们必须了解也必须要考的东西，因为他们 10 岁了。这种学习内容与对学习者重要的东西是完全脱钩的。

考试是一件很奇怪的事情。人们坐在某个房间里，拿着纸笔，写出一系列问题的答案。他们不能跟其他人说话，也不得查阅任何东西，而且他们只有几个小时的时间。生活中跟考试相似的东西寥寥无几。

但是，考试的结果能在多个方面深刻地影响参加考试者的人生机遇。在世界各地的教育体系中，这种考试越来越多，人们将这一现象称作重大考试。

重大考试不仅被用于评估孩子，也被用来评价老师的工作表现、对不同学校进行比较，有时甚至据此判定是否对某所学校予以资助。人们把考试视为完善教育体系和绩效的一种方式。有一件事情确凿无疑——考试结果常被用于限制孩子的机遇，因为他们天生争强好胜。考试的全部意义就在于比较和对比。如果在某场考试中每个人都考得很好，那么这场考试就没什么意义。考试就一定要有失败者。

在新加坡，孩子们在小学毕业前（12 岁时）要参加一场考试，这场考试会决定他们一辈子的机会。它决定了孩子能读哪所学校，进而又决定了他们要参加哪些考试，接下来这些考试又会决定他们未来会做怎样的工作。在法国，如果孩子年底考试考得不好，第二年就要重读，把当年学的知识重学一遍。在英国，4 岁的孩子要参加基准测试；6 岁的孩子要参加拼读测试；7 岁和

第一章
获得教育

10岁时，孩子要参加标准评估测试——阅读、科学和数学测试；11岁时，成千上万的孩子要参加一场考试，这场考试将决定他们能上哪所学校。德国把所有的孩子分入不同的学校，大约只有30%的孩子能够进入最具学术性、最有名望的学校。我们怎么也戒不掉对孩子进行测试或排名。

我们对孩子进行测试时会发生一些奇怪的事情。我们会对其他评估方式毫无兴趣。最初针对4岁孩子的基准测试被引入时，人们说这种测试非常有必要，不然我们怎么了解孩子都知道些什么呢？

我从未给我的孩子进行过任何方面的测试，但我对他们的能力一清二楚。我会根据他们所在的层次提出自己的建议，对于自己的建议应该包含哪些细节信息我一清二楚。我只要随手翻翻某本书就知道这本书对他们是难度太大还是太小。我知道他们对哪些事情感兴趣。

这并不意味着我是多么出类拔萃，绝大部分父母对自己孩子的了解都能达到这种程度。我们知道他们的优缺点并进行相应的调整。人们会以不同的方式跟大一些和小一些的孩子进行互动，而且不用刻意为之。相关研究表明，其他成年人（甚至包括大一些的孩子）跟孩子互动时同样得心应手。我们丧失了对这种关联型、直觉型评估的信心，相反我们相信，孩子们在某一天对某些问题的回答能够更加真实地反映他们的能力。

孩子标准化

人们对于标准化考试的推动带有一种期待，即所有孩子都可以达成相同的教育目标。

孩子都是多变的。进化论心理学家认为，这是人类的一个优点。为了在新的、充满挑战性的环境下实现最优适应，多样性必不可少。但是，若使用同样的标准去衡量所有的孩子，我们就把这种多样性转化成了一个问题而非一种优势。

有一张描述某场考试的卡通图片，我很喜欢这幅图片（见图1-1）。考官坐在课桌后，两眼紧盯着考生。他说道："为了公平选拔，所有人都要参加这场相同的考试：请爬上那棵树。"考生们正看着他。考生包括小鸟、猴子、企鹅、大象以及鱼缸里面的一条金鱼。猜对获胜者不会获得奖品。

图1-1 "公平"的考试

第一章
获得教育

学校体系对待人与人之间差异的方式就是断定那些不一样的孩子具有"特殊教育需求"。从本质上来说,这意味着该标准体系不适合这个孩子。只不过该说法暗示着:问题不在于该体系无法适应差异性和多样性,而在于孩子本身,因为这个孩子具有"额外的需求"。

这种孩子可见于所有的学校体系中。不同体系管理孩子的方式因其所在国家,尤其是文化差异,而不同。法国体系尤其刻板,不适应学校体系的孩子会被送到精神科日间医院,而且他们的父母会被告知他们的孩子不可教育。在美国,对应做法更倾向于诊断和药物治疗,大约10%的孩子会被诊断为多动症。通常,这些孩子会被告知他们的大脑跟别人的不同,需要额外的支持(往往是指药物)才能在学校有好的表现。我们并不知道他们的大脑是否真的不同,因为大脑扫描上并没有可识别的差异,而且也没有针对多动症的医学检测。我们只知道他们不太符合该学校体系的要求。

关于被诊断为具有特殊教育需求的孩子数量每年持续增长的原因,相关讨论有很多。我猜原因在于,随着学校的要求越来越严格,它们需要更为标准化的孩子。这在孩子们开始认字甚至开始上学之前就已经开始了,且回旋的余地更小。

上学行不通之时

有些孩子需要一些跟学校非常不一样的东西。这一点可见于他们在学校的行为、苦恼以及年龄越大越不愿学习的表现。其他方式也能让孩子获得教育。不过，政府和学校坚持认为其他方式没有经过验证而且充满风险，它们会跟父母说学校是他们的孩子能够获得教育的唯一地方。

大量证据表明，情况并非如此。从小孩子身上我们可以看出，我们没必要强迫孩子学习。人类生来就充满了好奇心，天生就希望在周边的环境中学习。根据相关实验类和观察类研究，无须指导，孩子也有动力学习非常复杂的技巧。

在很多针对学校的研究中，人们发现，未被要求攻读某门课程的孩子受教育的程度完全可以达到很多读大学的孩子的水平。

一旦我们能够理解这一点，就会对上学产生不同的看法。因为，如果我们相信学校必不可少，很多人就会无视有关学校对孩子影响的重大担忧。

我们深信受教育非常重要，甚至为此做些牺牲也在所不惜。然而，如果学校教育仅是受教育的一种方式，那么不开心、学习没乐趣、焦虑或欺凌等因素就可能成为过于高昂的代价。

在本书中，我会讨论为什么很多孩子，甚至包括那些十分成功的孩子，在学校无法茁壮成长。此外，本书还会探究为什么很多常见的学校做法不仅跟学习无关而且不利于孩子的健康。

本书的第二部分非常具有实用性，将有助于您思考采取哪些步骤以促成一种非常不同的教育。其中包括很多让孩子不再接受传统教育的家庭可能会遇到的问题以及相关应对建议。本书将探讨哪种孩子需要具备自主教育的能力以及周围的成年人应该如何让孩子获得这种能力。

第二章

学习——科学家、处理器与老鼠

我们首先想想人们要通过怎样的方式学习，不只是孩子，也包括各个年龄层的人们。一个人从愚昧无知到学富五车需要怎样的奇迹？我们往往认为这需要经历一个他人指导的过程才会发生。我们认为，如果一个人非常专注地倾听某个授业者的话，他就能学到东西。如果不行，那就重复相关内容，或者换种模式对这些内容加以重复。如此等等，直到他听懂为止。

然而，即便您一再重复相关内容，这一过程有时候仍然可能没什么作用。有些东西就是很难学，有些人就是记不住别人教过的东西。再进一步说，有时候人们能够记住所教内容并原样输出，但并不理解自己学过的内容。为什么？在该学习过程中到底发生了什么事情？

我们对学习的理解，是我们认为教育应该如何的核心问题。事实上，它也是我们如何理解孩子以及孩子发展的核心问题。因为，如果在别人教导之下学习才能达到最佳效果，那么学校将教导时间最大化、将分心时间最小化才有道理可讲。正如我的小学老师经常说的："在椅子上坐好，别说话。"可是，如果这样做并不能带来最佳学习效果呢？如果靠告诉别人应该学些什么并不能让别人学会您讲的东西呢？在这种情况下，我们可能需要重新思考学校的整个组织方式。也许，不是孩子学习不够努力而是学校的设计不够好，不足以让年轻人学会正在学习的东西。

在本章节，我将引入几种心理学学习模型。这些模型大致分为三类：行为类模型、认知类模型和建构类模型。我将探讨这些模型跟学校活动的关联以及"基于科学的教育方法"到底是什么意思。

开始之前我想提醒一下：学校并不基于任何学习理论。没人把学校设计成学习最大化的样子，各国政府也并未在推出大学教育之前对孩子怎样学习进行相关研究。教材引领下的教导非常有效，容易实现标准化而且相对经济。总之，由于这种做法便于实施，学校便成了规范。

学习理论

作为一名心理学的大学本科生，我曾非常痴迷于学习。我曾希望自己的学位最终能够告诉我人们如何学习以及这一神秘的过程究竟如何发挥作用。我特别感兴趣的问题是：一个来到世上时所知几近于无的宝宝长到 5 岁时如何学会走路、说话、表达自己的观点，甚至学会读书和写字？发生了什么呢？我报了一些有关学习、记忆与认知的课程,希望能对自己有所启迪。

我学到的是一些有关老鼠和鸽子的东西。事实上,鸽子是非常聪明的鸟类。经过训练,鸽子能够啄开按钮以获得食物或避开另外的按钮以免遭到惩罚。它们能飞越几百英里回到家中,但谁也不清楚它们到底是如何做到的。老鼠甚至更加聪明,人们能让它们穿过迷宫找到正确的奖励或推动杠杆以获得食物。事实上,这门课程比我想象得还要有趣,不过它对于人类如何学习这一问题或者说对于准确理解学习毫无帮助。学习如何穿过迷宫跟我在周围看到的复杂的人类行为相比相去甚远。

有人向我推荐了行为主义。

请暂且忍耐一会儿,我将带您快速了解一下有关学习的几种心理学理论。我们对学习的理解对于我们如何教育自己的孩子具有非常重大的影响。我们最感兴趣的是他们的行为方式还是他们的思维?我们觉得能把学到的东西用于新的状况非常重要还是只专注于他们在考试中的表现呢?孩子积极参与学习的过程重要还是老师以最有效的方式将信息传递给孩子重要呢?

行为主义

早期的学习理论源于对动物的研究。具体来说,早期的心理学家研究的是动物的行为及其变化。对他们来说,学习就是行为的一种变化。

伊万·巴甫洛夫(Ivan Pavlov),俄国人,曾在20世纪初从事相关研究。尽管他是一位生理学家，但他却被视为心理学研究的先驱之一。他偶然发现通过摇铃就可以训练狗流口水，因为以前给狗喂食之前他都会摇铃。狗懂得了铃声意味着食物，甚至食物还没放到面前就开始流口水。这并非狗的有意识行为，流口水只是对特定情形的自动回应。这种行为被称作"经典条件反射"。

20世纪三四十年代，哈佛大学的斯金纳（Skinner）做了不同的尝试。他训练老鼠推动杠杆以获取奖励。跟巴甫洛夫的狗不同，这些老鼠必须通过做些什么事情来表现出学习行为，因此该实验中引入了选择行为。如果老鼠推动了杠杆，它们就能得到糖水。斯金纳训练其中一些老鼠，让它们推动某个杠杆，以避免电击等负面后果。由于实验者能够控制某些后果，斯金纳的老鼠学会了推动某个杠杆或者避免推动某个杠杆。巴甫洛夫的狗开始流口水是因为巴甫洛夫此前喂食时都会先摇铃，因而铃声和食物之间形成了某种关联。在上述两种情况下，都是实验者而非上述动物控制了会发生什么的学习行为。

很快，心理学家们就懂得了如何将这一发现运用到孩子身上。1920年，约翰·B.华生（John B. Watson）在9个月大的婴儿小艾伯特（Albert）身上展示了何谓经典条件反射。他在敲击铁管的同时给小艾尔伯特看老鼠。小艾伯特学会了一看到老鼠就开始哭。

任何现代伦理委员会都不会允许这样的做法，尤其是研究者此后并未为小艾伯特消除这一条件反射。谁都不知道小艾伯特身上发生了什么。不过，1928年华生已经开始撰写利用行为主义原则养育孩子的手册。他认为只有三种无条件反射：恐惧、暴怒和亲昵。其他反射的习得均基于行为主义原则，因此父母需要注意以正确的方式训练孩子。

华生的建议不太合时宜，尤其是其有关以超脱的、公事公办的方式跟孩子互动的建议。不过，他的确引发了常规养育和习惯养育的风潮，该风潮如今仍然盛行。他强调的是父母的行为应当恰当。这样，孩子才会学会正确地关联，大家才会皆大欢喜。

现实生活中的行为主义

我拜访过的学校都应用过行为主义原则。它们利用奖惩来控制孩子的行为。典型的学校奖励包括分数、教师表扬、学校奖励和出色的学校报告等。学校的惩罚包括低分、批评、不良的学校报告、留校、停课等。

就其本身而言，这些做法对很多孩子都管用。如果孩子能够改变自己的行为，如忘写作业被留校后交上作业，孩子就取得了成功。这种显而易见的成功会造成一种结果，即很多学校和老师都会忘记自己错过了一些重要的东西。他们错过的是孩子自身的体验。

从行为主义视角来看，孩子怎么想并不重要。孩子可能会一边服从学校的要求一边愤恨不已。年龄较小时，很多孩子会忍气吞声；年龄大一些后，更多孩子会开始表达自己的感受。

另一个问题是，有的孩子可能对行为主义策略无动于衷。有人认为，孩子是会变的，只要我们施加足够的压力孩子就会改变。因此，如果某个孩子对午饭时间留校无动于衷，那就让他放学后继续留校。如果他还是无动于衷，那就让他停课一天。如果一天不行，那就试试停课一个星期。人们有责任让孩子做出改变，孩子不改就加重惩罚，直至勒令其退学。

假设您正在学杂耍，比如学如何抛接五个球。您试了又试，但总有球掉下来。您甚至连三个球都玩不了，因为您是一位新手。此时某位行为主义老师会说："如果你一个球都不掉，我会给你一个奖品。"

您尽了最大的努力再度尝试，但您还是掉球。老师改变了策略。他说："如果接下来十秒内你再掉一次球，我会罚你抄写100行。"

还是没用。事实上，您这次的表现好像更差了。您甚至练都不想练了，因为您很有可能要被罚抄写。此时，老师又加码了："加油，再加把劲儿。别掉球，否则你必须在这个房间再待一个小时。"

您心中充满了绝望，尽管做出了最大的努力，但还是掉球了。

"好吧，就这样吧！"老师说道。"你被停课了。回家去，这个星期都不要来了。"

这有助于您学会这项杂耍吗？您还有可能继续尝试吗？

行为主义假定孩子可以完成这一任务，只要他肯努力。对于一个没能力完成这一任务的孩子，这毫无用处。某个小孩因在座位上扭来扭去而被惩罚,或某个大些的孩子因在课上焦虑、发呆或答不上来问题而被老师惩罚,这两种情况非常类似。他们不服从,但不一定是因为没有尝试。

超越行为主义

20世纪60年代,很多心理学家对行为主义的局限性感到沮丧。看上去,用行为主义来理解复杂的人类过于简单。此外,让·皮亚杰(Jean Piaget)和利维·维谷斯基(Lev Vygotsky)感兴趣的是人们如何思维而不只是人们如何行动。行为主义声称人类通过对环境的刺激做出回应来学习;认知心理学家承认环境与行为之间存在会思考的人类。问题在于,您如何衡量他们的学习呢?

对想法进行研究是一件很棘手的事情。行为主义意义上的改变是可见的,但人们无法问一只老鼠其思维是如何变化的。衡量某个人想法的改变通常需要向他提问或对他进行测试。

心理学家通过两种方式解决了这一问题。一种方法是密切观察那些以自然的方式进行学习的孩子。皮亚杰观察了自己的侄子和女儿的成长过程以及他们对这个世界的理解。另一种方法是做实验,根据设计好的范式研究人们在受控情形下的学习状况或利用测试弄清孩子知道什么。

如今,人们仍在使用这两种方法。世界各地的心理学家们设计了很多实验,希望弄清人们如何学习。其中某些方法论跟那些用于老鼠和鸽子的方法论十分类似。这种实验常常要求人们学习一些无用的信息。例如，有关记忆力的研究常常会研究人们对某些表格或抽象图案的记忆状况。这样做是为了避免人们事先知道要学习的内容。然而，这意味着学习是断章取义的，而且往往对学习者毫无意义。人们假定，当记忆某些有意义的内容时，同样的因素也会发挥影响。

为了开展一些有关学习过程的实验，心理学家们不得不忽视很多令学习有趣的东西以及很多人正在学习的东西。作为一名本科生，我参与了若干有关学习和记忆力的实验。因此，我们获得了一些报酬，那也是消磨一两个小时时间的一种不同的方式。

如今，回想起来，实验的确切内容我已经完全不记得了。那些内容非常单调，包括观察屏幕上的棋盘并尝试回忆哪一个跟此前看过的完全一样或看到跟另一个面孔匹配的面孔时就按一下按钮等。也许当时我记住了某些单词。不过，我记忆最深刻的是那个又小又暗的实验室以及那张因为自己的参与可以获得10英镑报酬而不得不写上自己姓名的报名表。另外，还有收到报酬时的那种开心，因为当时我没多少零花钱。我久久不能忘的仅仅是这些东西。

当然，没人测试我是否记得这些东西。他们感兴趣的只是我能否记住那些面孔或棋盘。

人们设计的有关学习和记忆力的认知实验只关注某个特定的问题，为此，他们会把情景简化到最基本的形态。为了了解其背后的进程，他们会把学习从其背景之中剥离出来。如果这就是您的目的，这样做确实十分有用。不过，跟行为主义一样，当这些理论被应用于教育之中时，人们往往会忽视对这些实验的简化。孩子不能被简化为背后的进程。

记忆与认知

近来，有一种有关学习的认知理论正在教育领域卷土重来。E. D. 赫希（E. D. Hirsch）和丹尼尔·威灵汉姆（Daniel Willingham）等教育家或认知科学家认为，我们应该将记忆力认知模型直接应用于教育或学校。他们对政府具有很大的影响力，因此这些理论在英国和美国带来了广泛的课程改革。

他们成功的原因显而易见，因为他们所倡导的有关学习的模型听起来简单易行，而且非常适用于学校模式。威林厄姆认为，学习就是为了使人们能够长期记住相关信息。工作记忆都是短时的，受人们能力的限制，相关培训也无法大大拓展人们的工作记忆。我们在心中重复某个电话号码，在电话上拨打这一号码，随后马上就会忘记这一号码，此时我们使用的就是工作记忆。

相比之下，我们的长期记忆能够容纳大量信息，但我们每次只能抽出少量信息用于我们的工作记忆。训练无法大幅扩展我们的工作记忆。不过，扩展我们工作记忆中的某一项是可能的。请看下例：

> 下面是一行字母，花几秒钟时间看一下，然后翻过本页看看您能写下来几个：
>
> **F I E N P D K M W P A Q B J O I**
>
> 通常来说，您能记住 5~8 个字母。这是工作记忆的正常范围。
>
> 现在再来试试下一个：
>
> **The enormous turnip jumped over the hedge.**
>
> （大萝卜跳过了篱笆。）
>
> 这次您记住了多少个字母呢？如果您理解这句话的意思，那就说明您能记住 35 个字母。
>
> 现在，再来试试下面这个：
>
> **Jfd dscdwers njeyy aqwqew ecxs ggnn okjko**
>
> 同样是 35 个字母，如果您还能记得住，那就奇怪了。为什么会有这种差别呢？

在"大萝卜"一例中，我们的大脑把这些字母组合成了单词，因此我们只需记住这些单词而不用记单个的字母。当然，这句话的意思也让我们的记忆变得更为轻松。

我们在阅读方面的专业知识会改变我们工作记忆所能承载的信息量。单词就是字母的组合。最后一例是没有任何意义的组

第二章
学习——科学家、处理器与老鼠

合,因此我们又回到了以单个字母作为基本信息单位的状况,而我们有限的工作记忆让我们卡了壳。

大量证据表明,长期记忆中储存了更多信息的人比储存信息较少的人更像专家。倡导将这一模型应用于教育的人很喜欢谈论专家,尤其是国际象棋专家。有关国际象棋选手的研究表明,专家级的国际象棋选手能比新手更好地记忆棋子在棋盘上的位置,但这些棋子必须位于有意义的位置(即某场比赛中可能更为重要的棋子的位置)。如果人们随意摆放棋子,新手和专家级选手都难以记住有关位置。在真正的国际象棋比赛中,相关背景知识和专业知识意味着专家比新手具有优势,因为他们能够想象到很多有意义的组合,就像您能想象到上述字母的组合一样。这使得他们能够掌控大量信息,很不幸,新手就不得不记忆每个棋子的位置。

专家与新手之间的区别并不在于他们的工作记忆。在该模型中,相关区别只是他们储存在自己长期记忆中的信息量的大小。

您或许能猜到我们接下来要谈些什么。

打造专家

在学校中,倡导该模型的人认为,教育的目的应该是让孩子在长期记忆中获得尽可能多的信息。毕竟,相关证据表明专家与新手之间的区别就在于他们的长期记忆储备。他们认为,若像国际象棋选手一样储存了大量背景信息,孩子就能掌控自己工作记忆中的更多信息并像专家一样思考问题。该理论认为，一旦了解了这一点，人们就可能做出创新和更高层面的思考。

这些理论凸显了最近在美国和英国新开的几所学校所奉行的哲学。在英国，位于伦敦西区的米迦列社区学校（Michaela Community School）就是一个很好的例子。在米迦列社区学校，孩子们在每节课上都会接受训练。他们一遍遍地重复学习材料，每天都要接受严格的测试。做家庭作业时，他们进行自我测试。他们跟着老师学习教材上的内容，每天被迫阅读1万多个单词，课上随时可能被点名要求保持专注，从而避免陷入白日梦。他们一天中的每个时刻都是被控制的。这很像一所记忆实验室，您不能分心。

如果您认为教育是一场拓展的记忆实验，这也完全说得过去。我们都知道，时间长了人们就会忘记学过的内容，而为了记住这些内容，人们就必须不断地重复学习这些内容。在这种学校，整个体系就是这样运行的。它基于认知科学，而人们也喜欢谈论认知科学。

这一方法不乏谬论之处，甚至缺乏被当作"专家"所必需的大量背景信息的我们或许也会注意到这些谬论。

还记得那些国际象棋选手吗？他们非常专业，拥有关于国际象棋的大量背景知识。该理论认为，这就是他们成为专家的原因，如果我们能够教给孩子大量的背景知识，他们也能变成专家。

只不过学习国际象棋的方式是下棋。这是一种通过走棋、验

第二章
学习——科学家、处理器与老鼠

证策略、向别人学习、阅读书籍或浏览网站的过程。您绝非是先坐在教室里面学习大量有关国际象棋的知识或策略，然后等到未来某一天您自己被当作专家时才开始下国际象棋。对于这些专家级国际象棋选手来说，其终点可能是在自己的长期记忆中形成很多棋局，但这些棋局大部分都是在下棋过程中学会的。对他们来说，这些棋局很有道理，因为他们非常了解国际象棋这一游戏的结构。他们甚至无法说出这些相关信息，这些信息可能被编入了他们记忆中的另外一个地方（这被称为"隐式学习"，我们学习骑自行车或游泳时都会使用这种学习方式，即便我们学会后可能也讲不出其中的道理）。

此外，很少有人天生就会下国际象棋。学校里面没有这门课程。只有经过多年的练习，人们才会成为国际象棋方面的专家。

他们之所以是专家，因为他们爱下国际象棋，而且他们周围的人不断地跟他们一起下棋。他们下棋有一定的目的和背景。

倡导基于知识的教育方法的人声称，只有孩子获得了必需的背景知识，他们才能成为专家或形成创新思维。正如米迦列社区学校的音乐老师所说："我不让初中阶段的孩子编曲，因为他们还不具备进行有意义的编曲所需要的知识。"

因此，她训练他们读谱、听和弦。他们把学习和学习行动割裂开了。在该记忆实验室之外，没有证据证明这是最好的学习方式。

甲壳虫乐队的特例

真幸运,甲壳虫乐队没读过米迦列社区学校,他们谁都没学过读谱或编曲。多首世界名曲的编曲者保罗·麦卡特尼(Paul McCartney)说过:"我觉得音乐并非纸上的乐符,音乐是我头脑中的东西。"他利用软件将自己的音乐转换为符号,但他完全不懂任何正经的乐理。

如果他们先接受了几年的乐理训练才被允许编曲,他们的音乐会更好吗?如果他们被告知自己必须先成为专家才能变得有创意,那又会怎样?对此我们无从得知。不过,我对此有些怀疑。他们学习音乐的方式是做音乐,而非接受相关的音乐训练。

正如行为主义一样,这种认知主义属于某种层面的解释。它与信息存储在大脑中的方式有关,不过仅此而已。它并未告诉我们任何有关学习背景、文化与学习的互动或人们如何向彼此学习的东西。

事实上,相关跨文化研究表明,有一件事情上过学的孩子比没上过学的孩子做得好,那就是对于无关信息的记忆。上过学的孩子学会了如何记住某些东西,即便是没什么意义的东西。这种技能只有置于学校背景之下才有用,孩子们在学校里考的或许是他们并不理解或并不想学的东西。

第二章
学习——科学家、处理器与老鼠

这些人在哪里呢？

这些学习理论无法告诉我们，为什么某个人痴迷于代数而另一个人却喜欢历史。它们甚至无法告诉我们，为什么某个人觉得某件事情非常简单而另一个人费尽力气也及格不了。它们也没法告诉我们，为什么保罗·麦卡特尼的头脑中有音乐。

对于这些认知科学家和教育家来说，人们基本上就相当于处理信息的一些单位。信息输入后，他们对信息进行编码，此后加以输出。根据这一模型设计的学校专注于尽量让该编码有效，它们相信这才是真正重要的东西。因此，虽然这类方法以认知科学为基础，但其倡导者不会告诉我们，他们所说的认知科学基于将背景与真实生活割裂的实验。离开了背景，学习又会变成什么呢？

它变成了对若干随机词汇的记忆。

行为主义以及这种特殊的认知理论都有些怪异，这让我有些烦恼。它们似乎跟人没多大关系。虽然人们的学习脱离了他们的个性和生活，但他们的记忆存储是一个单独的硬盘驱动器，我们可以通过训练或重复将信息输入其中。

建构主义

幸运的是，并非所有的认知科学家都专注于鸽子或记忆练习。有些人注意到，孩子们能通过对自身反射能力的好奇心来学习。美国发展心理学家和哲学家艾利森·高普尼克（Alison Gopnik）就是其中之一。她并未试图教会孩子某些信息并对他们的维持力进行测试，而是设计了很多实验，为了说明小孩子知道些什么以及这些知识与他们经历的互动。

举例来说，事实证明，如果两个成年人给出了自相矛盾的信息，三四岁的小孩子对于应该相信谁也能做出合乎逻辑的选择。跟陌生人相比，孩子更倾向于相信自己的父母，不过他们也会考虑人们说话时的自信程度。他们更可能相信某个说话时笃定的人，而不是某个闪烁其词的人。

此时，该研究才变得真正有趣起来。因为，这证明对小孩子进行教导事实上可能会使他们停止学习。伊丽莎白·博纳维茨（Elizabeth Bonawitz）以及她的研究团队专门研究了探索性学习和教学之间的区别。

他们用一个玩具做了几件事情。成年人把这个玩具给了某个孩子。他们给一半的孩子明确讲了这个玩具某个部分的工作原理；对于另外一半的孩子，他们"偶然故意地"讲了其工作原理但并未教他们如何使用。被教过如何玩这个玩具的孩子按照学到的方式玩这个玩具；没被教过的孩子自己摸索并发现了该玩具的其他玩法。大人的指导似乎使孩子不再寻找其他的可能性。其他研究也得出了相同的结论。如果人们告诉孩子什么事情该怎么做，他们就会模仿。如果没人告诉他们，他们就会自己摸索。在第二种情况下，他们能学到的东西更多。

当然，如果您认为教育的意义在于获得某类知识，这一发现就不重要了。模仿非常有用。只有当孩子变成了"专家",才能考虑摸索和发现。不过,如果您担心孩子在上学过程中失去学习的乐趣,也许这一发现会对这种情况有所暗示。

作为科学家的孩子

高普尼克的著述中写的都是孩子自身的情况。对她而言,孩子绝非被动的接受者,他们会把已有的知识和经验用于所有情景之中。从很早的时候开始,孩子们就会积极尝试理解其他人正在做的事情及其原因,并据此调整自己的行为。他们始终是自己学习过程中的积极参与者。

对高普尼克来说,上学只代表一种学习方式,而且并不凌驾于其他形式之上。她暗示,其他社会学习方式在不断演化而且更为复杂。从她的视角来看,西方中产阶层的父母都沉溺于某种育儿文化,该文化专注于塑造孩子以带来某种特定的结果(高普尼克称其为教养的"木工法")。这非常符合学校文化,两者具有类似的目的。正如上学并非学习的唯一方式一样,这也并非育儿的唯一方式。孩子不上学也能学习。对于大部分人类历史来说,孩子们都没上过学,但他们都变成了能发挥自身作用的成年人,也学会了如何在社会上生活。

有时候,人们把高普尼克的学习和发展理论称为"理论中的理论",因为她认为孩子能够建构自己关于这个世界的理论并利用概率性推理演绎出可能的答案。该方法的核心在于以下理念,即孩子自身的视角与自己的经历产生互动以及学习始终是一种活动过程。相关研究说明了孩子如何通过观察和倾听来学习、预测和检验假设。这种学习科学与我们在自主学习的孩子身上看到的情况非常类似。尽管孩子没被要求背诵,但这种学习同样具有科学性。

当我们把学习看作孩子之间、孩子自带的知识和他们的环境之间的互动时,我们就能弄清为什么每个孩子的学习轨迹如此不同,以及为什么两个孩子从相同的经历中学到的东西如此不同。

警觉意识

在西方社会,这一段探索性社会学习的时期非常短暂。很快,孩子们就被送往学校去接受正规学习,人们认为这比非正规学习更高级也更重要。人们费了很大力气阻止孩子继续通过探索性玩耍来学习,因为学校和父母的关注点变成了阅读能力和计算能力。然而,在某些国家,并非所有的孩子都上学,因此我们可以稍微了解一下不上学的孩子如何学习。

危地马拉的研究表明,未接受正规教育的孩子处于"警觉意识"状态的时间要比上学的孩子长。他们比控制组那些上学的孩子能更有效地通过观察和模仿来学习,因为控制组那些上学的孩子当别人告诉自己该怎么做时才会注意到这件事情。

很多跨文化心理学家都认为,我们应该把学校看作一种文化现象。学校教的是跟具体文化有关的技巧,参加的也是跟具体文化有关的考试。人们的思维和学习始终与他们的文化经历紧密相关。我们可以把认知和学习看作是随着人们学习如何在自己的文化中生活而不断发展的东西，而不是可以抽取出来进行单独测试的东西。

它与认知科学信息处理模型的距离与自身可能发展的距离一样远。

从背景中学习

学校就是精心建构的学习环境，其目的在于实现某种特定的学习。它们让学习脱离了生活的背景。上学要求某个成年人采取针对某个群体孩子的具体行动，目的是让这些孩子学会一系列特定的知识或技巧。理论上，这些知识可以用于将来。不过，孩子目前学习这些东西是因为这是学校要教的东西，而不是因为孩子现在需要懂得这些才能开始自己的生活。什么东西重要，学校说了算，孩子说了不算。

以阅读为例。学校认为孩子们需要在 5 岁左右学会阅读，并把阅读当作一种专业技能。孩子学会了读"猫""帽子"这样的单词，以便将来能够阅读。他们大部分人并非通过阅读自己选择的书籍而学会阅读，也并非因为他们希望理解这些书籍。阅读技能被迫与阅读的目的相分割。

这种分割没有科学依据。这些研究并未表明人们学习对自己没有意义的东西时学得最好。

实践社群

利物浦赫普大学从事幼儿研究的高级讲师哈里特·帕蒂森（Harriet Pattison）对于孩子如何通过非正规方式学会阅读进行了广泛研究。她向我展示了一种将学习阅读当作一种文化过程而非认知过程的方式："因此，您更可能会把它想象成学习做饭，因为您正在厨房给妈妈帮忙。您学习阅读，因为您把它作为一种家庭实践，而非因为您在声音、符号、主流语音练习之间做出认知关联。"

这就是实践社群的理念。1991年，认知人类学家让·莱夫（Jean Lave）和教育理论家埃蒂纳·温格（Etienne Wenger）首先提出了这一理念。人们进入实践社群是出于一种集体目标或是为了一起做些事情。通过彼此之间的互动，他们学习并分享信息和经历。这种学习深植于实践，其阅读能力深植于出于不同目的所进行的家庭阅读。

跟他人——同事、我们所属读书会的其他成员或某个跑步俱乐部的成员——一起做事时，我们都处于实践社群之中。如今，很多实践社群都是线上的，人们在线探讨某些理念并分享自己的知识和技能。图片分享网站缤趣网（Pinterest）就是一个社群学习的例子，这里不需要教导。

通过实践社群的视角，人们能看到很多在校外进行的学习。孩子们通过行动学习，他们的学习与行动的目的是一体的。学习与行动从没分开过。

在学校制度中,除非干涉了教学进程,否则孩子的文化和内心世界几乎无关紧要。事实上,很多幼儿学校,尤其是美国和澳大利亚的幼儿学校,都在刻意抹除本土文化。学校引入了一套特定文化的标准化成果并使其凌驾于其他事情之上。

沉浸式学习

2018年5月,我们搬到了法国的巴黎。在此之前,我的孩子都生活在英格兰,并且一直讲英语。当时我女儿差不多7岁,只会讲英语。上学的第一天,她对自己的描述是一个不会讲法语的人。她就读的是一所完全自主学习的法国学校——那里不用上课,没有课程或老师,但那里的日常语言是法语。

头两个月,她说英语而且几乎只说英语。她偶尔会说"是的(oui)"或"不(non)"。该校有些教辅人员会说英语,他们有时用英语对她进行回应。谁都没有坚持,也没人担心她"进步不够"(只有我会默默地担心)。而其他孩子只讲法语。

那几个月对她来说非常艰难。她爱玩,但她在法语方面的欠缺妨碍了她。2018年夏天,我们回到了英格兰,她在那里几乎一个法语单词都没听到过。有一天,坐在从超市回家的车上,她跟我说:"您知道那个用法语怎么说吗?那个词在后面而在英语中它在前面。"

我不太确定她想表达什么意思。

她说:"就像在法语里是'une voiture rouge'(一辆红色的汽车),而在英语里是'a red car'(一辆红色的汽车)。这个词放在后面。只有'petit'(小的)例外,它在前面。在法语里,人们说'une petite voiture rouge(一辆红色的小汽车)'而不是'une voiture petite rouge',但在英语中,它从来不放在后面。"而此前,我们从未讨论过形容词或法语,甚至汽车。

9月,我们回到了法国,她也回到了学校。我不知道她到底是从什么时候开始的,但三个星期后她可以用法语说句子了,而且是完整的、合乎语法规则的句子。

她的故事相当典型。很显然,她通过观察和倾听周围的人构建了自己对法语的理解。她会把单词纳入自己的长期记忆,因为她一再听到别人重复这些单词。别人对她尝试说法语时表达的赞许也会对她加以强化。驾驭这一切的是她希望能够沟通的愿望。这些跟某个老师上的某门课程都没有关系。她学会了说法语,那是因为她处在一个由讲法语者组成的社群而她希望融入其中。

通过沉浸进行学习是件十分棘手的事情。您很长时间都说不清其进展如何,没人列词汇表,没有合乎逻辑的条理。或许在您学会说"你叫什么名字"之前,您先学会了"无线网络密码是什么"。您向身边的一切学习。去公园的时候,您能学会怎么说"滑梯"和"操场"。您会尽快地使用自己学会的东西,因为您需要这些东西。如果您在开始讲一门新语言之前先等自己成为这门语言方面的专家,很可能您永远也不会讲这门语言。

语言学习是一种了解我们如何在新的世界进行学习的极佳方

式，因为在法国能否讲法语就是一种来自真实生活的评估。这很有用、很灵活，也很有意义。要了解一个人是否真的懂数学、历史或英国文学没那么容易。相反，我们会把考试的结果当作某个人能力的标志。但是，通过标准化的法语考试很少能够体现您在法国的实际沟通能力。我女儿参加法语考试肯定会挂科。她没有用法语进行读或写的能力。

她能用法语玩耍。她能拜访法国的朋友，还能告诉他们她不吃肉。她的法语适合她的环境，也适合她的需要。即使她永远无法通过法语考试，她的法语也是有用的、有意义的。

这种学习既不简便易行也无法加以预见，就像年轻人一样。如果人们学习法语是为了通过某场考试，那么它基本上就不再是一种沟通方式了。相反，它被简化成了参加这场考试必须完成的一项任务。例如，正像我在英国参加会考时那样，根据某场并未成行的度假给家里写一张明信片（还有一件让我苦恼不已的事情……我不能用英语给家里人写明信片吗？我为什么要用法语给英国的父母写明信片呢？）。

我们为何而学？

随着学习理论变得越来越复杂，"学习的原因"这一问题一直浮现在我的脑海中。我们为什么要做自己正在做的事情，我们为什么要学或不学什么东西？在传统上，人类文化已经通过实践社群回答了这一问题。我们做那些事情，因为那就是我们的生活方式。我们通过行动来学习,因为那些是我们过上美好生活所必需的技能。

为了回答这一问题,学校创造了一系列环境并希望它们成为孩子学习的原因。学校需要这样做,因为社会的学习环境(社群)由于学习被剥离了其背景而遭到了破坏。在第三章中,我将探讨我们所作所为背后的相关心理学理论。

"我们做(或不做)某些事情的原因是什么",这一问题对于为人的意义来说至关重要。这也是教育不像设计好恰当的课程并观察孩子的学习那么简单的原因。这对于让老鼠穿过迷宫可能有用,但人类的学习要复杂得多。对人类而言,要回答"为何而学"以及"学什么"这样的问题,弄清意义和背景不可或缺。无视这一点,对我们而言非常危险。

第三章
动机——星星、贴纸和笑脸贴

我儿子4岁时特别喜欢寻宝游戏。他会追踪家里的一系列线索,还会把来我们家的所有人都拉进来。事实上,"寻宝"一词用词不当,根本无需宝藏;对他而言,只要有追踪相关线索的过程就足够了。有时候我们会把他的某个玩具藏起来,有时候玩到哪里结束就算结束了。他会找到最后一条线索,当然我们会经常听他说"再来!",然后他就准备开始一次全新的"寻宝"。要是我们能跟得上他的节奏就好了。

其他成年人跟他玩这个游戏时,他们坚信我们需要一个"真正的"奖品,然后会带成包的糖果、贴纸或新玩具过来。很快,开始新的寻宝游戏之前他就会问有没有"真正的宝藏",如果没有,他就不玩这个游戏了。本来令人非常开心的过程却变成了达成某个目标的手段。如果没有这个目标,他就无法像以前一样享受这个过程。我为失去无需宝藏的寻宝游戏感到悲哀。

大约这个时候,一个朋友给了我们一个激活码,可以免费试用某个教育类计算机程序。我儿子很喜欢做数学问题,他整天谈论数字。我以为他可能会喜欢在计算机上做数学题。刚开始,他很喜欢这个程序。这对他来说不难,每次做对时他都会开心地喊叫。后来,他意识到只有做对每一道题才能得到最多的星星。

他跑来找我。他对我说:"妈妈,我想让你来做。"他一道题也不想做了,因为他害怕会犯错,从而拿不到全部的星星。我跟他说,星星很重要,但没什么用。因为,很明显,在该程序的设定下,这些星星真的很重要。在每一关的末尾这些星星会累加起来,星星的数量够了,孩子就能得到一张证书。他对于自己不够完美还没做好准备,因此需要我替他做那些数学题。

我们没订阅那个程序。

在这两种情况下,他做了自己喜欢的活动并因此得到了奖励,而且这两种情况都有很好的动机。带"宝藏"过来的成年人认为这样做会让这件事更有趣;该计算机程序假定孩子们需要被奖励才肯做数学题。然而,却让他失去了最初的乐趣,他不想继续做题了。这听起来好像有些说不通。从行为主义的视角来看,奖励真的能鼓舞人吗?

奖励的弊端

事实证明,我儿子跟其他 4 岁的孩子没什么不同。早在 1973 年,心理学家就已经证明,如果孩子喜欢做某件事并因为这样做

第三章
动机——星星、贴纸和笑脸贴

会得到奖励，跟这样做但没有奖励的孩子相比，他们会更快地失去做这件事的动力。很多研究都表明奖励可能会削弱动机，上例仅为其中之一。事实证明，奖励可能会减少还在牙牙学语的孩子的有益行为，也会让大学生不愿再玩猜谜游戏。事实上，让人们不再喜欢做某些事情有一个好办法，那就是发奖。

因此，如果您到了4岁，您非常喜欢画画，有人过来跟您说："你画一幅画我就给你一张贴纸。"然后，您就画了一幅画。但是，如果下次他们不给您贴纸，您就会发现自己对画画的兴趣就没那么大了。您已经失去了自己的内在动机（我忍不住为那些孩子感到遗憾，因为他们为了证明奖励的意义而被剥夺了画画的乐趣。我希望他们能找回自己的乐趣）。

内在动机

科学家们在谈论工作记忆、信息维持和遗忘曲线时往往会忘记：在真实世界中，人们做事情的原因很重要。在记忆实验室中，参与者因为保持专注能得到10英镑才有了足够的动机。但是，如果您把这一点换到教室里没有报酬的孩子身上，忽视他们的动机就不行了。

学校往往试图用行为主义技巧来管理动机。他们往往假定孩子首先要有外在动机，然后随着时间的推移，他们才会发展出内在动机。孩子做了他们希望其做的事情会得到奖励，孩子不听话会受到惩罚。然而，奖励可能会损害动机这一发现，意味着时间长了这一方法注定会失败。您越试图用奖励来激励孩子，他们的内在动机就会越小。这绝非您想要的教育结果。

内在动机是指出于真正热爱而行事。并非所有的奖励都会损害内在动机。口头奖励跟实物奖励的效果不同，因此说句"谢谢"对于动机的损害跟拿糖果奖励孩子的良好行为造成的损害不同。意料之外的奖励的损害程度要低于意料之中的奖励的损害程度。那些会影响内在动机的奖励可能就是那些人们觉得具有"控制性"的奖励。当然，这取决于孩子本人。某个孩子可能会觉得被人控制，而另一个孩子可能会觉得受到了鼓励。

充满动机的猴子

相关研究可以追溯到 1949 年。威斯康星大学的心理学教授哈里·哈洛（Harry Harlow）建了一所研究灵长类动物学习行为的实验室。在该研究中，他们在关着恒河猴的笼子中放了一个机械拼图。后来，在他们还没来得及实施规划好的奖励项目之前，笼子里的猴子已经开始玩这个游戏了。它们玩个不停，而且玩得越来越好。

根据当时人们对动物行为的理解，人们完全没有预料到这种情况。在这以前，人们认为推动行为的主要驱动力是生物性驱动力（如饥饿）或奖惩等外来驱动力。猴子玩拼图游戏并未得到任何形式的奖励，但它们还是玩了这个游戏，并且继续玩了下去。凭借其敏锐的洞察力，哈洛提出玩拼图本身就是对猴子的奖

第三章
动机——星星、贴纸和笑脸贴

励——它们很享受这个游戏,因此它们继续玩了下去。他提出了第三种影响行为的驱动力,即内在动机。

此后,哈洛增加了一种外在奖励——完成游戏的猴子可以得到葡萄干。他预计这会让它们有更好的表现而且会更频繁地玩这个游戏。让他意外的是,结果并非如此。事实上,得到奖励的猴子犯的错更多了,玩游戏的频率也更低了。似乎内在动机更容易受外部环境的影响。

令人困惑的学生

直到1969年,爱德华·德西(Edward Deci)才开始在人类身上验证这些理念。他布置了一个大部分人都很喜欢的任务——一个木制拼图方块。他发现,如果人们完成该任务能拿到报酬,此后人们玩这个游戏的动机就会受到影响。拿到报酬的人如果拿不到报酬就会停止玩这个游戏,而那些从未拿到过报酬的人则会继续玩下去。

如果您想试一下具有内在动机的东西,建议您玩一下这种木制拼图方块。在网上很容易就能找到这种游戏,真的非常好玩。如果把它放在我家咖啡桌上,任何来我家的人都会过来摆弄这个游戏并开始拼凑图形。大家都知道我家的孩子会为了接下来该谁玩这个游戏而争个不停。我从未试过给他们发奖,尽管有时候我也想看看发奖会不会让他们少吵架。

如何推动动机

德西和瑞安（Ryan）有关内在动机的研究使他们提出了"自决理论"。他们声称，该理论关注的是哪些社会状况会促进或阻碍人类繁荣。自决理论并不是只关乎内在动机，它关乎如何促进更高质量的动机和福祉。

吉娜·莱利（Gina Riley）向我推介了自决理论。莱利是亨特学院的特殊教育教授，她儿子接受的是家庭教育，如今已经成年并于去年大学毕业。我们谈话时，莱利给我描述了改变她一生的那个时刻。

"大概20年前……我当时正在撰写自己的硕士毕业论文，我在《纽约时报》上看到了一篇有关内在动机的文章。当时我家孩子刚3岁，我是一个年轻的妈妈。我看到了这篇德西和瑞安的文章。当时我想：我就想这样生活，这太棒了。如果我想塑造一种生活，这就是我希望的样子。我知道我为自家宝宝选了一条不一样的道路，即追随他的兴趣的道路。他5岁时，我决定要对他进行家庭教育，因为我看到了他天生的内在动机以及对于这个世界的好奇心。我不希望毁了它。"

莱利给我解释了她对自决理论的理解。"德西和瑞安将内在动机定义为出自好奇心、兴趣或内心的某种东西。它与来自别处的外部动机正好相反。自决理论最有意思的地方在于一个叫作'认知评估理论'的子理论。认知评估理论提出了某人能够促进

第三章
动机——星星、贴纸和笑脸贴

他人内在动机的环境原则。您不能采用强制的方式,您只能促进别人的内在动机。"

人们无法利用行为主义策略操控内在动机。事实上,这些策略可能会损害内在动机。

这对于大部分学校当前的运作方式具有重大影响。学校会给学业优异的孩子发奖。如果德西和瑞安说得没错,在此过程中学校可能会损害他们追求学业的内在动机。对于外部奖励的依赖让学校陷入了某种永恒循环。它们使用外部奖励越频繁,人们就越不喜欢学习。人们越不喜欢学习,学校就会越依赖于外部动机。

正如上述数字游戏一样,一旦您开始为了星星或分数而玩这个游戏,学习就会变得没那么重要。或许您会让自己的妈妈来玩,或许您会在局间休息时抄朋友的答案。然而,如果您是为了自己的目标而学,让别人替自己做就毫无意义了。说实在的,那就是自欺欺人了。如果您不想做,那就停下来好了。

父母和学校都沉迷于行为主义,有时候他们很难想到其他选项——如果您不给贴纸或表扬,那该怎么做呢?认知评估理论向我们暗示了促进内在动机需要做好的事情。莱利跟我讲了她如何把该理论带进自己的教室,而她培训的老师会到公立学校体系内工作。

"根据认知评估理论,要促进它(内在动机),您要利用竞争力、自治及关联等。我跟自己的学生探讨过竞争力,包括如何增加或促进学生的竞争力。我们探讨过如何确保学生真正了解自己的内在优势以及擅长的事情。不要发奖或说'做得好……',而要说'天啊,你真是一个非常出色的作家……',这不算赞扬但就像真的赞扬一样。"

"我们认为竞争力就是让学生看到所有细微的成功,成功无论大小都是有益的。小的成功会变成大的成功,此后您就真的能看到成功。'嘿,我很擅长做这个,我在这件事上很有竞争力。'您一定要仔细一些,因为您不能显得太超脱,您要帮孩子或少年们看到自己的真正优势。"

聊一下自治。自治是指一个人基于自己的价值观和兴趣选择自己行动的能力。一个自治的孩子对于自己的生活具有(合乎年龄的)治理能力。有时候心理学家会谈到能动性,这是一个相关但略有不同的观念。能动性是指人们知道自己可以做出带有后果的决定。孩子把盘子弄掉、看到盘子落下或被热锅烫得大叫时会体验到能动性,但他们只有在环境能给自己提供自由探索、能利用自己的能动性进行学习时才会具有自治力。因此,自治既关乎人(希望感觉自己拥有改变其他事物的力量),也关乎环境(能给他们提供相关机会)。

这意味着父母和教育工作者既能培育也能扼杀自治,有时候其方式会出人意料。如果某人的偏好与环境提供的机遇相符,他们的自治程度会更高。对于一个不希望进行日常决策、知道自己想离开就可以离开的人来说,一个结构严谨、明显具有控制性的环境或许会令人觉得非常自由。对于一个喜欢挖洞和筑坝的孩子来说,在森林里随意玩几个小时可能会让他觉得无比自由。另外一些孩子可能会觉得森林的大小让人沮丧,因为他们更喜欢读

第三章
动机——星星、贴纸和笑脸贴

书、画画或参加有组织的活动。对他们而言,待在森林里是一种非常不同的经历,他们只有想离开就能离开时才会有自治感。

试图操控行为必然会影响到自治。我将奖惩归为此类,因为它们试图依据别人的价值观和兴趣来改变行为。心理压力也有损于孩子做出自治选择的能力。利用耻辱感控制孩子行为的现象非常普遍,以至于我们可能习以为常。把孩子的名字写在黑板上或让他们站在教室外面这种技巧是利用别人的注视来制造耻辱感,因而督促孩子为了避免这种耻辱感而做出选择。

莱利认为,这三个方面对于接受家庭教育的孩子以及就读于自主学习学校的孩子的自主教育来说至关重要。德西刻意将自治与独立或个人主义区别开来。一个能做出"支持自治"回应的父母能够促进自治;帮助孩子认识到自己的优势能培育他们的竞争力。莱利明确表示,关联性是自主教育的核心所在。

"我非常喜欢最后一点,因为我的理论来自依恋理论。关联性是一种相互关联感,即您切实地觉得无论发生什么总有人可以依靠。当然,关联感能促进内在动机,因为如果您觉得无论发生什么您都有人可以依靠,您就可以做出各种选择而不用担心会犯错。这是一种无条件的"支持自治"。它是那种被无条件接受、无条件关联的自由感——对方不一定是您的父母,也可能是一位老师或其他人。"

如果学习本身就有回报,那么增加外部激励就会让人们在没有回报时不太愿意继续学习。这就像人们毕业后选择是否继续深造一样。

动机系列

我们不能简单地认为外部激励都有害而内在动机都有益。德西和瑞安认为,动机存在一个质量范围。当我们受内在动机激励时,动机的质量最高;当我们丝毫感受不到激励(他们称之为"无动机")时,动机的质量最低。然而,两者之间存在多种不同的调节。一个人越觉得受自身之外的控制,他们的动机的质量就会越低(因而投入度越低)。

除了无动机,还有"外部调节"——某人因为惩罚或威胁而被迫做什么事情时受到的规范。"如果你不做,我就会惩罚你。"这种激励性说法属于这一类。人们会觉得自己那么做是被迫的。接下来是"融合调节",它是指人们之所以做某些事情是因为不让别人对自己有不好的看法。例如,您觉得要在学校好好表现,因为这是所有人的期待。接下来是损害性较小的一些规范形式:"认同调节",人们珍惜某一活动是因为他们觉得相关目标是值得的;"整合调节",某些人做某些事是因为这些事符合他们的自我感受以及自认的身份。如表 3-1 所示。

表 3-1 是我在育儿和教育背景下对德西和瑞安理论的阐释。成年人对孩子的态度使孩子有关自己行为的感受产生了很大的差异。他们动机的质量会影响他们的参与度,进而影响他们的学习。

第三章
动机——星星、贴纸和笑脸贴

表 3-1 不同种类的调节及其对动机的影响

调节类型	完全不自决	动机质量				完全自决
	无动机	外部	融合	认同	整合	内在动机
成年人的态度	你这辈子什么事儿也做不成	如果你不做,我就让你留校	如果你不做,我会对你感到失望	如果你做了,就能学会怎样才能做得更好	这事儿你会做得很不错	你喜欢做什么
孩子的内心回应	我不想做	我做这个是被迫的	我不这么做就会觉得内疚	我这么做是因为这个目标很重要	我这么做是因为这让我对自己感觉良好	我这么做是因为我喜欢

057

当然，不同类型的调节可能混在一起。有些幸运儿可能会做一些事情，不过这些事情符合他们的价值观。不幸的人可能做的事是被迫的，他们不做这些事情又会感到内疚。

这一理论的重要性在于，它说明了让孩子做某些事情并假定他们就会去做是不够的。当然，孩子可能会敷衍一番，但他们动机的质量（以及他们的学习）会因为他们对自己正在做的事情的感受而受到影响。

强迫的遗产

近来，我跟别人进行了一场对话：

"天啊，你还记得某个周四下午上的三节物理课吗？无聊死了！"

"我只记得《地海巫师》。我根本没费那个力气就读完了全书，老师也没发现。我只读了一半就写完了论文！"

跟我对话的这位女士是我的一位老同学，我们毕业于一所非常难进的女子语法学校。我们都是"聪明的女孩"，而如今我们都成了职业女性。如今，我们的同学当中有律师、建筑师、医生……回忆起学校时，我们从没有谁说过当时的课程多么有趣。

我想当初为我们规划课程的人绝不会料到25年后我们回忆这些课程时会觉得它们如此无聊。他们可能原本希望自己设计的课程会让我们觉得备受激励甚至受到我们的喜爱。

第三章
动机——星星、贴纸和笑脸贴

就我个人而言，我本来应该很喜欢学校，尤其是英语。十几岁时我整天看书，常常一天就能读完一本，读得飞快。我总是随身带着一本要读的书，另外还会带一本，以防第一本读完时无书可读。当时我读的书有历史小说、纪实小说、古典小说以及现代文学。

只不过，我从不读学校强制要求我读的书。学校布置的书会突然变得让人厌烦。只有这时候我会数页数，时刻盯着还要读完多少页才能好好休息一下。我发现自己会时不时走神。这种阅读也很费时间。学校让读的书我从未读过第二遍。不过，我清晰地记得，如果是自己选的书，我就会抓紧一切时间把它读完。

我们没有选择时往往会失去乐趣。这跟在森林中散步、做饭或学一门外语的道理如出一辙。如果是我们做出的选择，这件事情就会令人有所收获；如果我们是被迫做出的选择，这件事情就会很乏味、很难熬。

如果学校的目的是让我们考出好成绩，那么他们成功了。至少，对我们而言，无聊不会让我们就此放弃。我们对于上大学、找到一份专业工作充满了动机，我们不会允许《地海巫师》挡住我们的去路。但是，如果学校的目的是让我们喜欢探索这些想法，而且在结束时对学习充满热情，那么这件事情只会浪费大家的时间。

您还记得那些被认知科学家所钟爱的国际象棋选手吗？他们成为专家，因为他们热爱国际象棋。甲壳虫乐队创作了自己的音乐，因为音乐就在他们的脑海中。这与接受有关科学定义或乐谱的培训完全不同。专家对于学习具有一种内在驱动力。在学校，我们被逼着学习，我们服从了命令。但是，学校没办法让我们喜欢学习。

通过分数进行激励

13岁时，我就读于一所美国国际初中。学校打分非常苛刻，经常考试，每年四次在教学楼上张贴"光荣榜"。每门课90分以上，全优；两门课80分以上，其余课90分以上，优；任何一门课成绩低于80分者，落榜。

我是一名幸运儿。他们重视的那种学习对我来说是小菜一碟，我第一学期就拿了全优。我具有表现优异的内在动机，我喜欢读书，但我也喜欢表现优异之后的表扬以及那种觉得自己天生优秀的感受。老师们都很喜欢我，我也喜欢他们。因此，我学习非常努力，我的动机的质量也很高。上光荣榜只算是锦上添花。我具有内在驱动力，谁都不用督促我或者哄我。

后来，来了一位新的体育老师——庞西奥（Ponzio）女士。她是一位舞蹈老师，梳着一个充满弹性的金色马尾辫，穿着一条亮闪闪的蓝色紧身连衣裤（20世纪80年代那种）。她告诉我们，从现在开始我们每学期都会练习舞蹈，而且舞蹈成绩会占总成绩的很大比重。

那是一场灾难。她的这一选择糟透了。跳舞时，我觉得自己笨手笨脚、跟不上节奏，而且傻里傻气。我们必须当着全班同学

第三章
动机——星星、贴纸和笑脸贴

的面跳舞,然后等着被打分。而且,让我烦恼的是,上体育课时我们会被分开,但男生根本不用练习舞蹈,他们可以到处乱跑,打篮球或者棒球。

不论怎样,这件事漫长而令人痛苦,简而言之,舞蹈课糟透了。我们组都有舞蹈恐惧症,而且事情的进展并不像某部高中励志片那样——我们出乎所有人的预料,交出了年度最佳表现。相反,我们跳舞时碰成一团……摔倒……我们在舞台上笨手笨脚,心里祈祷着赶紧结束。我们的分数很低,那个学期我上光荣榜的机会就这样泡汤了。我在其他课程上的优异表现都没用,我的体育成绩让我没法每门课程都是高分。

我的动机一落千丈。以前我很喜欢体育课而且通常表现也很好,之前的体育打分体系也不是特别狠。现在,我不知道体育课有什么意义。每个学期都会这样,我再也上不了光荣榜了。因此,这不仅影响了我对体育课的感受,也影响了我对其他所有课的感受。此外,我觉得愤愤不平,我不明白,为什么来了一个新老师,为什么因为我是个女孩,我就必须每学期都练习跳舞。

很快,我甚至觉得任何尝试都没有意义。造成这一切的原因就在于学校觉得或许能够激励我们变得优秀的一种干预,即光荣榜。如果没有这个光荣榜体系,就算我体育课成绩不好也没关系,因为我在其他课程上的表现不会受到牵连。学校把所有东西捆在了一起,打造了一个体系。至少,从我当时的视角来看,一旦有一件事做不好,我在其他所有方面可能都不会好。

就自决理论而言,一夜之间,我从内在动机型变成了无动机型。

动机领域充满了各种意料之外的后果。当我们试图改变他人的行为时，其结果往往会事与愿违。人们越觉得被控制，就可能投入得越少。

自治与电子游戏

凯文·居里-奈特（Kevin Currie-Knight）对这一点有深刻的认识。他曾是一位中学老师，目前在东卡罗来纳大学教育学院负责教师培训。在思考如何为学员规划课程时，他想到了动机拼图游戏。他想得最多的就是电子游戏。电子游戏很难，人们往往打了一局又一局，要打好某一关可能要花好几个小时。不过，在打电子游戏方面，动机不是问题。事实上，对很多人来说，问题却是孩子们打电子游戏的动机太强了。他们说，要是孩子们能把这种动机用在学习上就好了。

"所以，研究人士发现，"居里-奈特说，"电子游戏制造者似乎破解了教育家几百年都没破解的密码，他们能让孩子对于学习一件事情保持动机，而且心甘情愿地屡败屡战。我们正尝试做到这一点……你们是怎么做到的？"

对居里-奈特来说，原因在于：电子游戏融合了学习、实践和快速的连续评估，而学校把这些东西都分割开了。孩子们可以自由地选择玩或者不玩电子游戏，而孩子们在学校没有选择。最后，孩子们只玩自己感兴趣的电子游戏。没兴趣了，他们就可以不玩。他们是自治的。

第三章
动机——星星、贴纸和笑脸贴

居里-奈特决定用大学生们做一下实验,想看一下改变那些要求能否改变学生对自己课程的体验。这门课程是必修课,学生必须通过这门课程的考试才能成为教师。与电子游戏相比,这门课程的劣势非常明显。不过,他还是决定尽力而为。

"因此,我开始慢慢地在自己的教学中加以尝试。相比安排测试和老师规定课后任务,我为什么不让他们自己选作业呢?因此,我先给了他们六种做作业的方式,效果很好。不过,有那么一刻,我心想:'我为什么要给他们限定六种方式呢?我为什么不直接告诉他们——本次作业的唯一要求就是以某种方式向我证明你已经掌握了本单元的主要内容……这样就好了!'"

情况变得更好了。我没料到这一结果。我曾一度认为情况会很糟糕。我原来想学生不会把作业当回事儿,会怎么容易怎么来。但结果几乎相反……我的意思是,我没法对他们的作业进行客观评价,不过他们交上来的作业更厚也更长了。一位美术教育专业的学生决定要画一幅能体现某段关系中所有主题的画,她用一整页阐述了所有要素、这些要素出现的原因以及它们在我们这门课程中的体现。起初,我想谁都不会投入那么多的时间。

学生们的动机大幅提升了,他们的表现也同样如此,即便这依旧是一门有很多规定的必修课。

居里-奈特的实验让他的同事们有些担心,他们担心他的学生学到的东西会有所欠缺。毕竟,他让学生们自己选择怎么完成作业。就按课程教他们不是更好吗?

"对于这个问题,我觉得这是一种有关学习之道的带有偏见的观点。"居里-奈特说:"这一理念跟基础教育(美国从幼儿园到12年级的公立教育体系)非常相似。人们向孩子灌输他们觉得孩子毕业后马上就会用到的全部知识,因为一旦孩子毕业后在知识方面有所欠缺,他们就无法弥补这种欠缺。"

这里面存在两个问题。第一个问题在于,这个世界跟我们生活的世界再也不一样了。1935年,如果我错过了机会,就那样进入了社会但没办法从图书馆或某个朋友那里获得有关资源,我就会陷入麻烦。不过,如今人们不必对此那么担忧了。

第二个问题在于,该问题自身似乎存在某种假设,该假设暗示我们:你教什么,学生就会知道什么。人们假定,如果教学大纲相同,学生就会知道一样的东西。很多研究表明,学生们遗忘所学内容的程度令人吃惊。因此,当人们说"你的学生在知识方面会有所欠缺"时,我的答复是"其他人也一样啊"。

教育实验与免费的多媒体播放器(iPod)

居里-奈特并不是第一个对自己学生的行为感到惊讶的人。杜克大学跨学科研究教授凯茜·N. 戴维森(Cathy N. Davidson)跟我讲了2003年她在杜克大学大一学生中间进行的一次大规模"教育实验"的情况。所有学生都无条件地得到了一个免费的iPod。他们让学生思考用什么学习应用软件并向老师推荐,仅此而已。当时根本没有什么可以用在iPod上的学习应用软件,当然也没有可以用在苹果手机(iPhone)或苹果平板电脑(iPad)上

第三章
动机——星星、贴纸和笑脸贴

面的学习应用软件。后来,他们说任何年级的任何学生只要能说服自己的教授在自己班使用某个学习应用软件就能得到一个免费的 iPod。

媒体关于此事的相关报道非常刻薄。人们觉得 iPod 是无聊时的娱乐工具而不是学习用具。此后学生们开始提出一个个好主意。他们用 iPod 播出了第一批播客,用 iPod 分享彼此的观点并对彼此做出反馈。人们还借助 iPod 进行医学诊断、练习音乐表演等。这超出了所有人的预期。

不过,这绝非只是一次让学生感到兴奋的教学作业。这影响了人们对 iPod 及类似产品的看法。此前被人们视为一件非常复杂的娱乐产品突然变成了有可能让世界各地的人们进行学习的工具。

在这里,动机不是问题。这些学生在这里得到的自治比其他任何课程都多,而且他们热衷于提出各种好主意也热衷于学习。这跟课程无关,任何人都能加入进来,不只是计算机科学家或工程师。那些大一的学生不会得到任何报酬——他们已经获得了 iPod。我们都知道这个故事的结局。今天,在世界各地,每天人们在 iPad 或 iPhone 上使用的教育应用软件已经多达几千个。

没有评估,没有要求,没有测试,他们身上没有任何任务。从行为主义视角来看,他们本来就用不着那些东西——那有什么意义呢?不过,他们做到了。他们想出了让教育和科技发生巨大变化的很多好主意和好应用。

第四章

自主学习
——不逼着孩子学习会怎样

　　那扇大门一点儿也不显眼，我差点儿就错过了。我按了按门铃，开门的是一个大概8岁的女孩。她和朋友们在门边一边聊天一边喝橙汁。她们左边是一间电脑室，四个男孩正在里面忘我地玩一个电脑游戏，还有一个小孩在沙发上翻跟头。正前方，在公共休息室，一个女孩正在给自己做意大利面，还有三个女孩正在围着桌子下棋。旁边的房间很安静，好像有人在里面睡觉，还有一个人正在做摘抄。

　　楼下，一个孩子正在走廊上跑，准备跳到软游乐室里面的一个大垫子上。旁边是影音室，一个愤怒的女孩跑出来大声地斥责那个在走廊上乱跑的孩子——他太吵了！他们听不见《哈利·波特与阿兹卡班的囚徒》的声音。在美术室，一群女孩在做串珠项链，一个小男孩在画画。音乐室是举行剧烈活动的场所，但此时里面非常安静，因为架子鼓和电子琴都是用电的而且都插着耳机。

第四章
自主学习——不逼着孩子学习会怎样

这地方看起来一点儿也不像一所学校。

但是,这的确是一所学校,是一所民主、自主的学校。这里的45个孩子可以自己选择做些什么以及如何学习。他们的选择与传统教育完全不同。

如果孩子不上学,他们如何学习?

作为一个社会,我们不太想象得出如果孩子的时间不受成年人的控制他们会如何学习。我们会谈到他们会如何"胡作非为",或者想象他们会像《蝇王》(Lord of the Flies)中那样胡闹。很多人完全无法想象,如果孩子每天的活动不按成年人的安排来做,他们到底会做些什么。上学主导了我们的集体经历,不上学的童年基本上无处可寻。换种方式这一想法,让人担心会忽视和无法实现孩子的潜能。

对于那些在实行普遍教育的国家长大的人来说,学校和童年纠缠在一起不可分割。离开其中一个,我们就无法想象另一个会是个什么样子。即便不在学校,5岁以上的孩子也通常会被称作"小学生"。某个孩子去上游泳课或参加童子军这样的团体时,人们问完他的姓名之后通常会接着问他上几年级。孩子的校外活动也是按年级来分的,这样就会使孩子觉得只能跟同年级的人交朋友。

这种具体分组的武断性在人们移民时暴露无遗。突然之间,您上四年级还是五年级(英国)变得没有意义,因为别人都是标准二年级或三年级（南非）、"一年级预备班（CP）"或"四五年级中班（CM）"（法国）。各国的分班情况不同，班级的名称也不同，但它们依据的原则相同。"年级"似乎成了孩子经历的烙印。

这使很多人都难以想象，如果没有这种身份标识，孩子会是个什么样子。孩子不进教室又怎么学习呢？我们会想到没机会学习或接受教育的孩子，我们觉得他们如果能进教室就会好一些；我们会想到世界上数百万的文盲儿童，他们好像就是学校不可或缺的证据。

自主教育并不等于不去学校上学。孩子需要一个充满机会的环境，没有这种机会他们就无法学习。他们需要成年人花时间陪伴他们——不是为了教他们，而是跟他们对话、帮他们追随自己的兴趣。如果他们周围的成年人并不具备特定技能（如读写能力或计算能力），孩子就无法获得这些技能。他们会学习自己身边的人们所使用的语言、自己所在社区所需要的技能，但如果他们希望学到更多东西就需要获得新的体验。

幸运的是，不少研究人士已经对没人教的孩子如何学习进行了深入研究。他们发现了孩子们进行探索以及跟他人分享自己的学习时会反复出现的模式。这些研究都说明，学习具有强烈的社交属性、好奇心能够驱动孩子的学习，以及通过为这种好奇心提供适当的环境孩子就可以不断地学习。

第四章
自主学习——不逼着孩子学习会怎样

非学校教育、终身学习还是自主教育

首先，我们稍微谈一下语言的问题。

根据我对自主教育的定义，它是指一种由学习者掌控学习内容的教育。他们可以自由地选择学习什么内容，学够了可以自由地停止学习。他们维持对自己行为的控制。自治能带来高效的学习以及高质量的动机，这也是自治对于自主教育至关重要的原因所在。

在自主教育中，重要的是谁掌握控制权，而不是学习者学习的内容或风格。如果是由学习者选择学什么，那么这种学习就是自主学习。如果由老师来选择，学习者无法拒绝，那么这种学习就不是自主学习。如果成年人和孩子一起选择，根据孩子能否自由地表达自己的偏好以及成年人能否听得进去，这种学习也可能是自主学习。

这意味着，处于外部的人们不一定能说出相关学习是否为自主学习。一位自主学习者可以选择在正规的教室上课，并且在学够了的时候停止上课。如果他们因为别人认为他们应该上什么课而被迫上什么课，而他们想停止时会受到要求他们继续上课的压力，那么这种学习就不是自主学习。

因此，自主教育有些像一把包罗众多教育选项的大伞。实行家庭教育的家庭往往自称是"非学校教育者"，20世纪60年代教育家、作家约翰·霍尔特（John Holt）率先提出了这一术语。

"非学校教育"意味着不学习强加课程的家庭教育。非学校教育家庭会跟随孩子的兴趣，通常父母会密切参与孩子的教育，但身份是促进者。有些家庭自称是"终身学习者"，他们跟非学校教育者大致相同，只是并无提及"学校"而已。有时候，非学校教育往往以家庭的形式展开，因为它通常要求一位家长全天候参与，而且这一状况至少要持续到孩子十几岁的时候。

有些教育界人士会谈到"自然学习"，即在没有教导的情况下从周围的环境中学习。这与教学法有关但跟自治无关。强制或限制实施成年人所以为的自然学习是有可能的。当成年人故意限定环境，不允许孩子获得他们喜欢的或可用于学习的文化工具时，上述情况就发生了。其最常见的形式是：家人或学校禁止孩子使用任何科技产品，更重视让孩子到户外玩耍或与大自然互动，他们声称这种方式更为自然。如果孩子无法尽情探索自己的兴趣，只有某些兴趣能够得到重视，这种教育就不可能成为真正的自主教育。其中，掌控一切的还是成年人。

有时候，人们会提出"正规"与"非正规"教育的区别。通常，正规教育指的是学校里进行的教育——按照某门规划好的课程在老师的带领下上课；非正规教育往往指的是在学校环境外进行的学习。后者更为自觉而且通常更加以孩子为中心，但可能包括去博物馆、学科营或讨论会。如前所述，在自主教育中这一区别有时并不重要，因为有些孩子可能会为了学习什么东西而上一门正规课程，而有些孩子事实上更喜欢有规划的学习。

学校和学习社群也可能培养自主教育，而且其方法多种多样。大部分自主学习学校也具有某种形式的自治,因此它们叫作"民主学校"。瑟谷式的民主学校往往会避免由成年人主导的活动,更喜欢创造一种自由流畅的、孩子们能提出各种主意的空间。夏山学校和德文郡的三思学校设有选修课。以色列的哈代式学校是世界上最大的民主学校,这些学校往往设有规划程度或高或低的不同班级。

在本章剩余部分,我将集中探讨自主学习的过程。这里要提到所有研究人士都研究过的由孩子而不是成年人掌控的学习。

墙上的洞

对于20世纪90年代在印度生活和工作的苏伽特·米特拉(Sugata Mitra)来说,想象一下如果孩子不上学会怎样一点儿也不困难。他在自己身边就能看明白这一点。印度数百万儿童都无学可上,就算能去上学,他们很多人也只能接受质量低下的教育。他们都缺少机会。米特拉希望利用科技能让孩子们即使远离学校也能学习。

因此,他把一台电脑安装在了他在印度新德里办公室附近的一面墙上。这台电脑可以上网,供孩子而非成年人使用(他把电脑放在墙上较低的地方,成年人要用这台电脑就必须蹲下来)。过了一会儿,孩子们来了。几个小时后,孩子们无需别人指导就能在网上冲浪了。六个月后,几百个当地的孩子已经学会了如何使用电脑,包括收发电子邮件、使用电脑程序、玩游戏以及简单地维修。他们还开发了一种用来描述电脑屏幕内容的语言。

这是米特拉及其同事们开展的一系列实验的开始。由于这种电脑有些像自动取款机,因此这些实验被称为"墙上的洞"。他们在印度各地安装了"电脑亭",成千上万的孩子学会了如何使用电脑。在柬埔寨、南非和埃及,也安装有类似的"电脑亭"。米特拉发现,孩子们能够学会如何使用电脑,而这与他们的教育程度、是否识字、社会经济地位、智力水平或任何其他通常会影响教育表现的因素都没关系。

米特拉将其称为"最低干预性教育(MIE)",并在很多实验中对这一学习过程进行了观察。这一过程通常始于其他孩子的一次偶然发现。这些观察者自己会重复这一发现,而且在他们重复的过程中会获得更多的发现。他们会创造一种新的词汇来描述正在发生的事情,这有利于他们进行推广。他们会跟对方探讨自己的发现,并跟对方分享知识。到了某个时候,他们再也没有新的发现时,孩子们会重复自己已经知道的东西。此后,出于偶然或者由于某个路过的成年人或孩子提供了新的信息,他们又有了另外一个发现。这会开启新一轮的学习,而孩子们也会再度活跃起来。

研究小组发现,为了启动这一过程,必须满足某些条件。电脑必须放在外面某个安全的公共场所。这种电脑很多都装在学校操场上,专门为了能全年放在印度的室外而设计。或许有些违反常理,但跟别人分享这台电脑至关重要。这群孩子是探索和发现得以发生的媒介。印度的社会背景意味着并非每个孩子都必须有所发现,孩子之间的讨论就会带来新的学习。米特拉还说,孩子们使

第四章
自主学习——不逼着孩子学习会怎样

用电脑时不能有成年人在旁边指导,这些电脑亭显然是为了孩子而非成年人设立的。最后,这些电脑以及互联网链接必须可靠。

米特拉证明了,孩子们无需老师也能利用科技学会其他科目。他发现,来自某个偏远村落的说泰米尔语的孩子可以在户外电脑上学会生物技术,尽管电脑上的相关信息全部是英文。他们生物技术测试的分数从刚开始的 0 分上升到了 30 分,这一成绩与在当地州立学校学习生物技术的孩子的成绩相当。加进来一位友好、鼓舞人心但对生物技术一无所知的成年人后,他们发现孩子的成绩上升到了 50 分,这相当于在德里读私立学校、能讲流利英语的控制组的孩子的成绩。其他研究还发现,给孩子玩声音识别软件有助于完善他们的英语发音。该软件无法识别他们带有浓重口音的英语,所以他们会调整自己的发音,从而让软件更容易听懂自己的话。

米特拉移民到了英国,并在那里的孩子身上验证自己的理论。他到了盖茨黑德,跟那里的老师一起在小学创建自组织学习环境(SOLE)。其基本理念在于让几组孩子每组分享一个可以上网的电脑。他们被要求共同回答英国会考问题(由于他们还在上小学,因此这些问题要比他们通常尝试回答的问题困难得多)。他们可以走动、聊天或看其他组的回答。他们能够回答绝大部分的问题。两个月后,他们被置于典型的考场之中进行测试,每个人单独进行测试,而且不能使用电脑。他们还是知道答案。有些人甚至比第一次做得还要好。

孩子之间的联系是米特拉所说的学习进程当中一个至关重要

的组成部分。他观察到的自组织并不存在于单个孩子身上,而是存在于孩子之间。孩子们分享了自己的学习。没有竞争,没有期待,他们自己学习。没有教导,没有专业的老师,也没有固定的课程。"墙上的洞"这个实验跟典型的学校的做法相去甚远,人们觉得那几乎算不上教育。不过,孩子们的确学习了,而且也记住了自己所学的东西。

没有教学的学习

对哈里特·帕蒂森来说,这一点儿也不奇怪。如今,她是利物浦赫普大学幼儿教育专业的一位讲师,她的教育事业始于对自家孩子的家庭教育。有感于自己的观察,她决定开设一门开放大学的课程,希望了解他们是如何了解这个世界的。我们对话时,她说自己感到非常失望。

"在我家孩子的行为方式以及他们做的那些事情当中,很多东西都非常引人注目。例如,他们的创新、他们的想象力、他们的神通广大——他们对自己所做事情的着迷以及他们所做的那种联想。可是,这些东西在理论上都讲不通。我当时在想,这些东西是哪里来的,他们都做了什么呢?"

幸运的是,帕蒂森开设的开放大学课程的指导老师是艾伦·托马斯(Alan Thomas)。托马斯是一位发展心理学家,目前为伦敦大学学院访问讲师,对非正规学习有着浓厚的兴趣。他跟我解释说,最初他对此产生兴趣是因为他想知道让孩子一对一学习会怎样。

"似乎每个人都处于老师与学习者之间的神奇地带。在学校您没法做到一对一。家庭教育是您能做到这一点的唯一方式。正是由于这一点,我才走向了家庭教育,希望研究一下我想象的一对一教学式学习。随即,我遇到了自己的顿悟时刻,我发现很多孩子根本没上学。因此,我想,太好了!我就这样开始了自己的研究。"

非正规课程

托马斯开始研究接受家庭教育的孩子的非正规学习。他对100个家庭进行了深度采访,其中一半家庭在澳大利亚、一半家庭在英国。托马斯听到这些家庭的说法后,对自己的预设提出了质疑。

"很多家长刚开始的时候都非常拘谨,因为他们要把孩子带出学校。他们会想'我们必须开始行动',然后通常孩子会给他们上一课,因为孩子会抵触教学。因此,我觉得奇妙的是,这些开始质疑主流教育的家长就像自己是科学家一样,他们只做有用的事情。对他们有用的东西与在学校发挥作用的东西完全不同。"

托马斯把自己看到的东西称为"非正规课程"。"非正规课程"就是您身边的世界,触手可及。此后我一直在反思,我觉得捡起这样的课程可不像变魔术。我常常会想:非正规教育中的教学是否比正规教育还要多,只不过这种教学更以孩子为中心?父母身边有很多东西,他们有书籍,因此,在一定意义上,父母对孩子会有很多潜移默化的知识和信息的传递。如果孩子不感兴趣,父母就会终止这种传递。因为,继续传递毫无意义。在教室中,您必须继续下去。不过,在家里,如果没人听您说什么,继续下去就没意义了。

这是非正规学习与学校里的正规学习之间的一大区别。老师必须遵守教学计划,尽量让全班同学保持专注。在教室之外,如果孩子对什么东西失去了兴趣,他们就会去看别的。

我不知道这是否意味着孩子对这个世界只具有碎片式的、不完整的知识,因为他们的学习往往都是零碎进行的而不是通过周密设计的课程进行的。托马斯可不这么认为。

"正规与否要看孩子怎么想。他们有自己的建构方式。我曾经撰文提出,课程逻辑并不等于心理逻辑。成人为孩子考虑建构了某门课程,但孩子有自己建构知识的方式。"

我们可以用拼图游戏来打个比方。孩子弄来一堆拼图,把它们拼起来,拼出他们对这个世界的看法。规划好的课程呈现的是已经完成的拼图,而老师试图把它传递给孩子。在非正规学习中,孩子们自己来拼,而且往往自己找自己的拼图块。因此,他们拼成的每个拼图都不一样。如果某个新拼图块不合适,他们可以拆开重拼。

真实生活的乱麻

正像托马斯跟我说的,这样拼成的拼图不够干净利落。

"非正规教育毫无条理。正像幼儿时期的孩子们毫无条理一样,但他们都能顺利长大。到 5 岁时,他们会学会说话,不需要学校老师直接教就能获得相关知识。但是,对于上学的孩子来说,到了 5 岁情况就不同了。"

托马斯告诉我,他认为通过教学就能向孩子传授对某门课程的完整理解这一点远未得到证实。除非孩子的头脑中发生了变化,否则教学就是说大话而已。

我们可能认为所有学习都是自主的,因为我们永远无法控制另一个人真正会学些什么东西。即便对于在学校接受标准化课程教育的孩子来说,他们对于相关科目的理解也会不同,而且他们的技能掌握程度也会不同。

图 4-1 对此有很好的说明。乔(Jo)、波比(Poppy)和艾萨克(Isaac)是同班同学。很明显,他们都在学习如何做分数的加法。老师在给他们上一堂精心准备的课。

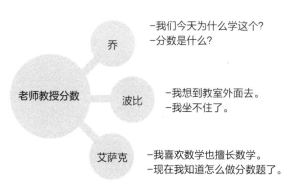

图 4-1 有关分数的正规学习

从这个视角来说,控制孩子的学习基本上就是一种幻象。您无论如何也无法控制别人的大脑。

相比之下，非正规学习无须靠成年人如实地将相关信息传递给多个孩子。孩子——而不是老师——位于该进程的中心位置，这样孩子就能从各个地方吸收相关信息。我女儿学分数的时候，她先是把一个蛋糕分成了两份，这样就可以跟弟弟分享，然后又把它分成了四份，这样就能跟弟弟、我和她爸爸一起分享。她还研究过怎么平分成盒的冰棍——把六个冰棍分给四个人，那就是每人一个半冰棍，这样分冰棍可真不容易。有一天，她给我看了一幅她画的带有不同形状的画，上面的形状被分成了不同的部分，我告诉了她怎么写分数。她用一个数学应用软件玩了一会儿，还在练习册上做了些练习。她理解了分数，但这种学习完全是她自己规划的。图4-2可以说明这一过程。

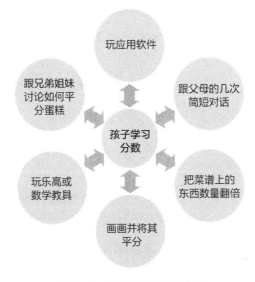

图4-2 有关分数的非正规学习

第四章
自主学习——不逼着孩子学习会怎样

当然,对于很多成人来说,它暗示的东西可能让人觉得害怕。如果我们不控制孩子的学习内容,他们怎么才能学会阅读等我们认为至关重要的东西呢?

要是他们永远不学如何阅读,怎么办

结束了开放大学的课程后,哈里特·帕蒂森决定研究一下这个问题,看一下接受非正规教育的孩子如何学习阅读。她给我讲了自己的发现。

"我的主要发现是,关于怎么学习阅读,没有严格规定,没有重中之重。要掌握阅读,没有哪件事、哪两件事或哪三件事是必须要做的……这是一个相当多样化、充满可塑性的过程。"

帕蒂森向311个实施家庭教育的家庭咨询他们的孩子是如何学习阅读的。她说自己收到的答复五花八门。那些父母给她写了一页又一页。他们写的内容对有关阅读能力获得的主流观点提出了质疑。

"其中最有意思的一点是,那些明显生活在文化程度很高的环境中的人会给孩子读书,还会做很多可能算作扫盲活动的事情,他们的孩子可能要到十多岁才能学会阅读。因此,这种环境究竟有什么用,我不太清楚。在很大程度上,主流观点认为,人们必须每晚给孩子读书,必须进行这种协作培养。有些家庭这样做了,但他们的孩子开始读书的时间并不早,有些孩子甚至到了很晚才开始阅读。"

她发现,很多孩子7岁以后才开始阅读,但这并不意味着他们有什么困难,因为他们一旦开始阅读很快就会赶上来。不过,关于这一点,她也强调说,即便父母决定加以干预,也不可能是一种系统的、长期的干预——这一点好像也没什么关系。孩子们还是学会了阅读。

"很多时候父母可能会说:'我希望他们能通过非正规的方式进行学习,可什么都没有发生他们就八九岁了,因此我觉得现在必须要加以干预了。'通常,他们会进行某种干预,他们会跟孩子说'我们要做一件事情'。他们会找一些材料,找一些资源,然后说'我们要这样解决这个问题'。然后,他们会说'我们放弃,因为我们在争吵,我们不喜欢这样'。他们会放弃,或许过一段时间或者几年后,这个孩子会开始阅读。这是一个非常典型的故事。"

另外一组孩子也很有意思,他们被带出学校是因为他们还没学会阅读,而这一点让他们难以在学校取得进步。

"有一个女孩,8岁的时候离开了学校,她的父母被告知她在全国的排名属于后百分之三。人们给她贴上了各种阅读障碍或多动症的标签。她的父母说她非常恐惧阅读,关于阅读的事儿提都不能提,他们也没法坐下来跟她一起阅读。"

"因此,他们对她采取了不一样的做法,用别的方式让她继续接受教育,到她14岁时,她自己学会了阅读。她很恐惧阅读,她也认为自己确实如此,但她还是上了大学,而且很喜欢阅读小说。这件事对我的触动非常大。"

这项研究中有三个这样的故事对我触动很大，因为在我们的教育系统中，如果您 8 岁时的阅读能力在全国排名后百分之三，您上不了大学，而且也不会喜欢阅读小说。

帕蒂森的研究令人关注。不仅在于她发现了很多有关如何学习阅读的假设在校外并不成立，而且还在于她发现了或许学校的练习造成了很多不必要的问题。在学校较晚学会如何阅读的孩子一般会被诊断为患有学习障碍。一个在校外较晚学会阅读的孩子可能再晚一点儿就能学会而且没什么长远影响，就像 8 个月或 18 个月时学会走路对于以后的走路能力完全没什么影响一样。学校里的学习依赖阅读，但自主教育并不依赖阅读。学习方法的多样性意味着不会阅读的孩子可以通过有声书、视频、对话、游戏或日常经历来学习，他们不会错过什么，即使他们还不会阅读。

玩耍、好奇心与社交能力

在大西洋的另一边，另外一位心理学家对于孩子不上课如何学习感到困惑不已。像艾伦·托马斯一样，波士顿学院心理学研究教授彼得·格雷（Peter Gray）以前也没打算花时间研究学校的替代方案。他向我解释了事情的来龙去脉。

"我被迫进行这项研究，是因为当时我儿子在学校非常叛逆。那时我做的是一项完全不同的研究。我儿子拒绝遵守校纪校规，显然他想要的是一些别的东西。这一点他表现得非常明显。"

格雷发现，他需要的是位于马萨诸塞州的瑟谷学校，那是一所自主学校。

瑟谷学校没有预先安排好的课程。只要不干扰他人的自由或违反由学生和教辅人员共同制定和实施的校规,孩子们想做什么都可以。

格雷自身是传统学校体系培养出来的成功案例,他非常担心儿子的未来。对话时他跟我说,为了确认自己的看法,他对毕业生进行了一次调查。

"这次调查说服了我,让我觉得没必要担心,他们在这个世界上都活得好好的。不过,这也让我很有触动,因为他们就在那里,他们做的很多事情跟传统学校的做法都不相同,但他们还是过上了成功的生活。如果他们愿意,也可以继续接受更高层次的教育。他们是如何获得教育的呢?他们身上到底发生了什么?看上去他们就是在玩、在瞎晃、在做您预计孩子会做的事情,不过他们正在获得教育。"

托马斯和帕蒂森研究的孩子接受的是家庭教育,绝大部分时间他们旁边都有一位成年人,而瑟谷学校的孩子则处于一个群体环境中。前者经常跟他们的父母对话,可以经常受到很多非正规的教导。因此,可以说瑟谷学校的孩子比他们受到的教导还要少。

也许正是因为这一点,格雷的研究对孩子和成年人之间的进程关注更少一些,而对孩子身上能让他们进行自我教育的东西更为关注。格雷认为,孩子天生具有能使他们在适当环境下进行自我教育的驱动力。他将这一点追溯到人类的进化,认为处于狩猎采集社会的孩子能够通过自由玩耍进行自我教育，而从那时起，这一人类儿童的天性就从未改变过。

格雷在瑟谷学校的发现使他对玩耍产生了特殊的兴趣。在他看来，孩子们自由玩耍时间的急剧减少以及学校里越来越大的压力造成了西方文化中的童年焦虑和抑郁现象大幅增加。

原生的学习驱动力

彼得·格雷为我解释了他认为能让孩子获得教育的天生驱动力。

"好奇心——想都不用想，好奇心当然属于这种驱动力。您只要看一眼小孩子，就会意识到他们有多好奇。从刚出生开始，他们就开始探索周围的世界。在能活动之前，他们就用自己的眼睛探索世界，而且看到的更多的是新的东西。他们刚刚能活动就开始探索周围的一切，因为他们想看看能拿那些东西做些什么、会发生什么事情。挤也好，摔也好，都是好奇心使然。他们来到这个世界上，生来就是为了探索周围的世界。"

接下来，孩子的好奇心会与他们的贪玩和利用玩耍练习自己文化中的技巧的方式相互作用。

"一旦您认真地对待玩耍，您就会意识到，在所有文化中，孩子都会玩一些对他们的文化非常重要的技巧。因此，狩猎采集社会中的孩子会玩弓箭、玩挖掘棍、玩火、造独木舟、玩音乐。当然，在我们的文化中，有很多我们做的事情，孩子们都会用不同的方式玩耍,但今天几乎所有的孩子都希望在电脑上玩。一点儿也不奇怪,对吗?您只要存在我们的文化中,您就懂得这是我们拥有的最重要的工具。因此,在玩耍中孩子们会被自己看到的一切所吸引。我认为,他们天生就喜欢东张西望并思考:在这个文化中人们会做些什么?每个人都会做些什么?我必须要学些什么?"

他认为,玩耍也是孩子们通过冒险和提升自信来训练情绪管理技巧的方式。正像格雷所看到的那样,好奇心和玩耍共同发挥作用。

"好奇心会让您去寻找有关这个世界的问题的答案,而玩耍会助您学到技巧。"

至关重要的是,他又加上了社交性。社交性还指向他人学习并理解他们想法的愿望。图4-3以示意图的形式对该理论进行了说明。他认为,社交性是学习的放大器——因为孩子再也不必依赖自己的好奇心和玩耍,也可以从他人的学习中学到东西。正如他所说,这意味着,当某个孩子有所发现时,这个群体中的其他孩子也可以学会而不必单独进行这一发现。这使人类的学习超越了尝试和错误。

图4-3 彼得·格雷有关造就自主教育的原生驱动力理论

第四章
自主学习——不逼着孩子学习会怎样

"这造就了文化以及文化的累积。每一代人都会关注前一代人做的事情……他们天生会跟自己的朋友分享知识,因此一个孩子的发现会变成一群人的发现。"

除了玩耍、好奇心和社交性,格雷还提到了他所说的"计划性"(做计划的能力)。他认为,"计划性"是一种原生的重要能力。此外,还有一种在传统上教育学家从不看好的一种素质——"任性"。

"由此说来,任性是指孩子对'我必须独立'的最初理解,是一种出于本能的理解,而并非一种认知意义上的理解。我必须练习独立。现在我依赖于很多人,我需要向这些人学习并跟它们建立联系。不过,最终,我必须学会自己做主。"

格雷的核心观点在于,通过提供某种可以进行自我教育的环境,我们能够很好地驾驭这些孩子们拥有的原生驱动力。这与传统学校形成了对比,后者努力控制甚至有时会打压这类驱动力。您可以想想在某些学校学生们串班时学校对他们之间互动的限制。那本来是一次机会,某个孩子可以向另一个孩子进行解释,这样孩子们就可以学到新的东西。但这一情景并未发生,因为在这类学校,只有听老师讲课才算学习。

他强调说,孩子始终是独立的,他们有自己的兴趣。"因为,事实上,父母跟自己孩子的兴趣也不一样,进化心理学家们对此心知肚明。他们之间常常发生冲突。因此,只知道服从父母命令的孩子一般不会取得成功。"

那么,自主教育需要些什么东西才能发挥作用呢?相关研究来自不同国家、不同文化,而且其出发点也非常不同。他们都观察到孩子在没有正规教学的情况下也能学习——这些孩子包括印度的流浪儿童、澳大利亚和英国接受家庭教育的孩子以及在美国的民主学校学习的孩子。不过,在他们观察的进程中也有很多相似之处。

联系与空间

对这些孩子来说,跟别人的联系至关重要。在孤立状态中,孩子是没法学习的。这种联系可能是他们跟其他孩子之间的联系(米特拉和格雷的研究),大多数情况下这种联系是他们跟父母之间的联系(托马斯和帕蒂森的研究)。不过,跟能立刻做出反馈的人建立密切的关系并增加新的信息至关重要。

另外一个核心因素是孩子进行探索的空间。无论是通过在室外放置一台远离成年人关注的电脑,还是通过某个自主学习社群来创造空间,孩子都需要有机会尝试新鲜事物、发现问题并提出问题,而不必担心被人评判。人们需要创造这种环境的机会。对印度的孩子来说,有电脑可用意味着他们不需要老师;对接受家庭教育的孩子来说,有一名父母随时回答他们的问题并跟他们进行讨论提供了探索的类似机会。

在这种学习中,动机并不是问题,因为孩子想停就可以停。在这些研究人员讲的有关孩子的故事中,从出生开始,这些孩子就完全具备进行自我教育所需要的驱动力。不过,他们还需要自我教育的合适机会和环境。这种学习始于发现,如果孩子们能够看到其他人的发现,他们的学习效果就能成倍增加。

充满机会的环境

这种研究也明确地指出了为什么自主教育并不等于不管孩子。关于这一点,彼得·格雷做出了进一步说明。

"在自主学习中,孩子们要学的是他们所处环境中的东西。因此,如果人们不阅读,如果人们的谈吐没有学识,如果人们讲的英语不标准,孩子们就学不到这些技能。您可以说这些技能没那么重要,但是如果您相信在这种文化中出人头地很重要,那么您就需要掌握相应的技能。能讲标准的英语很有用,您需要读写能力,需要会算数,等等。如果把您养大的家庭没多少这种技能,您所在的社区也没多少这种技能,那么您就不会获得这种技能。"

重视孩子兴趣的成人

关于这一点,艾伦·托马斯的说法有所不同。他认为父母和子女之间的关系至关重要,因为父母会为自己的孩子创造一种学习环境。

"(您只需要)……爱您的孩子。这听起来有点像老生常谈,但是,如果您爱他们,这意味着您重视他们的兴趣。您希望他们能够阅读，希望他们善于表达、自信、与他人关系和睦。您希望他们获得这一切。您把他们的生活拆散了。您要教的东西很多，但您在安排这些东西的时候，孩子没意识到，您也没意识到也没问过'您觉得他们会感兴趣吗？'"

要探索的问题

苏伽特·米特拉提出，学校需要把重点从教导转移到探究如何造就自组织学习上。他写道："他们（孩子）需要一种学习环境，也需要一个充满各种各样重要问题的源泉。电脑能够给出答案，但它们还不会提问。"

米特拉认为老师需要提出问题，但是，依个人经验而谈，孩子本身就是一个很好的问题源泉，尤其是在还没人跟他们说现在要专心听老师讲而不要胡思乱想的时候。他们的好奇心让他们有能力通过提问来了解这个世界。当他们能互相提问题时，我们希望会出现社交乘数效应，使他们学会提出更好、更复杂的问题。

对自己生活的控制

学校一心推动学术性学习项目，这使孩子们无法再用自己多姿多彩的方式进行学习。事实上，学校刻意让孩子局限于一种学习形式。这样一来，我们就不知道孩子们是否错过了一些东西。成年人对孩子的环境控制得越多，就越有可能让孩子无法学到他们成年后可能需要的技能。

正如彼得·格雷所说，让成年人在对待孩子时感觉方便的东西也许对他们以后的生活并没什么用。我们不习惯于从方便的角度来考量行为，而是更倾向于谈论"好的"或"不好的"行为。如果我们把所有行为都视为沟通，这样做就没意义了。通常，"不良行为"表达的是一种忧虑，而"良好行为"意味着符合成年人的期待。一般来说，在孩子的问题上，"良好行为"会让成年人觉得更为方便。然而，从长远来看，专注于迎合成年人的期待无法让孩子理解自己的动机和价值观。

另外，格雷认为，任性是一种意料之外的资产。"如果我们看一下任性积极的一面，就会发现它可以驱动人们驾驭自己的生活。对我掌控自己的生活来说，这种驱动力是自主教育关键的一部分。我需要搞清楚需要学些什么东西……我需要弄明白自己来到这个世界上希望做些什么……我需要想清楚如何在这个世界上立足……虽然我可以听别人怎么讲，但我不能依赖任何人，甚至包括我的父母，即使他们知道得比我多。"

外行认为，似乎自主教育并不需要孩子周围的成年人提供多少输入。这是因为我们习惯性地认为，除非成年人要控制孩子，否则我们什么都不要做。我们寻求教导，寻求教学，寻求孩子完成学业。看不到这些东西时，我们就假定其他任何事情都没有发生。事实上，自主教育发生在孩子与环境之间的互动之中，成年人的角色就是为他们创造或选择这种环境。其中涉及的很多工作都是无形的，如果进展顺利，孩子根本不会了解为了他们的教育别人做了多少工作。学校的教育工作显然是非常艰巨的工作。与此不同，自主教育促进者的工作可能包括与孩子一起玩游戏、确保图书馆里有很多有趣的图书、关注当地的大事或安排孩子跟朋友的会面。这些都有利于孩子生活在一个充满学习机会的有趣环境中。

第五章
从牙牙学语到青涩少年
——孩子长大过程中学习有何变化

从一开始舒拉（Shula）就与众不同。其他孩子玩过家家、甩动布偶玩具或边推动小汽车玩具边发出"呜呜"的声音时，舒拉只对周围的东西如何运转感兴趣。她会花好几个小时的时间观察洗衣机。别的孩子在大街上走来走去时，她会被起重机、垃圾车或道路清洁车深深地吸引住。在家里，她会用硬纸板、橡皮泥和得宝乐高积木拼这些车子。无论别人怎么鼓动她玩过家家、茶话会她都不愿意，相反，她会把那些盘子当作她制造的但从来不玩的车辆的轮子。她的父母非常担心，其他父母则扬着眉毛窃窃私语，说这个孩子可能患有"自闭症"。

后来有一天，当时舒拉已经5岁了，她爬进了一个纸板箱，然后喊着"呜呜……呜呜……我们出发去海边喽！"这是舒拉第一次假装做什么事情。从那时起，舒拉开始玩想象类的游戏。她为自己想象的车辆画了详细的地图，她会带上那些车辆玩具，并讲有关乘坐这些车辆出行的故事。她搭起了商店，向父母出售自己制作的东西。可是,舒拉已经5岁了,她上学了。其他孩子大部分从两岁甚至更小的时候就开始玩过家家的游戏了,他们收到的信息是专注于过家家游戏的时间该结束了。游戏时间才能玩游戏。

舒拉的父母决定让舒拉休学一年,好让她专心做自己当时想做的事情。他们觉得她需要玩过家家的空间,因为由于某种原因,她小时候没玩过这种游戏。因此,他们给了她空间,让她尽情地玩。他们没跟她说她现在太大了或该专心学习阅读这样的话,而是相信她的本能,遵从她的想法。

那一年,舒拉跟还没上学、喜欢玩过家家的小孩子一起玩。她在操场上玩火车,在树林里购物。她会讲很多绘声绘色的故事并把它们画出来。舒拉的社交技能飞速提升。年底的时候,舒拉的父母决定让她继续接受家庭教育,因为他们能够看出舒拉在需要方面的本能是完全没问题的,只是往往跟学校对她的期待并不相符。

我们这个社会的其中一个领域非常欢迎自主学习。我们大部分人都能认可让小孩子通过玩耍来进行自主学习。这可能是因为试图让他们做别的事情完全是出力不讨好。不过,不论是什么原因,人们一般都允许小孩子学习自己感兴趣的东西。小孩子可以尽情地释放自己的热情。这种热情的强度往往让父母感到吃惊,他们在毫不知情的情况下可能会发现一堆孩子挖出来的东西或者孩子整天要往公园另一边的建筑工地跑。

结果,孩子们学到的东西非常不同。某个孩子了解恐龙,另

第五章
从牙牙学语到青涩少年——孩子长大过程中学习有何变化

一个孩子了解泥巴和沙子的特性。一个孩子非常痴迷《小马宝莉》(My Little Pony),另一个孩子可能对宝可梦(Pokémon)爱不释手。大部分父母并不担心这些差异,因为他们认为孩子正在学习的这些技能是高阶技能——如何跟他人互动、逻辑推理、不同理念怎样融合在一起、如何策划一个场景或扮演一个人物等。我们并不指望小孩子能学到非常有用的信息,因此我们允许他们探索自己的兴趣并通过这样做获得相应的技能。

在 3~8 岁的某个时间点(取决于您生活的国家以及您的父母是否有钱让您读私立学校),这些个性化学习的日子戛然而止。您再也不能整天假装自己是只恐龙了。这不是偶然的。某个孩子上学后,他们周围的成人会刻意给他们强加一种新的学习方式。刚开始只是几组拼读,读读带回家的日记。几年后,他们会让孩子每天大部分时间都坐在课桌旁,完成成年人安排的各种任务。学习变成了某个成年人要求做的事情,而不再是孩子希望做的事情。

如此一来,学习就脱离了其本来的目的。数学变成了找到正确答案而不是一种理解我们所看到的数量或图形的方式。阅读则变成了把正确的声音组成单词而不是为了沟通。

这是一种重大的改变。上学之前,孩子们学习技能是因为当时那些技能对他们有意义而且有用。但是,上学后,孩子们学习技能是为了将来——对孩子来说,那是一种不知怎么就变得非常重要、无法想象、遥远的未来。孩子们学习这些东西不是因为他们的生活马上就需要这些技能,甚至也不是他们自己未来的目标。

成年人这么做是为了孩子。成年人认为，如果他们不让孩子这么做，孩子就没法学到必要的生活技能。

在本章中，我将探讨处于不同年龄段的人们如何学习；我将探讨人们在不同的人生阶段进行学习的不同方式；我还将探讨学校与孩子发展轨迹的互动及其对他们生活的影响。

发现法将无法发挥作用

密苏里大学心理学系教授大卫·吉尔里（David Geary），在2020年4月《泰晤士报高等教育增刊》上从某个视角阐释了有关孩子学习的不同方式："一旦涉及到真正的学术学习，孩子的发现法就没用了。"

吉尔里对首要知识和次要知识进行了区分。首要知识包括我们能从周围世界学到的东西——母语、与他人的相处之道、如何使用周围人使用的工具等。他指出，孩子天生就喜欢学习所处环境中最重要的东西而且往往不需要明确的指令——与彼得·格雷所描述的学习类似。然而，格雷认为这种学习是有时限的，只适用于对某些类型技能的学习。

他将学术性技能定义为"次要知识"。人类在史前时期的生存并不需要这些技能，我们的大脑也还没进化到要学习这些技能的地步。读书、写字、代数、写文章——这些东西对我们的祖先都没用。他认为，"一旦涉及尚未进化好的技能，就难以组织大脑去学习这些东西，因此结构化的环境必须为孩子的体验提供这

第五章
从牙牙学语到青涩少年——孩子长大过程中学习有何变化

种组织活动。老师提供了大脑没有提供的结构。因此,一个重要的区别在于,足以让孩子学习首要知识的东西对于学习次要知识就不够了。很多教育理论并未做出这一区别,例如完整的单词、完整的数学等。"

这是一种很吸引人的理论,似乎凭直觉就让人觉得很有道理。很多认为自己非常先进的教育家都采纳了以下方法:让孩子玩到一定的时间,然后(缓缓地)让他们为了自己开始干正事儿。

像很多富有吸引力的理论一样,这一方法有些道理,但也有些逻辑上的缺陷。的确,很多时候,孩子们并非只是因为什么东西存在于自己周围世界就会去学那些东西,而是因为那种知识可能对于他们的未来非常重要。例如,学会怎么参加考试可能就是孩子们需要学习的东西,第六章将对此加以探讨。

不过,这一方法也漏掉了一些东西。还有一些人,他们所受的教育大多都源于自己的兴趣。像小孩子一样,他们想学什么就学什么,想怎么学就怎么学,感觉学够了就不再学了。跟小孩子不同的是,这些人常常参加一些有组织的学习课程,只是不一定全都上完。除了正规学习,他们还使用多种方法进行学习,包括看"油管"(YouTube)上的视频、玩游戏、对话、看电视节目、上线上课程、读书等。这些人是谁呢?

成年人。

成年人始终在获取"次要知识"。他们学习是因为他们想学习或者觉得自己的事业或生活需要他们学习。成年人不仅不用被迫学习，他们为此还要支付成千上万英镑。成年人学习不仅是为了获得相关资质，他们当中有很多人本就喜欢学习，尤其是学习那些让他们感兴趣或觉得有意义的东西。目前，我也花钱请了一位法语老师，为我指出我最严重的语法错误。我想未来很长时间内我都要继续向她支付费用，但我庆幸能有这样的机会。

我们的学校体系假定，必须让 5~16 岁的年轻人学习。人们认为，他们不仅需要有组织的学习，而且需要强制性的有组织的学习。在我们的头脑中，强制性的学习和有组织的学习之间的关联非常强，很多人都不会质疑以下假定，即为了让孩子们进行有组织的学习，必须强迫他们这样做才行。

然而，小孩子无须强制就会学习，成年人也是这样。我们为什么会认为 5~16 岁的年轻人就需要强制学习呢？

学校或灾难

人们推行强制性的学习的一个原因在于，孩子们需要获得的技能太重要了，没有这些技能可能就是一场灾难。父母认为，如果不强制孩子做数学题，他们就会"有机会了再说"。人们还认为，如果不强制孩子阅读（不学习阅读）相关风险同样太高了。我们都知道，这个世界上很多人都不会阅读，因此情况可能就是如此。

有些心理学家会认同这种观点。吉尔里认为，学习学术性内

第五章
从牙牙学语到青涩少年——孩子长大过程中学习有何变化

容时,孩子的大脑无法构建自己的内部构造,因此需要老师替他们来做。传统教育学家也会认同这种观点,他们提倡推行一种塞满了成年人为自己并不认识的孩子所选择的内容的课程。人们往往称其为"知识性强"的课程。

对此,其他学习专家则不敢苟同。发展心理学家注意到,早些时候,孩子学习的一直是他们已经理解的东西和他们经历之间的一种互动。孩子们把自己的信念和理解用于所有状况,他们不会全盘接受他人的结构,而是会构建自己的心智模型。这是我们知道得越多学习越容易的原因之一。随着我们的心智模型变得越来越复杂,我们可以把新的信息纳入已有的框架而不必每次都从头开始。这意味着学习始终是个性化的。即便像学校这样的标准化环境,也不会为每个孩子带来相同的学习结果。

孩子所处的环境对于他们的教育至关重要。如果孩子周围的人不会阅读或不阅读,孩子就没有学习的机会,就无法学会阅读。然而,这并非正规求学的唯一替代方式。

有关校外教育的讨论充斥着各种错误的二分法。正如吉尔里一样,传统教育学家似乎认为仅有的两种选择就是强制性的有组织课程或孩子主导的发现学习。换句话说,正规的学校或把教育交给运气。他们或许会侥幸成功,因为上完 12 年的学之后,我们绝大部分人都会相信,如果没人逼我们,我们绝不会挑战自我或学习任何有难度的东西。这并不奇怪。往往学校会明确地告诉我们:我们必须被逼着学习才行,我们为自己选择的学习没那么有价值。我们不相信自己管理自己学习的能力,因而,我们接下来又把它教给了我们的孩子。

的确,如果您最看重的是确保所有孩子都学习相同的东西,您就不会允许孩子做出选择。这是不折不扣的自相矛盾。就教育中的真正选择而言,我们必须允许孩子的学习可能变得更加个性化。只要您学完小学阶段历史教材上的所有内容,您想学什么都可以,这种说法并非一种真正的选择。您是否认为学习中的个人差异问题取决于您对教育的看法。教育应该是一个所有孩子都学习相同的东西的标准化进程,还是应该让孩子学习如何管理他们自己的学习、重视过程胜过任何具体内容?

成年人都极具个性,他们的学习同样是非标准化的。如果您把一群成年人聚集起来并问他们如何解决一系列的全球问题,例如气候变化或贫困,您就会明白这一点。阅读脸书网站上任何一篇略有争议问题的帖子也能证明这一点。成年人对于这个世界的观念非常不同,这会对他们从遇到的新信息中学到什么东西产生影响。学习是一个为我们的世界观增添新信息、理解我们在已经了解的东西中看到新东西的进程。它从来不是一个客观的进程。

事实再次证明,对于那些 5~16 岁的孩子来说,规则似乎并不相同。对于成年人来说,个性化和多样性都很重要,那是他们发展专业技能的方式。但是,对于学龄儿童来说,只有等到他们过了义务教育的年龄,可能已经丧失了学习乐趣的时候,相关课程才允许他们发展强烈的偏好或兴趣。

第五章
从牙牙学语到青涩少年——孩子长大过程中学习有何变化

学习就对了

人们给出的另一个控制孩子学习的原因是：这是孩子学习最有效的方式。告诉孩子我们希望他们了解什么，听起来非常有效，似乎也比给他们自己寻找答案的机会更快捷。如果所有的孩子都能快速地从老师那里学会必不可少的信息和技能，那么他们这么做也许会更为有效。这能让他们放开手脚，把更多时间花在他们喜欢的事情上面。

不幸的是，在学校里待过的人都知道并非所有的孩子都能很快学会老师教给他们的东西。即便能学会，他们往往也记不住。很多研究表明，孩子们在漫长的暑假期间会忘记某些在学校里面学过的东西。因此，有人呼吁开办暑期班或者缩短假期。这对于那些贫困孩子来说影响特别大，可能是因为他们在暑假期间花在学校类似活动上的时间要比那些富有的同龄人要少。很显然，孩子们在暑假期间可能会学一些无法用学校测验进行衡量但很有价值的其他东西。我们可能会想到骑自行车、游泳或烹饪这种实用性技能以及解决问题、时间管理等更为抽象的技能。

然而，如果我们接受孩子在暑假会忘记某些在学校学过的东西的现状，那么问题就来了：如果他们在学校学过的东西都撑不过暑假的几个星期，那么又怎么可以指望孩子未来能够使用他们学到的这些东西呢？如果孩子会很快忘记老师教给他们的东西，那么教给他们现在不需要而将来需要的东西又有什么道理呢？

发生遗忘的一个原因在于，要让学过的东西能持续存在，每个孩子就必须建立自己对于这个世界的心智模型。学校往往没有相关的时间和空间。除了那些学习最快的孩子，所有孩子在掌握所有课程之前必须继续努力。别人可以帮忙，但代替不了孩子。如果相关学习内容对我们有意义而且我们对其形成了自己的认识，那么我们就能更好地记住这些内容。

假设有两个孩子都是首次学习分数。他们都感到非常困惑，不理解为什么小数点放在那些地方，也不理解小数与分数有什么关系。为什么分数是 1/2 而小数就是 0.5？老师会耐着性子进行解释和说明。突然，一个孩子的眼睛一亮，他懂了，离开后他也能算出 1/3 或 1/4 的小数是多少了。但是，他身旁的那些孩子不明白这些乱七八糟的事情。他们就是不懂，甚至听完同一位老师的解释后还是不懂。

他们费了九牛二虎之力把练习册做完了，但不知道为什么要做这个。他们可能再过一两年都不会恍然大悟。与此同时，他们会觉得既困惑又沮丧，会很快忘记明明已经学会的东西，因为这些东西对他们没什么意义。

第一个孩子建立了关联。别的孩子灵光乍现，继而有所发现。即便别人已经算出了相关的小数，这个孩子现在又重新算了一遍。

这种建立关联的过程会创造某种结构。想想某次您不得不在短时间内学会新东西的情况。或许您是为了在新时期做一份新工作。通常，头几个星期您会一头雾水，什么都说不通，您会觉得力不从心,一无是处。如果您坚持下去,能够容忍这段不确定时期,几个星期后事情就会得以解决,您会构建一个有关该领域的心智模型,而且能够将新信息添加到您已有的模型中。为了有效学习,我们需要能够容忍什么都说不通的一段时间。我们需要学习不确定性,并对不同的可能性保持开放。

不幸的是,学校没有时间让每个孩子都形成自己的理解,因为他们得赶紧进入课程的下一个阶段。孩子们没法构建心智模型,相反,他们不得不重新回到死记硬背的老路上去。他们学的东西对他们完全没有意义,而且他们也没时间用自己的方式去弄明白。

然而,在校外会发生些什么呢?孩子们会永远捏泥巴、永远无法获得有难度的信息或关注三分钟热度之外的东西吗?他们会像牙牙学语的孩子一样只活在当下,始终跟着感觉走吗?

孩子发育过程中会发生什么

发展心理学最根本的原则在于,不同年龄段的孩子是不一样的。他们的思维不一样,对这个世界的体验也不一样。不论一个4岁的孩子学了多少东西,他永远也不能像14岁的孩子那样思考,他最多只能是一个见多识广的4岁的孩子。

这事儿似乎显而易见,但有时候有些人并不认可。童年是孩子具有不同需求和不同义务的一个人生阶段,这是一个相对较新的观念。

这一差异不仅仅是因为学习。人类的大脑是逐渐发展的，其发展方式取决于人的经历，也取决于人的生理。小孩子的脑容量跟大孩子的不同，跟青少年的也不同。这种发育非常重要，因为人们认为上学造就的学习方式的改变事实上基本取决于早晚会发生的大脑发育。成年人更为复杂，而且不论孩子接受了多少正规教育，成年人的思维跟孩子的思维还是不同的。

跨文化研究证实了这一点。上过学的人和没上过学的人是不一样的。例如，上过学的孩子更善于记忆大量内容以及自己搞不懂的东西。他们更善于做别人教的事情以及不会在校外发生的事情，如参加考试等。没上过学的成年人可能缺乏学术性技能，但他们的思维能力在质的方面还是跟孩子的不一样。

没上过学的人更善于通过观察来学习，而且往往会在生活中掌握不会在考试中出现的知识。他们停留在"警觉意识"状态的时间会更长，会从环境中学习而不是等别人的指令。靠卖东西为生的孩子在工作中会表现出非常复杂的数学知识，但不一定能通过有关的考试。上过学的孩子可能会表现出正好相反的模式——他们能通过有关的考试，但无法将自己学到的东西应用于现实状况。

成为专业学习者

艾莉森·高普尼克（Alison Gopnik）是一位发展心理学家，她对孩子的学习方式进行了密切观察。她阐述了孩子从最初几年

第五章
从牙牙学语到青涩少年——孩子长大过程中学习有何变化

的发现学习到后来的掌握学习的转变。掌握学习关注的是提升技能、有所擅长，就是孩子们获得次要知识所需要的那种学习。

小孩子只关注发现。他们探索、调查、拆东拆西，然后继续做别的事情。他们的专注度持续时间不长。他们看书或无聊的时候容易走神，半路会去做别的事情。正如搭积木时，我女儿经常说："妈妈，你继续玩吧，我要玩别的了。"然后，她就跑去厨房瞎闹了。

随着孩子逐渐长大，这一情况也会发生改变。我儿子9岁时，他决定要学骑自行车。他以前学过，但骑不了多远。从车上摔下来后，他就放弃了。不过，在他9岁的那个夏天，他决定再也不会就那样放弃了。他一次次地骑上去，又一次次地摔下来。我想给他提点儿建议，但没什么用。他连着摔了几个下午，后来骑行时间越来越长。到夏季结束时，他已经能骑着自行车在死胡同里到处转了。现在，他已经不记得为什么当初学骑自行车那么难学了，他觉得好像自己天生就会骑自行车一样。情况已经改变了，也就是说，现在他放弃之前能够坚持的时间更长了。他已经准备好进行掌握学习了。很多人认为这种改变是正规求学造成的，但不上学的孩子身上也会发生这种转变。

即便是在那些在学校极难保持专注以及被拉去进行多动症评估的孩子身上，人们也可以看到这种转变。很多这种孩子在学校并不重视的事情方面都是行家，例如，玩堡垒之夜、玩"油管"或踢足球等。他们非常善于学习让他们感兴趣的东西。他们的问题在于，难以专注于学校觉得他们应该做的事情。他们能够进行掌握学习，但不会在别人的要求下进行这种学习。

这是一种学校不会做的重大区分。能够有效学习跟学习学校希望您学习的东西之间是有区别的。如果掌握学习的是孩子，那么更多孩子，包括被认定为患有学习障碍的孩子，就能够进行有效学习。这是因为，对很多孩子来说，他们的问题并不在于缺少学习的能力，而在于缺乏学习学校指定要学习的东西的愿望。

从发展的视角来看，孩子转向掌握学习的时候选择专注于什么并不重要。他们正在练习的高阶技能是如何进行有效学习。一旦他们知道怎么做，就能将其应用于各种不同状况。在对我所认识的进行自主学习的孩子（他们都是欧洲或美国的孩子）进行的一次非正规评估中，我注意到，如果孩子不上学，他们大多会在大约9岁时发展出掌握学习的能力。当然，这种能力并非一夜之间就能获得的。孩子们会逐渐树立自己的明确目标。他们会更善于管理自己的情绪而且更为专注。关于如何让自己从一无所知到有所了解，他们的主意更多。

像海绵一样学习

人们很喜欢说小孩子比成年人学东西快。人们会说，"孩子学东西就像海绵吸水那样容易。"的确，孩子往往对学习周围世界中重要的东西保持开放的态度。通过玩耍或探索，他们能够非常高效地学习。他们往往非常具有创意，而且还是非常棒的思考者。他们通过浸入的方式来获得语言。然而，您可以试一下给3

第五章
从牙牙学语到青涩少年——孩子长大过程中学习有何变化

岁左右的孩子解释一下小数,他们很可能会开小差;再试试让5岁的孩子背诵、拼写,您就不会再提海绵的事情了。很小的孩子学习的障碍可能会少一些,但让他们学习学校里教的东西也并非更加轻松。

不信?您可以看看小学生的练习册,找一个您不了解的话题,比如科学或信息技术方面的话题。您需要多久才能理解相关概念并准确回答相关问题呢?您需要老师给您解释还是自己就能弄明白呢?通常,成年人掌握基本课程的速度要比小学生快得多,但不是因为成年人更聪明,而是因为成年人的大脑发育得更好以及有更多的学习经历。

这一发育过程意味着人类在不同的人生阶段具有不同的学习方式。现在我觉得自己很难通过探索性玩耍来进行学习。玩耍已经不符合我的天性。我更喜欢阅读、跟人对话或看视频……这跟我侄子不同,他整天玩个不停。这并不是因为我比3岁的孩子拥有更多的知识或经历,原因在于我们大脑工作的方式不同。

在过去20年中,有关大脑发育的研究层出不穷,因为核磁共振扫描可以让我们看到活着的人的大脑是如何工作的。现在,人们可以看到,随着孩子长大,他们的大脑的确会发生非常大的变化。事实上,似乎大脑发育延续的时间要比我们想象中长得多,甚至到了40多岁,我们的大脑还在发育。即便大脑的发育结束了,我们的大脑在学习过程中也会发生明显的变化。

凯瑟琳·米莱(Katharine Mullet)和埃里诺·麦格乐(Eleanor Maguire)专门对此进行了研究,这也是我最喜欢的研究。他们对于我们学习时大脑的变化很感兴趣,发现出租车司机提供了完美的自然实验。为了成为伦敦一辆黑色出租车的司机,您必须拥有相关知识,其中包括记住伦敦各街道相当详细的规划。大部分人要过关都需要好几年的学习,很多人永远过不了关。

在研究前后,研究人员对这些司机的大脑进行了扫描。成功地学会这些知识会让这些志向满满的司机的大脑海马区发生明显的改变。大脑这种变化的能力叫作"神经可塑性"。从出生之前,我们的神经系统就会受到我们所过的生活的塑造。这就是任何有关什么东西天生就有的说法都应当受到质疑的原因。人类大脑对环境特别敏感,我们所有的"大脑组织"都是在我们的生活中发育起来的。

当发育与学校体系发生冲突时

我在一家神经发育诊所工作时,很多孩子在求学过程中的某个阶段都来看过。他们来这里是为了进行自闭症或多动症的诊断评估,主要参考点包括:6 岁,开始上一年级,课程已经从玩耍向正规指导转变;11 岁,已经开始上初中;14 岁,开始上英国会考课程。

是不是孩子在这些年龄时在发育方面非常脆弱呢?孩子在 6 岁、11 岁和 14 岁时出现神经发育问题,只是因为情况本来就是这样吗?还是,更有可能的是,孩子处于这些年龄时学校体系会提出更多要求而某些孩子还没准备好?

第五章
从牙牙学语到青涩少年——孩子长大过程中学习有何变化

我们都知道，孩子的发育水平在学校体系中非常重要。孩子开始上学时，每个年级的学生基本相差一岁。有些孩子过了5周岁生日后开始上学，有些孩子4周岁后开始上学。被当作一个群体时，这些夏季出生的孩子没有那些秋季出生的孩子考得好，而这种差异会在整个教育体系中延续下去。他们16岁参加英国会考时，8月出生的孩子拿到五门会考成绩优良的概率要比9月出生的孩子低6.4个百分点，而考上大学的概率会低2个百分点。既然我们完全没理由认为8月出生的孩子比9月出生的孩子能力差，那么这种差异肯定是由于他们进入学校体系或参加考试时年龄较小造成的。美国的一项研究可能更让人担忧，该研究表明，跟秋季出生的同龄人相比，夏季出生的孩子被诊断为多动症的概率要高34个百分点。我们不能认为在8月出生的孩子就会比在9月出生的孩子更活跃。如此看来，不成熟会让孩子在学校体系中处于不利地位。

相当多夏天出生的、被诊断为多动症的孩子，按照医嘱需要服药，这一事实值得反思。孩子们可能正因为上学时的年龄太小而需要吃药。

这会造成怎样的损害呢？

学校将掌握学习强加在还处于发现阶段的孩子身上。它们让孩子做大量的重复练习并完成旨在提高具体技能的任务。它们这样做是因为它们认为孩子们有这种需要，不这样做就受不到教育,好像不这样做就要冒很大的风险。

不幸的是,强加掌握学习这一过程会造成某些后果。从其本身来说,这是一种高风险的策略。对很多孩子来说,这会严重影响他们的原生动机,而且会让他们无法学习如何在大部分人可能获得的最佳机遇期——青少年时期——管理自己的学习。

青少年时期非常特殊,因为这段时期年轻人正在培养意向性活动、刻意学习的能力,而且,在大多数情况下,他们还未承担任何责任。到了成年时期,大部分人都不得不在经济上自立。人们在成年时期绝大部分时候都需要赚钱。很快,成年人会需要养活其他人、承担租金或偿还抵押贷款等。此时,只有抓住某些稍纵即逝的时刻,如半夜孩子睡着之后或一大早不得不上班之前,您才能为自己而学或学习跟自己有关的东西。

对青少年来说,情况并非如此。有父母支持的幸运儿可以一心扑在自己钟爱的事情上而不用担心做这样的事情能不能帮自己赚钱,而且他们可以尝试各种新鲜事物而不必担心付不起租金。他们可以把整个青少年时期都用来摸索让自己觉得活得有意义的事情,以及如何管理自己的偏好或嗜好。很多青少年(尽管并非所有的)都可以用兼职赚来的钱去做自己感兴趣的事情而不是支付账单。如果年轻人能够在青少年时期学会如何生活,成年后他们就无须重新思考对他们而言真正重要的事情。

这就是人们做出的基于玩耍的发现学习与强制学习这种二分法有误的原因。如果孩子能够自己选择学什么,他们的学习会表现为多种形式,这一点跟成年人如出一辙。人们无须逼着孩子超

第五章
从牙牙学语到青涩少年——孩子长大过程中学习有何变化

越发现阶段,因为他们会自己找时间自然而然地度过这一阶段。这一过程需要的时间可能比学校允许的时间长得多。

不上学的孩子往往会玩好几年,并在几年后获得阅读或数学技能。这并不要紧。他们完全可以用很多不同的方式来获得学习的能力。

非标准化的孩子

孩子不上学会有什么不同?迄今为止,还没有针对西方儿童身上这一问题的严谨研究。学校被视为孩子的自然环境,没人研究过离开了这一环境会怎样——跨文化心理学家除外,而英国或美国发展心理学实验室里的人往往不太在意他们的研究。人们很难从跨文化研究中得出结论,因为如果孩子们来自不同的文化背景,跟不上学无关的环境差异也可能会使他们的发育出现差异。对学校外的发育进行评估还存在一个问题,即我们到底应该怎么进行评估。

相关跨文化研究表明,事实上,很多本来应该不带任何文化偏见的考试都带有这种偏见。甚至最基本的应试技巧——回答问题——也会受到文化的影响。孩子参加考试的时候,他们必须回答很多并不"真实"的问题。出题人出题并不是因为他们想知道问题的答案,而是因为他们想知道孩子是否知道这些问题的答案。在某些文化中,成年人不会问孩子他们已经知道答案的问题;而在西方文化中,这种问题往往源于我们跟孩子的互动方式。想一下以下这个成年人已经知道答案的问题跟西方文化中我们跟小孩子的最初对话有多大关系。例如，我们会问年龄很小的孩子"你的鼻子在哪里"，好让他们为外面的世界做好准备。成年人会问一些很傻的问题，而孩子要做的就是猜成年人希望听到怎样的答案。

针对学校里的孩子所进行的密切观察性研究向我们展示了一个进程，孩子们的行为受到了持续不断的、刻意的塑造。《捣蛋鬼》(*Troublemakers*，该书对刚上学头几年的四名儿童进行了观察)一书的作者卡拉·沙拉比（Carla Shalaby）将此类学校称为"学习型学校"。在这种环境中，人们高度重视服从和寻求赞许，在学校设定的限制范围内的创新或原创才会受到欢迎。孩子在此类学校的成功基本上取决于他们学会遵守学校潜规则的程度。例如，如何跟老师讲话、什么时候可以跑动或什么时候必须安安静静地坐好。

相比之下，校外的行为塑造要另类得多，因为在校外，人们完全无须像在学校那样哄着他们才能让他们听话。校外有更多让他们用自己的个性和偏好驾驭环境的空间。父母往往很难搞清楚这一点，他们试图在家里照搬学校的做法，结果发现孩子并不服从。

这一更容易受到影响的环境带来的结果是多样的。一般的家庭教育小组或自主学习社群极具多样性。其中可能包括已经认字的3岁孩子，也可能包括已经13岁但还不认字的孩子。有些孩子可能从来没离开过妈妈，有些孩子动不动就会乱跑而且头也不回

第五章
从牙牙学语到青涩少年——孩子长大过程中学习有何变化

一下。有些孩子可能会说三种语言,有些孩子可能一种语言也讲不好。有些孩子想一直玩想象类游戏,有些孩子可能整天坐公交车,对所有公交路线都了如指掌。有些孩子整天戴着耳机,有些孩子非常善于交际。

学校的结构与孩子的发展路径大相径庭。学校不会帮助孩子创造一种心智模型,相反,学校会把正规学习强加给不感兴趣或没准备好的孩子,结果很多孩子都会感到困惑或焦虑。学校坚持在孩子们希望整天玩耍时让他们坐下来并保持专注,并且告诉他们学会加减分数比画出完美的皮卡丘更加重要。对于那些与规范具有不同发展轨迹的孩子来说,这种做法特别有害——也许他们很小就学会了阅读但直到 5 岁才开始玩想象类游戏。我们很难回到更早些时候的发展阶段,像 5 岁大的孩子那样玩耍 5 岁的孩子才擅长的事情。成人可以费尽心思尝试像他们那样,但他们只是假装在过家家罢了。他们是为了孩子才这么做的,而不是因为他们喜欢过家家。任何一个小孩子的父母都会很快发现,这件事做起来要困难得多。

跟上学的孩子相比,孩子在校外的发展步伐有所不同。要过很长一段时间,孩子才会回到该做的事情上面。他们玩的时间会更长。有时候,年龄大一些时他们会重拾以前的爱好,例如 8 岁或 9 岁时再看《小猪佩奇》、玩得宝乐高或彩泥。因为我们习惯于在标准化学校期间形成的思维,所以习惯于认为与众不同的孩子是有缺陷的。如果某个孩子在同样的时间做的事情跟其他孩子不同,他们就会被认为落在了别人"后面",人们可能会给他们提供补救措施好让他们"赶上来"。在校外受教育的孩子身上找到的证据表明，除非环境使然，否则不按顺序或步骤做事没有任何问题。我们不应该让孩子更加顺从，而应该让他们的教育具有更大的灵活性。

作为一个社会，我们对于脱离学校背景的人发展的多样性知之甚少。我们认为多样性本身就是问题所在，而没有将该问题放在人们给大部分孩子设定的标准化的狭小环境之中。

如果孩子能控制自己的生活和学习，他们就会做出非常不同的选择，从而在自己周围创造一种不同的环境。结果，孩子身上最初的那些细微差别会变得非常明显。学校要求所有孩子在相似的年龄做相似的事情，但这并不是受教育所必需的东西。

第六章
结果——我们如何衡量教育

夏天到了，这意味着考试成绩已经出炉！报纸上到处都是欢欣鼓舞的青少年的照片，他们都高兴得跳了起来。照片下面是有关统计数字的文章，里面讲的是这一年龄段的孩子有什么不同之处。某些年份，女生成绩比男生好些；某些年份，人们对于没人选物理专业而选心理学专业的学生爆满而感到绝望。

尘埃落定——对于这些毕业生来说义务教育已经结束了。他们获得的分数会伴随他们的一生；他们是成功者、普通人或者失败者因此而一锤定音。人们会根据这些成绩对学生进行分类，决定谁可以继续深造以及到哪里深造。不过，更重要的是，人们还会用这些成绩对学校和教师进行评估。谁都不愿看到学生考砸。

考试代表了学校体系的成果。人们用考试来判断某个年轻人是否成功，以及从更大的层面上讲，判断他们就读的学校是否出色。父母们会根据学生的优秀率对学校进行比较，而报纸也会根据学生的表现对学校进行分级。甚至还有一种叫作国际学生评估项目（PISA）的专门考试，这种考试每三年举行一次，目的就是对各个国家的学校体系进行比较。参加该项目的国家对这种考试非常看重，该项目也自称非常注重包容性，是为了改善最贫穷学生的教育状况。

人们似乎理所当然地认为，只有通过竞争性考试才能对教育进行评估。谁都没提过让每个人都成为最优秀的学生是不可能的，每一个表现良好的学生总是对应着一个令人失望的学生。对于国家来说，情况同样如此。某个国家在国际学生评估项目中的排名上升了，另一个国家的排名就会下降。这是在所难免的，因为没人挂掉的考试就不是一场好的考试。人们设计了考试，目的就是进行甄选。

本章将首先探讨学校如何利用考试并说明标准化测试对行为的影响。接下来，我将探讨一下对自主教育的评估问题以及为什么用来评估上学儿童的考试并不公平。最后，我会探讨一下针对接受自主教育的年轻人所取得的成果的相关研究。

考试的文化

对于正规评估来说，每年拿到自己的考试成绩的青少年都不是生面孔。在多年的求学生涯中，他们将接受全面的测试和监督。他们的老师希望从他们会自己上厕所之前开始就能证明他们正在持续取得进步。在很多国家，人们希望那些为 3 岁以下儿童

第六章
结果——我们如何衡量教育

建立的幼儿园对于孩子应该学习的内容制定相关规划并持续评估孩子的表现是否够好。评估贯穿了学校体系的整个框架。对年轻人、老师以及机构来说,评估又被称作问责。

如果这种评估有用,那么教育应该能够变得越来越好。然而,报纸上常常出现人们对年轻人准备不足、固执地选择错误的学科(通常为他们感兴趣的专业,而不是人们感觉有难度但对今后的生活非常有用的学科)以及缺乏就业所需技能的恐慌。

很少有人会质疑某个教育体系的终点是否应该是充满竞争性的考试。我们想当然地认为应该是如此。考试是对人进行分类的一种方式。毕业考试将年轻人分为成功者和失败者,并决定了谁可以继续深造或获得专业工作。对于所有人来说,将考试置于教育的核心位置会造成各种后果。如果教育的意义在于最终考出一个好成绩,那么我们关注的焦点就是考试成绩而不是高质量的学习。如本章后面所述,两者完全不是一回事儿。

庆祝考试成绩的欢呼声中缺少了某些人的声音。那些考试挂掉的学生或者那些根本没把心思放在考试上的学生去哪里了呢?您在报纸上看不到他们高兴得跳起来的照片。事实上,无处可寻就是对他们存在的定义。除了有关考试成功的文章,2019年9月的《卫报》报道称有10000名年轻人在求学的最后两年内从国立学校体系中消失了,让人怀疑这些学校删除了他们的学籍(即"开除"),以免还要计算他们的成绩。

与学校体系进行的博弈

在一个以考试成绩判断学校的体系中,开除是一件合乎逻辑的事情。人类极其善于设法让体系为自己服务。当我 14 岁不得不选择考试科目时,我选了音乐。当时我真的很想选美术,我觉得美术更有趣,但我担心选美术只能考一个"良"或"中"的成绩,而我知道选音乐可以考到"优"。因此,我学了两年音乐,什么也没学到,但得了"优"。第六次填表时如出一辙——我选了法语,没选俄语或日语,因为我觉得我的法语会考得更好些。结果,这次我想错了。那两年我被法语烦得要死,考得很差。跟体系博弈有时候并不会如您所愿。

相关研究表明,学生一直如此。如果您告诉他们要对他们的表现进行评定、成绩非常重要,他们就会选择最容易的选项。如果您告诉他们这是一次学习机会而且不进行评估,他们就会选择更具挑战性和更有趣的选项。如果分数被当作上学的意义,那么根据您能获得的最高分进行选择就合乎逻辑了,即便这样意味着什么都学不到。

不过,这一点对教育和学习的影响在于您会把全部精力放在怎样获得最高分而不是如何学习或提升技能上。学校体系假定对于获得最高分的愿望会激励学生更好地进行学习,但相关证据表明情况并非如此。

第六章
结果——我们如何衡量教育

不正常的分配

那么,我们如何衡量某种教育是否有用呢?通常,答案是让学生参加考试。然而,考试成绩是一个很有趣的东西,因为事实证明,如果您对孩子进行测试,每个人的行为都会发生改变。不仅学生会开始专注于成绩而非学习,父母和老师也会如此。

在英国,6岁的孩子在年底要参加一场拼读考试。这是一场过或不过的考试,及格分大约为32分。这场考试被用于问责——意味着它被用于评估学校和老师,也被用于评估孩子。人们会从全国范围搜集相关数据并加以整理,把相关结果公之于众,如图6-1所示。

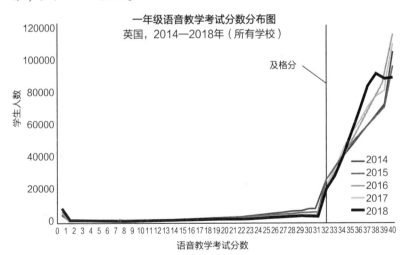

图6-1 语音教学考试分数分布图

来源:临时性语音教学考试数据(2018)及最终语音教学考试数据(2014—2017)

图6-1中的数据包括几十万名儿童,每条线都代表某一年考试的分数。您发现什么奇怪之处了吗?

图6-1表明,所有成绩均不及格的人数非常相近——图中前面的曲线很平,此后过了及格线之后,学生人数急剧增加并且能够保持。2014—2018年,每年情况均是如此。顺便说一下,老师们并未事先告知及格线,但及格分一直在32分左右。

简单说一下统计学的问题。在我们对有关人类行为进行的所有衡量中,有意义的基本上都是一种叫作"正态分布"的东西。它意味着,大部分人能得到中间分数,很少的人会得到很高或很低的分数。试想一下身高。大部分人身高相差无几,只有很少的人矮一些或个子很高。该图的最高点即平均值。此类结果在图6-2中可见一斑。

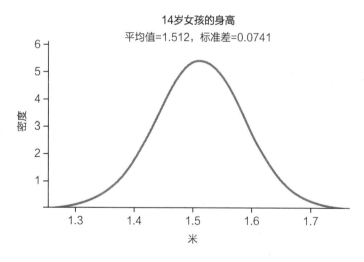

图6-2 统计中的"正态分布"图

第六章
结果——我们如何衡量教育

我们可能会期待6岁孩子的阅读能力能够呈现出这种分布态势。绝大部分人拿到中等成绩,有些孩子成绩特别突出,而有些孩子基本上还不会阅读。对他们阅读能力测试有效的考试应该表现出这样的特点。在接近代表平均分的中间部分之前,孩子们的成绩应该逐渐升高,而过了中间点之后再逐渐下降。

该语音教学考试分数图(图6-1)非常不一样。该图中及格分处出现了巨大变化,并未呈现逐渐上升的态势。每年,得到28分的孩子的人数跟得到33分的孩子的人数大不一样。

该语音教学考试分数图能说明什么呢?最恰当的解释是,这完全不是一个说明孩子阅读能力或拼读能力的图。相反,该图要说明的是当您让老师必须把6岁大的孩子分为成功者和失败者时会发生些什么。很多老师不希望这么做。他们认为,这对于教育来说不公平而且没有助益。因此,他们会竭尽所能地"帮"孩子们过关。也许他们这么做并非有意为之,也许他们只是假定孩子是无辜的或者无意之中默念出了答案,但是,如果成千上万的老师这么做而孩子总数不过几万人,您就会看到图6-1中所示的结果。

考试越多,孩子学到得越少

埃尔菲·科恩(Alfie Kohn)多次指出了我们的教育体系中盛行的标准化考试和评估存在的缺点。他认为,当师生都专注于标准时,他们学习的质量一定会下降。他称之为"专注于您学得多好与您学什么之间的区别"。随着考试越来越多，求学转变成了弄清孩子在各个方面的表现有多出色。正如他们的老师和父母一样，孩子不得不意识到这一点。

对于那些希望评估学习而不是考试成绩的人来说，这是一个非常严重的问题。对于那些能对自己的教育进行选择的孩子来说，至少在头几年他们选择时只在乎做什么。他们不太在意自己做得怎么样，除非某个成年人（或另一个孩子）告诉他们这很重要。他们通过行动学习，熟能生巧。一旦我们在学习结束时引入标准化评估并告知他们，他们的学习就会发生变化。

应考培训

考试表现跟上学分不开。即便我们不考虑考试的实际内容，有关孩子们在学校里的应试文化规定可谓数不胜数。例如，考试必须独立完成、不能向别人求助、不能查答案、必须在规定的时间内完成。考试的问题并非"真的"，考官已经知道所谓的答案。没人在乎您怎么想，您怎么想对这个世界没有任何影响，但您需要向别人证明您知道这些答案。

参加多选题或简答题考试有一系列技巧——应考本身就是一门专业学科。不上学的孩子不会学这一学科，他们不可能从自己的环境中学习这一学科，因为在大部分人的生活中应考都不是一个正常的组成部分（除非有人对参加考试产生了特别的兴趣，我想这也是有可能的）。

第六章
结果——我们如何衡量教育

有时候,当某个家庭开始实施自主教育时,父母私下里可能希望,一段时间过后,孩子能像在学校一样拿出教材在家里把所有课程学完。在父母的想象中,孩子能进行自我激励,不需要父母唠唠叨叨,会像在学校里的同龄人一样学习相同的课程。

有时候会出现这种状况,我不想排除这种可能性。但是,迄今为止我还没遇到过这样的孩子。我遇到过觉得自己应该这样做的孩子,通常是因为他们一直在上学。有时候,孩子的确会使用学校里的材料或探索学校里的课题,但他们通常不会系统地学完整本教材,除非他们还有一个更高的目标(例如,最终参加考试从而可以做自己喜欢做但需要相关资质的事情)。他们学完八九本教材后,跟学校课程保持同步的情况更为罕见。他们能够自己挑选,因此会挑挑拣拣。作为一名成年人,如果我想学点儿什么,我首先想到的不是一本教材,我更喜欢原始资料、跟别人对话或看视频。孩子们为什么不会希望也这样呢?

自主教育并非只是跟学校殊途同归的另一条道路。孩子的时间会花在完全不同的事情上面,这对于他们学习的内容会造成影响,对于我们评估他们的方式也会造成影响。我们不能直接把上学的孩子的试卷给他们做,假装这是对他们所受教育的一个很好的评估方式。事实上,我们可以说,孩子们在学校参加的考试并非是对有意义的东西的一种良好评估,它们只是对孩子多么擅长参加考试进行评估。

最初针对非正规教育孩子的研究对这一点进行了极好的说明。2011 年,马丁-张(Martin-Chang)、古尔德(Gould)和莫斯（Meusse）对5~10岁的孩子进行了研究，并对在传统学校上学的孩子、在家上学的孩子以及不上学的孩子进行了比较。他们使用了标准的学校学术测试，发现不上学的孩子的表现比上学的孩子和在家上学的孩子（比在传统学校上学的孩子表现好）都要差。由于那些不上学的孩子没学过这些学术性科目，这样的结果并不令人意外。

实用知识与学术知识不是一回事儿

在我们周围数学随处可见，如果您像巴西大街上的儿童商贩那样赚钱，情况尤其如此。这些孩子靠卖一些小东西来帮忙养家。为了确保不被骗，他们必须很好地掌握数学知识。即便他们也上学，但大部分人是通过非正规的形式学到了必需的数学知识。为了研究他们的实用性及学术性数学能力，研究人员假装顾客，通过向他们买东西对他们的数学能力进行了测试。

一个星期之后，他们在一场正规数学测试中利用同样的问题对他们的数学能力进行了测试。他们发现，在现实情形中这些孩子能够解决非常复杂的数学问题，但在考试中他们答不出来这些问题。在回答书面问题时，这些孩子试图利用他们此前在学校学过的算法。在解决实用问题时，他们用心算而不会使用算法，但他们做得更好。很多研究表明，学校里的数学对实用数学没什么帮助，反过来说，实用数学对学校里的数学也没什么帮助。

第六章
结果——我们如何衡量教育

不考试又该怎么办

阿曼达（Amanda）今年8岁了。她每天就是玩耍、细致入微地描画自己长大后打算居住的房子或为自己打算参加的表演制作衣服。她很喜欢跟其他孩子一起玩，不太喜欢读书，尽管她晚上会听有声书。阿曼达过得很开心。

她的父母感到非常不安。她8岁的时候不是应该能够认字了吗？她这样不是落在别的孩子后面了吗？更小的时候，她看起来非常聪明，很早就会说话了，而现在其他孩子已经认字了，似乎阿曼达还处在童年更早的某个阶段。她的父母担心会耽误她。

如果您看到自己的孩子在爬树或画猫咪，而其他孩子在阅读或做数学题，想不恐慌都难。父母们在开始进行自主教育的时候往往有种模糊的想法，即自己的孩子不用教也会在差不多的时间内自然而然地获得跟那些上学的孩子一样的技能。一个对学校里会学的课程毫无兴趣的孩子可能令人难以接受。

任何一个不上学的孩子都会让成年人感到焦虑，因为我们大部分人都坚信学校或跟学校非常相似的东西是成功必需的东西。几乎所有进行家庭教育的父母都有过以下经历，即某个热心的陌生人会问他们究竟如何教育孩子以及他们是否是合格的老师。一个上过学但现在想退学的孩子更让人焦虑。这种孩子被称为"辍学者"，这个词可不是什么好词。

有关辍学问题和逃学问题的研究颇多，它们都认为不上学会带来消极的影响。2012年，在一项有关学生为何辍学的研究中，肖恩伯格（Schoeneberger）总结道，"……孩子可能走上带来积极结果的健康发展道路，也可能遭受挫折而变得一无是处，对学校毫无兴趣。"

他所说的健康发展道路指的是什么？他指的是上学。在相关文献中，我们一次又一次发现以下假定，即上学是所有孩子的最佳选择，而不上学会造成各种不幸的后果。事实上，肖恩伯格在概述部分提出，在相关文献中辍学与坐牢及早逝现象的增加有关而且辍学者就业前景黯淡——我没理由不相信他的话。

难怪很多父母都拼命地让孩子待在学校里面，因为不这么做，后果看起来非常悲惨。如果他们不上学，父母怎么知道他们以后会一切安好呢？不选常规的学校反馈体系、家长会、成绩单和毕业证，还能选什么呢？

我们怎么知道孩子正在学习呢

回想一下您的孩子还很小的时候。当时您怎么知道他们正在学习呢？那时候您需要让他们参加考试以验证他们在说话方面的进展吗？我想不会，尽管某些国家鼓励父母让自己的孩子参加考试。

当我的孩子还处在襁褓之中或牙牙学语的时候，健康访员就给我列了很多清单，上面写的是孩子在每个阶段应该体现出来的能力：2岁时应该认字的数量、能用大拇指和手指捡起一粒豌豆

第六章
结果——我们如何衡量教育

（我的两个孩子都没试过做这样的事情），等等。当然，这会让父母更加焦虑，但我不太确定这对于孩子的学习具有多少积极影响。

彼得·格雷从环境是否足够良好以及孩子是否正在学习这两个方面对如何评估自主学习进行了深入思考。他对利用考试评估自主教育中的核心悖论进行了解释。

"正常的评估方式在于，孩子们在特定时刻是否在学习特定的内容？您不能以这种方式评估瑟谷这样的学校，因为孩子们在不同的时候学习不同的东西。归根结底，我的经验是所有人都会学习阅读但并非所有人都会在5岁、6岁、7岁或8岁时学会阅读。有些孩子甚至8岁以后才学会阅读。因此，如果您打算进行评估而且试图依据7岁孩子的阅读水平对这种学校进行评估，那么这种评估并不合理。如果您对学校进行改变以便所有孩子7岁时都能学会阅读，那么该学校就不再拥有一种自主教育的环境了。"

他进而对如何对自主教育环境进行评估做了解释。"第一种方式是：孩子们开心吗？他们看上去是否自得其乐，是否有所成就？如果他们不开心，那么我们马上就能说这所学校很失败。任何让孩子不开心的学校都很失败。这就是最直接的标准。"

这一标准同样适用于家里的孩子。我们要看一下他们是否有事可做、是否开心以及是否有所成就。

第二种方式在于对接受过这种教育的成人进行跟踪，但不是为了弄清楚他们通过了多少场考试，而是为了了解他们身上发生了什么事情。他们的自主教育让他们为自己有意义的成年生活做好准备了吗？他们喜欢自己所受的教育吗？他们能像成年人一样做自己想做的事情吗？

自主学习学校的毕业生

1983年，格雷及其团队对当时瑟谷学校的所有毕业生进行了一项独立研究。他们竭尽所能，锁定了82名毕业生中的76人，其中对69人完成了一项调查问卷。他们发现，毕业生当中75%的人接受了更高的教育，从事的职业涉及各行各业，而且往往跟童年时在瑟谷学校做过的事情有关。没有任何一个问卷样本声称对于上了瑟谷学校、没上更为传统的学校而感到后悔。在这篇发表于1986年的论文中，格雷和查诺夫（Chanoff）认为，瑟谷学校这种环境满足了让学生进行自我教育的两个要求。这里有相关教育资源（但不会强加给孩子们），也有一个让孩子自己做出有关自己教育的决定的环境。

20年后，另外一位独立采访者联系了瑟谷学校的毕业生，并向他们提出了很多有关他们生活的细节问题。在119位接受调查者中，82%的人于瑟谷学校毕业后又接受了正规学习，而那些没有这样做的人明确表示，他们做出这一选择是因为自己觉得有能力直接开始做自己想做的工作。瑟谷学校的学生并未因为缺少正规教学而束手束脚。在接受采访的校友当中，一多半的人都把毕生钟爱的事情发展成了一种谋生的方式，其中包括务农、音乐表

第六章
结果——我们如何衡量教育

演、芭蕾或有助于自己所坚信事业的工作。其他值得注意的主题还包括让他们的生活更有意义的活动、挑战以及服务于他人的工作。

没被正规教授过任何东西的学生从每天玩耍蜕变成大学生，这似乎不大可能，但事实上他们做到了。不过，有时候事情没那么容易。有几个校友表示自己不理解大学体系的期待是什么。举例来说，有些校友说他们必须学会写考查论文或学术论文，而有些校友觉得很难适应被打分这件事。他们还说感觉自己跟不上其他学生的步伐，因为与自己以前上的民主学校相比，这些学生的行为更具破坏性而且不够成熟。

此外还有一些非正规研究。夏山学校位于英国，成立于1921年，那里的孩子不会被强迫上课。早在1968年，艾曼纽尔·伯恩斯坦（Emmanuel Bernstein）拜访了50位夏山学校的校友，他发现他们都选择了要求很高的事业，如医药和学术研究等。2011年，侯赛因·卢卡斯（Hussein Lucas）也对夏山学校的校友进行了追踪研究。他发现，这些校友基本上都声称过上了自己希望的生活，自己所受的教育造就了他们的独立能力和适应能力。

这些研究中没有控制组，它们没法告诉我们自主学习是否适用于所有人，也没法说明自主学习是否比传统教学更为有效。我们没法穿越到过去看看如果某个人上学会怎样。它们能告诉我们的是，对于很多年轻人来说，在整个求学历程中自始至终采用自主学习并不意味着今后无法有所成就，也不意味着无法应对更高教育的要求。这些研究告诉我们的是一种可能性，它们表明年轻人在高等教育中获得成功并不一定要去学校。

未接受学校教育的成年人

考量接受自主教育、家庭教育或未受学校教育的成年人面临怎样的后果要复杂得多。一方面，我们没有校友名单；另一方面，有时我们并不清楚他们的真实经历有多少相似之处。每个家庭推行教育的方式都会有所不同，有人称其为"自主教育"，有人可能称其为"半结构化学习"。

2015年，彼得·格雷和吉娜·莱利无惧困难迎头而上，对75个成年的非学校教育者的经历进行了调查。他们的样本非常有趣，因为样本当中很大一部分人可以被称为"辍学者"——其中51人上过学，24人六年级之前没有辍学。

格雷和莱利发现了什么呢？样本显示，他们绝大部分人都发展得不错。75%以上的人（25岁左右）实现了经济独立，大约80%的人接受了高等教育。90%以上的人打算不让自己的孩子上学。24个完全没上过学的成年人中，58%的人要么在攻读文学学士学位，要么已经获得了这一学位。

至少对某些成人来说，童年时缺失正规学校教育似乎并未损害他们成年后的机遇。样本当中有3人对自己的教育不满，认为不上学让自己在生活中处于极其不利的地位。按照他们的说法，他们未被允许选择去上学，家人让他们待在家里就是为了限制他们的经历或者是因为他们的妈妈精神有问题。这些参与调查者认为，非学校教育是未能在家里完成学业的结果而不是一种积极的

第六章
结果——我们如何衡量教育

选择，是学校的缺失而不是获得教育的另外一条途径。

在谈到非学校教育的弊端时，最常见的问题是其他人对非学校教育的态度，28%的参与者声称这对他们来说是一个问题。8位参与者（家里都有学龄儿童）已经让自己的孩子接受非学校教育，整个样本中只有5位参与者声称绝不会让自己的孩子接受非学校教育。

朱迪·阿诺尔（Judy Arnall）也研究了成年非学校教育者的情况，尤其是接受高等教育的情况。她对接受了至少3个、最多12个学年的非学校教育的30个孩子进行了调查。她对非学校教育的定义意味着我们知道这些孩子在那些年份是在进行自主学习。她让自己的孩子接受非学校教育，并在孩子的同龄人当中找到了自己研究的参与者。这30个人都得到了接受高等教育的机会，他们学习的专业包括工程学、生物科学、服装设计、亚洲研究等。本书出版之时，他们当中有20人已经毕业。

这些研究都无法证明某个孩子会一切如愿。然而，它们都表明非学校教育能够发挥作用，尤其是，不按部就班在学校待几年仍有可能获得更高教育。它们还表明，有时候非学校教育并不起作用，并非适合所有人的良药。如果相关家庭正面临着会限制孩子的环境、让孩子选择更少的额外压力，情况尤其是如此。

为了让自主教育发挥良好作用，该环境应该充满学习的机会。该家庭应该支持孩子而且也需要能够获得某些资源。这并不意味着他们必须富有，但孩子必须能够获得自己家庭无法提供的某些机会。相关资源可能包括有志于此的成年人、免费的图书馆、线上资源或朋友。

入学，而非辍学

这些研究的结果跟在传统学校辍学后的生活前景相去甚远。不过，根据很多不同的定义，这些学生都是辍学者。毫无疑问，他们受到的绝大部分教育都来自学校之外。这暗示着自主教育与辍学非常不同，而这种差异会影响自主学习者的终生。

这就导致了一个非常有趣的问题，即我们对辍学者的反应是否比辍学这一事实更为重要。我们都知道，人们对自身的看法会影响他们的生活。这会影响他们对自己的能力的看法、为自己树立的目标以及对自己的潜力的感受。也许有关辍学者的言论会让年轻人感觉他们现在很失败，未来的希望非常渺茫。相反，如果我们把离开学校说成开展自主教育的机会，也许就能减轻某些消极后果，给年轻人一种更充满希望地思考自身以及自己的教育的方式。

史考特·格雷（Scott Gray）大概9岁时从一所传统学校"辍学"，1987年从瑟谷学校毕业，1991年从波士顿大学毕业。在1993年《华盛顿邮报》的一篇文章中，他写了这一蜕变过程。

"很多人臆测上过瑟谷学校之后就很难在大学的结构化环境中'幸存'，但我发现情况正好相反。绝大部分大一学生都习惯于别人告诉自己做什么以及何时去做，但我习惯于自己指引自己。其他学生不得不学习如何独自找到答案，而我从不知道，除此之外还有什么不同方式。人们有时候会批评瑟谷学校，称其为'非结构化'学校——但是，在没有正规纪律约束的情况下，人们会学会自律。我花了8年玩游戏、胡思乱想、做手工或跟他人互动。我主动而为，而不是让别人告诉我该怎么做。"

彼得·格雷投入了大量精力研究童年时接受自主教育的人成年后会怎样，也许我应该用他的研究来结束本章。他明确地阐述了自己的研究发现。"最重要的事情——最重要的基本发现——你不需要为了在社会上取得成功而去上学。"

第七章
育儿 —— 神奇的计数、依恋与控制

学校将"学习"与"生活"割裂开了。在此过程中，它们还假定孩子们在学校里做的事情比他们在家里做的事情更为重要，学校活动有权侵入家庭生活。这话反过来说同样是不对的。父母不能给孩子添加"学业"活动让他们到学校去完成，也不能在学期当中随意将孩子带出校园。父母跟孩子待在一起的时间可能比老师长，但决定孩子在家长会上表现如何的却是老师。

绝大部分有关教育的书籍都对育儿视若无睹，只不过将其视为学校的附加物。它们认为教育是学校里的事情。任何有关育儿的建议都有可能跟如何帮孩子上学有关。事实上，您能够买到很多向您承诺如何让孩子变得更聪明或确保孩子能取得学业成功的书籍。

过多控制孩子的教育难免要求父母多参与，这一事实有些讽刺。父母是最了解孩子的人，能决定孩子获得怎样的资源的也是父母。不过，在扮演一种更加积极的角色的同时，父母也需要主

第七章
育儿——神奇的计数、依恋与控制

动退后一步,给孩子发展的空间。

给我们灌输如何育儿的人大有人在。人们认为这非常重要,相关专著就有数百本,此外还有很多课程、网站和研讨会都专门为此而设。您可以雇用一位育儿辅导师,收听告诉您该如何成为更积极父母的播客,也可以上一些"认证育儿导师"开设的课程。人们认为育儿是一系列可以获得的技能。

我们寻求帮助是可以理解的。在我们有孩子之前,很多人基本上没有照顾婴儿或幼儿的经验,照看婴儿的时间最多只有几个小时。媒体上呈现的为人父母的情况基本上都是有孩子之后的快乐和圆满(尤其是对妇女来说)。明星母亲会跟一两个很上相的孩子一起出现,孩子穿着考究而且干干净净。他们告诉我们,这是他们做过的最有意义的事情,而且希望我们不会注意到在背景中晃来晃去的男保姆。

此后,当我们有了自己的孩子时,我们不得不面对现实。有上镜的时刻,但也有疲惫的时刻,您需要给孩子擦屁股,也会惊恐地意识到让这个新生命活着是您的责任。每个小时醒一次,如果孩子没醒就吓得要命,以为孩子肯定没呼吸了,有这种经历的新妈妈绝不止我一个。我们求助于育儿专家,希望别人能有办法,这种现象并不令人意外。

在本章中,我请您思考一下育儿文化以及那些您从未意识到的有关育儿的信念。我将对过去 60 年现代育儿观念的演化进行追踪并探讨其受益者。

育儿文化

育儿行业大约始于20世纪60年代,当时美国心理学家戴安娜·鲍姆林德(Diana Baumrind)提出了三种育儿方式。受《三只熊》的启发,鲍姆林德指出:"专制型"(也被称为控制型或视若无睹型)育儿过于严厉;"放纵型"(毫无控制或过于牵肠挂肚型)育儿过于无力;"权威型"育儿非常适中。后来,"放纵型"育儿又被分为"娇惯型"(有求必应,略有控制)育儿和"无视型"(视若无睹,略有控制)育儿。

鲍姆林德的研究表明,孩子们后来取得的成功大多归功于他们受到的育儿方式。按照她的说法,其中一种育儿方式,即"权威型"育儿,显然是最佳的育儿方式。"权威型"育儿拥有高度控制力和高度情感响应性。所有人都认为找到了理想的育儿方式后,有关育儿的建议、课程、书籍或专家纷至沓来。

人们对鲍姆林德的研究提出了批评,认为这种研究证实了她自己的偏见,同时也是为某种控制型的教育模式背书。她赞同打孩子屁股,认为有必要对孩子实行高度控制,她发现的都是自己希望看到的东西。然而,她的这种理念在育儿界无处不在,人们往往想都不想就认为"权威型"育儿就是理想的育儿——清晰的边界,同时还有充满慈爱的温馨。现在,人们通常会悄悄忽略打屁股这件事。

由此诞生了育儿文化的基本原则。总而言之,这一原则就是:父母的职责就是把孩子塑造成最好的成年人。

第七章
育儿——神奇的计数、依恋与控制

寻求安全型依恋

此后不久,另一位美国心理学家玛丽·爱因斯沃斯(Mary Ainsworth)展开了相关研究。爱因斯沃斯设计了一种叫作"陌生情境"的观察型评估方式。您可以在"油管"上找到很多相关例子。这是衡量母亲与宝宝之间依恋质量的一种方式,1~2岁的宝宝被置于某种陌生情境中,他们的母亲和一位陌生人在他们的房间进进出出。人们通过孩子的反应来进行观察、评级,进而判定他们的依恋风格。爱因斯沃斯见到的宝宝当中,70%被认定为具有安全型依恋,其余的被均分为回避型依恋和反抗型依恋。

同样,很显然仍然有一种方式是最佳方式。爱因斯沃斯暗示,高质量的依恋(与很多积极结果相关)源于宝宝第一年从母亲那里得到的反应。

后来的事实表明,也许最佳方式并没有乍看之下那么明显。当陌生情境被用于美国之外的宝宝时,他们发现日本宝宝对被单独留下的反应非常糟糕,以至于他们不得不放弃该陌生情境测试的部分,日本宝宝都没有被评为不安全型依恋。同时,35%的德国宝宝显然属于不安全型依恋。这种文化差异说明了一种可能性,即至少此类观察中的某些行为是文化特异性社会学习的反应而不是基本依恋差异的反应。

无论怎样,依恋育儿业得到了蓬勃发展。人们认为,陪睡、用吊带式婴儿背带带孩子以及母乳喂养应当作为促进那种至关重要的安全型依恋的恰当行为，尽管并没有证据能够证明这些行为必不可少。与这些行为并存的是，母亲对这种依恋感到焦虑，自己无法进行母乳喂养时会觉得极其不安。

神经科学育儿

最新的"理想"育儿方式主要围绕神经科学。根据被严重疏于照管孩子的脑扫描图像，孩子的父母被告知：头三年是孩子大脑发育的关键时期，如果在这段时期孩子没有获得充分的刺激，孩子永远也不会完全发挥自己的潜能。人们利用这种说法推销各种"发育工具"或育儿节目。这些工具或节目都声称意在向父母说明跟幼儿互动的最佳方式以及如何让孩子的大脑得到最充分的发育。

这是一种对事实的歪曲。孩子头三年受到严重忽视（例如，被限制在孤儿院中的婴儿床上）可能的确会让孩子产生终生障碍。然而，没证据能够证明进行普通护理的家庭需要更注意刺激宝宝的大脑，也无法证明如果父母不买某些玩具他们孩子的发育就会受到长期损害。大脑非常具有弹性和活力。在我们的一生中，在我们学习新技能的过程中，大脑会随之变化，因此我们无须在孩子的头三年把一切都灌输给他们。一旦被收养家庭收养，即便来自孤儿院的孩子也能取得巨大的进步。

肯特大学育儿文化研究中心的首任副主任简·麦克瓦利斯（Jan Macvarish）将这种心态称为"神经科学育儿"。它引发了督

第七章
育儿——神奇的计数、依恋与控制

促父母多跟孩子互动以打造其大脑突触的活动,并诱发了人们对于育儿不当的普遍疑虑。人们会说,每一天都很重要,如果您犯错了,孩子的一生以及孩子的大脑都会受到损害。因此,父母们感到焦虑,这并不令人感觉奇怪。

将某种风格的育儿定义为最佳风格会造成一个问题,即很多之前顺其自然或按照其文化标准正常行事的父母突然变成了不称职的父母。本来自然而然的东西变成了一系列需要后天学习的技能。由于很多方式都会造成育儿不当,人们似乎比以前更容易犯错。

停不下来的指责

事实上,由于很多方式都会犯错,很多母亲私下里都很害怕自己是个不称职的母亲。母亲的责任是一辈子的事情。

正如简·麦克瓦利斯所说,这种对于育儿对孩子长期发育重要性的强调(尤其是母职),事实上可能会让父母更难把孩子养大。它会引发焦虑,其中的利害关系非常大。

人们只知道把孩子视为育儿的产品,结果父母做的任何事情都变成了不得不进行思考的事情。父母的轻声细语是否足够?父母逗弄孩子肚子时的表情是否足够真诚?父母喂孩子时有没有注视着孩子?对于一代又一代人来说,自然而然的东西现在却需要加以分析,而其结果是本来自然而然的东西可能被认为非常缺乏。

育儿的干预

我在第二章中介绍过发展心理学家艾利森·高普尼克,她对于育儿同样疑虑重重。她认为,"育儿"这一术语会让父母认为他们应该以某种与学校试图控制孩子学习相类似的方式有意识地控制自己孩子的学习。她指出,绝大部分中产阶层的父母还是孩子的时候被当作孩子照顾的经历很少,他们有的只是年复一年的上学和功课,因此他们也以类似的方式对待自己的孩子。一切都是有计划的、有目的的。

派特·法伦加(Pat Farenga)曾与约翰·霍尔特(John Holt)一起共事,后者是一位教育家也是一位作家。很多人都认为霍尔特是非学校教育运动的发起人。此后,法伦加一直在倡导非学校教育。他发表了很多讲话。他跟我聊天时提到了他曾在20世纪90年代参加的某个会议,他曾在该会议上发表讲话。

"我记得曾在20世纪90年代在伦敦发表过讲话。多年来,我一直在做约翰·霍尔特所做的事,首先就是提出以下问题:'在场的各位有多少人曾教自己的孩子如何走路或说话?'"

应该没有人会举手。

但是,在伦敦有人举手了!有些人真的举了手。9月中旬我在卡尔加里市又提了这一问题,举手的人大约占四分之一。对我而言,这是一种巨大的变化。那里的人让人觉得更有责任心,而且敢于说"我教过孩子如何说话"。我们总是把一切都归功于老

第七章
育儿——神奇的计数、依恋与控制

师这位指导者。学习者从来不是中心,他始终是目的。

这种以教孩子和塑造孩子为中心的做法随处可见。对于孩子和父母来说,这种做法创造的氛围会带来压力。

我的孩子很小的时候,一个朋友告诉我,她花了一整个夏天提高自己两岁孩子的精细运动技能,因为她担心她的孩子会被别的孩子落下。我感到非常不可思议,因为我花了一个夏天专门用于阻止我两岁的孩子把小妹妹从沙发上推下来。我从没想过评估他的精细运动技能,因此我立刻开始担忧起来:我是否本该用整个夏天的时间让儿子来串念珠或捡豆子?那是不是优秀的父母应该做的事情呢?我如何才能得知自己的儿子是否被别人落下了呢?

对于某些中产阶层的孩子来说,他们做的所有事情都是成年人精心安排的,都是有目的的。运动是为了发展协调能力以及团队合作能力。工艺美术是为了发展精细运动技能以及颜色意识。武术是为了锻炼情绪调节能力和自信。现在即使乱玩也变成了有计划的活动,是为了促进其感觉系统的发育,而不是某个古灵精怪的孩子趁父母没看到在厨房把面粉撒得到处都是。

有时候,孩子的整个人生似乎就是一个漫长的不断改进的工程。人们让他们做的任何事情都不是因为那件事情好玩。

密集母职

在过去 30 年中,有几位作家阐述了在 21 世纪育儿讨论中占据主导地位的密集母职文化。莎伦·海斯(Sharon Hays)认为,关于如何成为一名优秀的母亲，西方文化接纳了一系列观念，上班赚钱和居家的母亲在这方面的观念非常相似。一般来说，这些观念包括为孩子奉献、优先考虑孩子的需求以及升华母亲的需求等。

这种文化最具破坏性的部分在于，它强调把孩子当作母亲育儿的结果。在这个决定论盛行的世界，可以说几乎孩子生活的所有特征都取决于孩子还在襁褓之中时的依附程度、母亲的情感表现以及孩子长大过程中母亲与其的情感关联。

关于这一点，很多育儿门派跳了出来，它们向我们推销某种特别的与孩子之间的高质量互动。它们承诺，这种互动可以解决我们的问题，并造就幸福、平衡的成人。

无论是"倒数三""神奇童年最佳育儿法"或"您家宝宝可能是个天才"，这些说法都宣称拥有我们所缺乏的知识。显然，这是非常重要的信息，它们将转变我们的家庭观念并让孩子最终按我们的希望行事而毫无抱怨。

为了向我们推销某种产品，首先要让我们相信我们需要这种产品。自信、幸福的父母不会乐意花钱去买他人的建议。因此，他们的网站上会滔滔不绝地谈论对父母的支持，以及人们希望让这个世界变得更加美好。唯一真正能够说服我们花钱买育儿建议的方式，就是让我们感觉自己当前的育儿水平有所欠缺。他们需要让我们相信还有一种更高级的育儿形式，而且我们只有接受指导或培训才能学会该怎么做。

这也有助于某种亲子关系。从这一视角来说，仅仅喂养、给

第七章
育儿——神奇的计数、依恋与控制

孩子穿衣服、搂抱或跟孩子玩耍是不够的。父母必须紧盯目标，无论该目标是为了刺激大脑、打造突触或跟孩子互动以促成某种安全依恋。

当然，这种活动的讽刺之处在于，把这事儿放在心上的家庭几乎都是在这方面做得不错的充满爱心的家庭。那些严重无视或虐待小孩子的家庭，绝不会对这类活动的呼唤做出回应。他们的育儿问题比缺乏育儿技能要严重得多。

孩子对父母的影响

近年来有一个非常有趣的心理学发现，即不只是父母会影响孩子，孩子也会影响他们的父母。从孩子出生开始，父母就要对自己眼前的孩子做出回应。淡定、容易安抚的宝宝的父母要比整天闹腾、难以抚慰的宝宝的父母也更为淡定。

这种情况会贯穿孩子的整个人生。孩子并非只是育儿的接受者，他们在这段关系中也是积极的参与者。他们会影响父母的行为，并创造自己的生活环境。因此，那种宣称育儿风格会影响孩子后天生活的研究就值得怀疑了。因为，这意味着育儿风格可能只是一种对孩子个性和行为的反应，而并非纯属父母的一种选择。

这些发现受到了行为遗传学研究的支持，后者表明孩子绝不是某种环境的被动接受者，他们的个体特征与环境会产生互动。这意味着两个孩子可能处于明显相同的状况之中，但其经历可能完全不同。这也意味着孩子学习的东西永远不会完全相同，无论其环境多么标准化。

我们来认识一下鲁弗斯（Rufus）和莱雅（Raya）。鲁弗斯从出生以来就斯斯文文。他经常面带微笑，对陌生人十分友好。他很容易入睡，一点儿都不麻烦。鲁弗斯的父母总会因为他的表现而被人称道。他们带着鲁弗斯，该怎么生活就怎么生活。他会去参加成年人的聚会，累了父母就让他独自去楼上睡觉。他们去参加音乐节时，鲁弗斯在人群中也能睡着。鲁弗斯的父母跟别人说，这肯定是因为他们总希望他跟着去所以他就欣然接受了这种期待。鲁弗斯的父母总是充满慈爱，他们用坚定的语气让鲁弗斯做什么事情时，鲁弗斯都会很听话。

莱雅的个性完全不同。从出生那天起，她就焦躁不安，似乎总是处于高度警觉之中。她一个人从来睡不着，喜欢靠着父母睡，而且睡着的时间很少会超过 45 分钟。她对陌生人唯恐避之不及，如果有人想逗逗她，她就会尖叫，结果就是对方会赶紧退回去。长大一点后，她跟着父母时不让父母跟其他成年人说话，还会用手捂住父母的嘴。别人语气硬一点儿，她就会心烦意乱，又哭又叫，拒绝服从。似乎父母越坚定，情况就越糟糕。莱雅的父母非常爱她，但由于睡眠不足而且要时刻照顾莱雅的需要，他们感到筋疲力尽，因此他们对她说话时语气往往比较严厉而且易怒。

鲁弗斯和莱雅的父母非常不同。鲁弗斯的父母淡定、贴心、有爱而且边界清晰——理想的权威型。莱雅的父母易怒、反复无

第七章
育儿——神奇的计数、依恋与控制

常、有爱但边界大多非常模糊,或许他们可以被称为放纵型。

事实上,这两个孩子是兄妹。

回想起莱雅出生之前的生活,鲁弗斯和莱雅的父母会因为自己的天真发出一声苦笑。他们本以为是自己懂得育儿,事实上却是鲁弗斯的脾性让他们过了一段好日子。他们对他热情而坚定,因为他的回应方式能让他们轻轻松松做到这一点。而莱雅的情况完全不同,父母需要用完全不同的一系列技巧才能应付她,其中最主要的一条就是回应她的个人需求时要灵活一些。如果把他们的行为简化为育儿风格,就看不到这种微妙的相互作用。

父母创造了孩子,孩子也影响了自己的父母。

另外一种育儿文化

如果您为自己的孩子选择一条非常不同的教育道路,您的育儿方式马上就会受到别人的指责。您的孩子迈出了学校的大门,就意味着您脱离了社会所认可的"良好育儿"的道路。事实上,在某些人看来,允许孩子不上学就跟不给他们饭吃或不给他们买鞋子一样。

当然,有一些不走寻常路的育儿专家会站出来填补空白,向我们推销他们有关不上学如何养育孩子的个人建议。他们当中很多人的专业知识完全以他们跟自己孩子之间的经历为基础。他们通过面谈辅导或在线课程来推销这种经历。

要摆脱把自己的孩子看作自己育儿技巧的影子,人们需要很大的勇气。无论您多么希望做好育儿这件事,育儿充满不确定性这一现实还是令人恐惧。所有人内心都希望获得确定性,都希望知道自己并没有毁掉孩子。在没有学校的情况下做到这一点,特别需要勇气。

育儿选择

我们做出的选择决定了我们是谁以及我们如何生活。丽贝卡·英格里希(Rebecca English)是一位推行家庭教育的母亲,也是澳大利亚昆士兰理工学院的一位学者。她告诉我,在她进行的针对推行家庭教育的父母的研究中,她发现他们的教育选择成为了他们的"良好育儿观"的组成部分。

她跟我解释说,正如某些父母因为自己的价值观而为自己的孩子选择私立学校一样,推行非学校教育的父母做出这种决定也是因为类似的原因。

"我希望弄清楚这些推行非学校教育的父母在多大程度上认同某种有关'良好母职'或'依恋育儿'的特定意识形态,以及如果他们认同这一意识形态,他们有关家庭生活的信念是否和他们的选择有关。我一向认为,人们如果不理解父母——觉得优秀母亲(相关研究认为这主要跟母亲有关)会怎样做或如何教育孩子——就无法理解父母为何会选择学校(或者选择避开正规学校的家庭教育)。"

她发现,跟其他父母不同,非学校教育者特别善于解释他们

第七章
育儿——神奇的计数、依恋与控制

为何做出这种教育选择。在她对非学校教育父母进行的研究中,他们会告诉她自己读过哪些书以及如何做出了这一决定。这并非人们未经认真思考就做出的决定,因为它太不合乎规范。

英格里希还了解到,选择非学校教育如何成为家庭叙事的一部分,并常常为此前非常厌恶学校的父母提供了一次获得修复性经历的机会。

"对于很多参与者以及我曾经遇到过的人来说,他们认为非学校教育具有其他任何事物都不可能有的修复能力。实行非学校教育这一决定,不仅有助于他们的孩子,而且也有助于治愈他们自己受到的学校创伤。"

养育一个自主学习的孩子有何不同

绝大部分传统育儿技巧都专注于如何最有效地控制自己的孩子,无论是建议严格要求还是同理心倾听,其底线都是获得孩子的配合,让他们按自己希望的去做。成功育儿意味着在孩子不抗议的情况下做到这一点。

即便是父母倾向于采取一种控制性不太强的方式,一旦孩子开始上学,他们就会被该体系所吸纳。人们希望父母能够通过让孩子穿应该穿的衣服、留什么样的发型以及早上几点起床对学校提供支持。人们还期望父母监督孩子做家庭作业,完成阅读日记。如果孩子在学校不听话,他们的父母会被叫到学校,然后被告知他们需要好好管教自己的孩子。其基本范式是,父母和学校对孩子行使权力，不论他们的方式好坏或孩子是否配合。

为了让自主学习的孩子将自己的学习最优化，他们需要能够选择自己做些什么。他们的父母需要提供实现这一点的基础。这与通过控制进行育儿不同，对于很多父母来说也是心态上的重大转变。

孩子选择的自由并没有看上去那么容易。孩子花了很多年来吸收自己父母的价值观以及学校的价值观。即便他们不上学，也会从书上或电视上了解人们觉得哪些活动有用、什么事情纯属浪费时间等。他们的选择难免会受其影响。如果他们知道某种选择会让父母开心而另一种选择会让父母失望，他们就无法进行平等的选择。如果父母不表明自己的偏好，这种选择就会特别困难。明明白白地说出来，这样大家才能进行讨论。一言不发，孩子也会知道，但他们没法说出来。

孩子同意时最容易控制

有些人探讨过依据"同意"进行教育和育儿。我不太喜欢这种理念，因为我觉得哄着人们表示同意是一件太轻松的事情。例如，在生孩子的时候，我同意接受自己并不想要的医疗举措，因为别人告诉我如果不这样做孩子的大脑就可能受损。回想起来，我不知道情况是否是这样，但我却无法不表示同意。学校一直跟孩子们说，如果他们不配合学校，他们就会前途黯淡。因而，绝大部分孩子都会同意学校的要求。

第七章
育儿——神奇的计数、依恋与控制

人们特别容易受到"同意"的控制。一般来说学校没那么过分。不过，学校的确从很早就开始谈论在学校好好表现的好处以及不守规矩的后果。长期存在的东西包括：考试挂科、无聊的工作以及虚度的人生。暂时存在的东西包括：留校、休学和开除。学校会说数学和英语比攀岩和做陶器更重要，而且还会说成年人的选择比孩子的选择更重要。在家里，绝大部分父母都会强化这种观念。孩子在同样的时间被教授相同的东西。

这意味着，孩子到七八岁时，孩子的选择就已经受那些自以为了解什么东西对孩子最好的人的强烈影响好几年了。孩子知道要得到赞同必须做些什么，对很多孩子来说做到这一点没什么问题。最有效的求学是孩子同意的求学。如果这样，外部控制就没什么必要了。

利用孩子同意进行控制

我 15 岁时参加了一系列的学校考试。那是我参加英国会考的前一年，老师一直跟我们讲考好那些考试多么重要，事实上这些考试一点也不重要。我们大部分人制定了复习表或者周末继续读书。那是一所语法学校——我们被彻底融入了学校体系，不论要付出怎样的代价，我们都希望好好表现。

在我那些勤奋的朋友当中，有一个人脱颖而出——克拉拉（Clara）。她很安静，但性格叛逆。她说："这是我最后一次参加这种毫无意义的考试了，我根本不打算复习。我想看看会怎样。"

我们都被吓坏了,她会因为分数低而面对大家的羞辱、一份很惨的成绩单以及父母可能的怒火。因为什么呢?因为没准备就参加考试吗?

是的,克拉拉就是这样。她是我们这些人当中头脑最清醒的那个人。她明白这些考试决定不了什么。当时,我心中暗暗祈祷自己能像克拉拉一样勇敢。现在我真的很好奇:在这个人们总跟我们说每场测试或考试多么重要的世界上,她是怎么保持头脑清醒的呢?我们的学校不需要控制我们,因为它们已经深入我们的大脑。正像学校所希望的那样,我们进行自我控制。

但克拉拉不同。现在我不太记得那些考试后来的情况了,也不记得克拉拉是不是比其他人都考得差。事实上,克拉拉说得没错,那些考试根本不重要。我清晰地记得英国会考后的第二年,克拉拉拒绝在我们那所对成绩要求特别高的学校继续就读,她转去了当地另一所学院,那里有男同学,也有媒体研究或心理学这样的课程。我们当时都觉得她在自毁前途。

我们都选择了为那些考试而学习。没人强迫我们这样做,而正像克拉拉一样,我们选择不这样做也是有可能的。不过,克拉拉是一个例外。绝大部分孩子都会同意做他们觉得会让父母开心的事情,而他们甚至不知道这是他们进行选择的原因。

为此,选择性教育者就自主学习的孩子到底需要怎样的成年人输入展开了非常激烈的辩论。成年人向孩子提建议是否可行,该做法本身是否会给孩子带来压力?因为孩子说"是"并不意味着他们在做出自由的选择,这可能只意味着他们受到的控制是隐

第七章
育儿——神奇的计数、依恋与控制

藏式的。事实上,隐藏式的控制更难应对,因为我们甚至都不会注意到其存在。

如果成年人非常严格或专制,那么孩子铁定会反抗。如果有人跟您说今天晚上您绝对不能外出,那么您就知道自己正在遭受别人的控制。您可能会说出这件事,对别人试图这样限制您感到义愤填膺。然而,如果有人说,"好吧,你当然可以外出,但这会让你妈妈非常伤心……"那么这种情感操控就要难以拒绝得多。如果你偷偷溜出去,你就会感到内疚。

如果在父母创造的氛围中,孩子因为害怕或羞耻而不敢外出,那么这种控制就会变成一种无形的控制。孩子不会偷偷溜出去,他们甚至想都不会想。

提不提建议呢

对于这一问题,某些自主教育环境阻止成年人向孩子提任何建议。一些人认为,提建议本身可能就带有控制性,因此最好避免提建议。人们对此看法不一。有些人认为这可能会导致停滞,在那种小型的自主学校中,孩子自己可能提不出多少建议,成年人不提建议尤其可能会导致停滞。还有些人认为,他们可以在非强制氛围下制定出某种课程表。新冠肺炎疫情使这一问题格外引人注目,很多学校都关门了。一夜之间,数百万孩子回到了家里,除了自己的兄弟姐妹,见不到其他孩子。

某些自主学习学校继续沿用其校内方式,完全不给孩子提供任何成年人的建议。在一幢有很多孩子和成年人的大楼内,人们想出了很多主意,也开启了很多项目。将这种模式运用到由于封闭而待在家里的孩子身上时,大部分12岁以下的孩子只跟曾一起玩过在线游戏的孩子接触过,而跟其他孩子完全没有接触。离开了学校社区的架构,他们之间没有非正式的互动,也提不出什么建议。除了他们已经非常熟悉的孩子,他们跟其他孩子没有任何联络。只有在线会面时,他们之间才有互动。而这些会面是刻意组织的,没有父母的输入,那些最小的孩子无法组织这种会面。对孩子而言,成年人的建议的缺乏导致沟通的缺乏和互动的缺乏。这是一种离场而不是一种替代方案。

其他自主学习学校采取了不同的方法,它们创造了一种结构,孩子可以在网上获得来自成年人的建议或结识能够帮助他们组织团体活动的成年人。这些成年人比以往更乐意提出建议,因为他们意识到很多孩子在自己的日常生活中失去了很多乐趣和激励。这些学校设法让自己的社区都参与进来,不过付出较多的还是教职工。面临危机时懂得变通至关重要,自主教育应该永远关注在特定情况下什么东西能发挥作用而不是照搬教条。

奉行家庭教育的父母比自主学习学校更难获得这种平衡。父母的确拥有非常强烈的偏好,孩子们早晚也会知道这些偏好,因为孩子们极其熟悉自己父母的情绪状况。父母在不断地给孩子提出建议并提供各种机会。如果他们不这么做,他们家就会变得非常无趣。因此,问题在于,父母怎样做才能既给孩子选择的自由又能为孩子创造一种丰富的教育环境?

第七章
育儿——神奇的计数、依恋与控制

要挑战隐藏的建议只会更加困难。"我希望你能学完一整本数学书,因为我在学校了解到人们学数学离不开教材"——这样说可能比假装你不在乎孩子学不学数学教材而私下里担心得睡不着的控制性要小一些。如果你说出来,孩子可能会不同意,但大家可以讨论。如果你把它当作秘密,他们可能会觉察出你不赞同但他们也不能确定。

要使自主教育繁荣兴盛,父母和教育工作者需要培育一种氛围,孩子可以不同意其他人的看法并做出自己的选择。太多的孩子在长大过程中会取悦他人,从来搞不清楚自己真正想要什么或对什么东西感兴趣。在真正的无控制的关系中,你可以说出来自己的所思所感,而且你知道别人会接受本来的你。对于父母和子女双方来说,情况均是如此。

第八章
差异——做自己

总有些孩子不太符合成年人的期待或自己周围的文化。根据其出生时间和出生地点的不同，人们认为这些孩子需要被确定清晰的边界、需要更多关爱、"男孩子都这样"、调皮、失控、需要男性榜样、需要更多母爱/需要减少一些母爱、需要上寄宿制学校，等等。在这些孩子当中，很多人在学校学习不好，他们的父母不知所措。他们应该继续督促孩子在一个显然让他们不开心的体系中继续走下去，还是把他们带出来试试别的方法呢？

对于孩子来说，大众文化不断提到"做自己"的说法。《冰雪奇缘》中的艾莎（Elsa）大声地说"随它吧"（向所有人展示真实的自己）；而小仙子廷克贝尔（Tinkerbell）学会了接受自己的天赋，不再试图做别人。我们向孩子灌输了很多有关拥抱真正的自己的励志信息，哪怕他觉得自己是一头长着大耳朵的小象。

与此同时，大部分孩子所处的环境极少能够让他们做真正的自己。学校环境奖励的是服从。只有在严格规定的范围之内，孩

第八章
差异——做自己

子才能做自己。孩子们很快就学到了这一点,而且会把它强行用到同辈身上。一个 6 岁还留着短发的女孩或者喜欢玩布偶的男孩很快就会被其他孩子推开,别的孩子往往不会带他们一起玩。如果某个孩子喜欢在做数学题时蹦蹦跳跳而不是老老实实坐好,或者老是坐在桌子下面或上面,人们也不会鼓励他们的这种个性。

变得另类

很多人认为差异只存在某些另类的个体身上。对于大部分同辈来说,某个孩子可能因为自己的行为、能力、残障、肤色、文化背景、在家里讲的语言等而被视为另类。当然,孩子在这些方面的确非常不同。但是,特定的差异是否会妨碍孩子的发展要取决于他们所处的环境。

作为一名英国白人女孩,我们家在我 10 岁的那一年搬到了刚果,我立刻变成了一个"另类"。突然之间,我的肤色从毫不起眼变成了非同寻常。无论我走到哪里,都会显得与众不同。在大街上,孩子们会冲我喊"mundele"(白人),还会跑上来摸我的头发、用手触碰我的皮肤。除此之外,还有我的口音。我的声音听起来很奇怪,不被人注意是不可能的,不过这也没多大关系,因为在我所读的这所学校里每个人都有相同的境遇。我们都远离了自己的祖国,对我们以及那些刚果人来说,我们的声音和长相看起来都不一样,只是学校里的刚果人寥寥无几。在一个其他人都因为某些原因属于少数群体的环境中，我学会了欣然接受"自己是另类"这一现实。我交了很多朋友，在学校表现良好，而且自我感觉也很不错。

三年后，我们家搬回了英国，我又变得不同了，只不过是另一种方式的不同罢了。此时，显然我已经"回家了"，我的肤色和口音也不再显得例外了。然而，我同班同学所接受的文化跟我所习惯的那种文化格格不入。从 5 岁开始他们就在同一个班，因为学校有规定，小学阶段各班级学生保持不动。在这里，另类不是什么好事。在我上综合学校的第一天，我跟大家解释说我们住在刚果时我父亲为牛津饥荒救济委员会（Oxfam）工作，结果全班哄堂大笑。

对我来说，牛津饥荒救济委员会意味着一种国际发展；对他们来说，它意味着二手衣物，因而我的名声从此毁掉了。每天都有人对我衣服的味道说三道四（像二手货或者散发着发霉的味道）。没人想跟我说话，没人想坐在我的旁边或跟我搭档。如果我加入某个团队，他们就会四散跑开，而且一边跑一边笑，还用手捂着他们的鼻子。如果我有出色的表现，甚至老师们也会觉得惊讶。

学校好像对我很同情而且也发出了应该发出的声音，不过我得到的信息是"你就不能融入大家吗"。我不知道该怎么回答。

我还是原来的我，我一直都是那样。我在这两个地方都属于另类，但由于我周围的人不同，我的与众不同对我的影响也完全不同。

第八章
差异——做自己

当我们通过大众文化告诉孩子要接受自己的另类之处并为之喝彩时，孩子周围的人会让孩子闭嘴并假装合群。成年人会跟孩子说一定要保持本色，但不要尝试改变能让他们这样做的体系。我们把所有的责任都放在了孩子身上，让他们保持自我，但这个世界的说法并非如此。

自主教育为我们提供了一个以非常不同的方式行事的机会。这并不意味着个体差异会就此消失。事实上，如果教育能积极响应并实现个性化，其结果将是更大的多元化。很多接受自主教育的孩子都比上学的孩子表现得更加"另类"，因为他们所处的环境允许他们发展自己的个性而不会加以斥责。自主教育给每个孩子一个发现并发展其与众不同之处的机会，因而他们可能变成百分之百的自我。

本章将着重探讨我们的社会对行为差异的回应及其对孩子的影响。我会为大家阐述所谓的"大脑或指责"困境并探讨替代方案，其中包括孩子的行为如何反映其在学校的经历。

行为医学化

在西方社会，如果孩子的行为另类，忧心忡忡的父母会做的第一件事往往就是带孩子去看全科医生。如果全科医生认为孩子"什么都不缺"，那么父母会打发孩子接受评估，"看看能不能搞明白怎么回事儿"。提出这种要求的人非常多，父母们因此而抓狂。在英国某些地方，排队等待接受多动症或自闭症诊断的人可能要等两年。在美国，大约10%的孩子被诊断为多动症患者，某些地区这一比例高达20%以上。尽管媒体报道声称法国儿童"没有多动症患者"或"没有自闭症患者"，但显然法国儿童表现出来的很多行为在其他国家会被诊断为自闭症或多动症患者，不过法国的回应有所不同——法国往往会说这些孩子需要长期精神科护理并让他们住进日间医院。

人们基本上认为，孩子肯定哪里不对劲，如果我们能弄清楚，就可以对他们进行治疗和矫正。行为被视为某种障碍的症状。

这种方法就是医学模型。它将行为或心理问题视为某种医学或神经学问题的直接后果，人们可以根据与诊断其他医学疾病类似的方式对这些问题进行诊断。如今，这种看法已经根深蒂固，但我们大部分人甚至都没意识到还有其他道路可选。当我们看到某个孩子的反应方式有些另类时，就开始考虑对他进行诊断：识字慢——诵读困难；笨拙——协调障碍；双手摆动或不善于社交——自闭症；无法集中注意力、容易分心——多动症。

对孩子来说，该医学模型正在蜕变成我们看待孩子行为的方式。甚至，对很多人来说，该医学模型似乎成了考虑孩子之间差异的唯一方式，而那些质疑者只是不明就里。我们觉得这是一件耻辱的事。

它会带来各种影响。我们暂且认为至少10%的孩子生理上健康但大脑有些问题。那么，界线在哪里呢？谁真的有障碍，谁没有障碍呢？没有针对行为问题的生物学测定。

第八章
差异——做自己

专业人士会借助于诊断手册。上面列出了很多症状，用于跟孩子的行为进行比较。这一过程具有高度主观性，事实表明，不同的专业人士会得出不同的诊断结论，这取决于他们的个人偏好，甚至同一个人在不同的时间往往也会得出不同的诊断结论。在过去40年中，被诊断为自闭症和多动症的孩子的人数急剧上升，而诊断标准也越来越宽泛。此前被认为处于正常范围的孩子，现在也被认为不正常了。有些人认为这是一种进步，反映了相关意识的加强；有些人则认为这是将差异或多样性病态化。

有一些发育障碍显然属于不同的范畴。比如，唐氏综合征源于某种染色体差异。孩子有没有唐氏综合征，可以通过生物学测定来判断。很多孩子患有脑瘫，有些孩子患有一些不太常见的能造成肢体或学习障碍的家族遗传疾病。有些孩子学说话或学会上厕所的时间大大晚于其他孩子，这些孩子遇到的挑战特别大，可能需要专门干预才能帮助他们学习。还有些孩子有视觉或听觉缺陷等肢体障碍。

有可能您的孩子属于其中一种情况，有可能您对于相关情形已经有了很多了解而且也很清楚他们的需求是什么。这些孩子也可以更多地掌控自己的教育，但他们可能也需要专门治疗或干预才能帮助其学习。跟所有孩子一样，他们也只能学会自己周围的环境能够提供的东西。如果某个听障儿童周围的人不用手语，他可能就没法学会语言，也没法了解听障文化。如果某个视觉有缺陷的孩子接触不到盲文，他也就无法学会如何阅读盲文。这意味着人们甚至需要更多地考虑他们的学习环境，而他们周围的成年人可能需要具有专门的技能。然而，这些东西绝不应该通过强制的方式提供。人们应该让孩子觉得受到珍视而且有人倾听他们的声音。治疗不应该让人觉得是被强制或被控制的。

特殊教育需求

瑟谷学校的创始人丹尼尔·格林伯格（Daniel Greenberg）曾说过一句非常有名的话，即瑟谷学校没有特殊需求。那里很多孩子都被诊断患有某种障碍，但学校不会查档案看看谁有什么障碍。外面的人很难理解他的话是什么意思。不过，现在，我的孩子上了一所瑟谷式学校，而且我还把自主教育引入了自己家，我想我已经明白了。特殊教育需求并不只存在于孩子身上。如果某个孩子无法或不愿意满足他人提出的要求，他就会被诊断为患有某种障碍。就这一情况来说，孩子无法或不愿意满足学校的要求就会被诊断为患有某种障碍。

因此，特殊教育需求从来不是某个孩子的需求。它始终是孩子与周围世界对他的期待之间互动的一种产物。在某种情况下属于特殊需求的东西，在其他情况下可能完全不是问题。

我们考虑一下阅读这件事。在学校体系中，识字慢是一个大问题。如果孩子到了六七岁还不会阅读，人们就会开始担心，会把他送去接受有关各种特殊需求的评估，看看能否弄明白出了什么问题。三年级时还不会阅读意味着孩子不能参加学校其余课程的学习，他也可能会觉得自己笨或懒。即便孩子 11 岁的时候学

第八章
差异——做自己

会了阅读，他也已经挣扎了好多年了。被诊断为阅读困难症可能会让孩子松一口气，如果可以选，他宁愿自己是阅读困难症患者，也不愿被人认为笨或懒。

自主学习的孩子学会识字的时间往往晚于上学的孩子。有些孩子直到青少年时期才学会阅读。然而，这并不会阻止他们同时参与教育，因为他们还有很多其他方法可以使用。他们学会阅读后能够很快赶上跟自己年龄相仿的人。这一研究表明，也许"有些孩子要比其他孩子花更长时间才能学会识字"这件事本身并没有什么问题。它还说明，学校要求所有孩子在同样的时间学习某些东西，可能正在制造障碍。我9岁的女儿还无法进行流利的阅读，不过，在自主学校或在家里的这几年，这并非某种障碍。即使无法进行流利的阅读，她照样可以追求自己感兴趣的东西。要是她在某个传统学校就读，那情况就非常不同了。

从这一视角来看，学校体系的期待——尤其是基于年龄的标准化发展预期——造成了很多本可以避免的问题。

神经多样性

神经多样性是指某些孩子或成年人生来大脑就不一样，这些差异不应该被视为一种障碍。有时人们会说他们的大脑"回路不太一样"或谈到"特殊神经学"的问题。神经多样性包括自闭症、多动症、阅读困难症、协调困难症、计算困难症、感官处理失调等。

神经多样性源于残障的社会学模型。它将残障视为不可知世界的一种产物，而非某个人身上的什么东西。举例来说，如果某个人不会走路，判定他们残障程度的是其所处的世界。如果他们拥有一个很舒适的轮椅而且生活在无障碍地区，他们的残障程度可能就很轻。如果他们买不起轮椅，下床后就要靠爬行，他们的残障程度可能就非常严重。

神经多样性的原则在于有些人应该被视为与众不同（而非患有障碍），应该做出调整以减轻其残障程度。那些不属于神经多样性的人，有时会被叫作神经标准者。人们认为，在我们的社会中，神经标准者的生活更为简单易懂。在神经多样性运动中，有很多人自我诊断为患有自闭症或多动症。

神经多样性为人们带来了很多真知灼见。有时它会表现为一种非医学化途径。不过，这样也会带来一些问题，主要是在很多情况下如何把人们分成明显不同的群体：神经多样性者和神经标准者。

神经多样性认可该医学模型的基本前提。它假定有些人具有异质性，其原因在于他们的大脑明显不同。它摒弃了"残障"这一说法而代之以"差异"。这种观点无据可循。让人变成神经多样性的行为处于持续变化之中，因而无法分成不同的种类。关于标准和多样性之间的分界线，人们一点儿也不清楚。神经多样性存在于所有人当中，并非只存在于某些人群之中。

有关遗传学的研究表明，与"精神疾病"诊断相关的差异包括常见基因变异体中成千上万种差异。这些遗传学差异并不具有特定性——在遗传学意义上，极易患多动症或自闭症的人一生中

第八章
差异——做自己

同样可能患上各种精神疾病。遗传学研究并不支持存在某个单独的带有"不同脑回路"的神经多样性人群的主张。

该神经多样性框架存在一个问题，即它可能使我们认为某些问题是与生俱来的。它认为，我们能够找出那些神经多样性者（通常依靠医学诊断或自我诊断），从而可以预言他们这辈子一定会跟别人不同。这种观点缺乏证据支撑。我们完全不清楚目前被诊断为患有发展障碍的孩子们今后会怎样。我们只知道20年或30年前他们不会被诊断为患有这种障碍，因为如今的诊断标准已经发生了改变。以前表明某人残障程度非常高的诊断（如自闭症）很罕见，如今已经非常常见，几乎每个教室里面都有几个被诊断为患有自闭症的孩子。

因此，即使某个孩子被诊断为患有某种障碍，其家人被告知这种障碍会持续一辈子，我们也并不能确定情况是否真的如此。我们知道，某些孩子在发育过程中的确会不再符合相关诊断标准。我们还知道，某些童年时期一切正常的成年人后来也患上了非常严重的精神疾病，其中包括跟发展障碍有关的疾病。我们并不知道，根据某个诊断就可以把人们分成神经多样性和神经标准两个固定类别。事实并没有如此简单。

这种方法还有一个问题，即它假定有些人没有相同的烦恼而且永远不会有这种烦恼。如果真的如此，那么所谓的神经标准者就寥寥无几了。人们在新西兰的达尼丁开展了一项大型研究，对1972—1973年出生在某个医院的婴儿进行了追踪研究。他们发现，其样本中不到20%的孩子到了30多岁后并不符合某种"精神疾病"的诊断标准。对不同寻常的行为进行去污名化是非常有必要的。我们要学会倾听并将其置于特定背景之中予以观察。不过，我们也不能认为因为某群人与他人格格不入，他们就可以另行其事。这样做意味着，我们仍然对他人身上的这种行为进行了污名化。这会让人们觉得被迫接受某种诊断——因为这是唯一让他们以及他人能够接受其行为的方式。我们要发现所有人身上的神经多样性，并接受任何人身上的不寻常行为。

诊断这件事

您是否曾经希望为自己的不称职找到一个借口、为自己的无能找到一种解释或者为有时候生活如此艰难找到一种原因？您无需东张西望。互联网上有很多在线测试，它们可以帮您进行有关某种障碍的自我诊断。显然，它们都能帮您在无需诊断的情况下接受自我。

看一下 Additude 这本杂志，这本网络杂志的口号是"深入多动症的内心"。该杂志告诉其读者，被诊断为多动症"在任何年龄阶段都会造成深刻的转变"，上面的文章则阐述了其诊断如何能够提升自我接受度，同时也对不接受有关多动症的诊断或治疗会造成多么可怕的后果发出了警告。上面还有若干测试，您完成测试后如果没想过自己或自己的孩子是否可能患有多动症，我会感到非常惊讶。此类文章也可见诸主流媒体。最近《卫报》上有篇文章向我们阐述了人们40多岁时有关多动症的诊断是多么"神奇"。

第八章
差异——做自己

您或许会开始想也许其中有些蹊跷——您想得没错。如果有人怂恿我们让我们认为自己身患残障或疾病，我们就成了一个有钱可赚的市场。有人可能会为我们主动提供治疗——主要是药物。在美国，药物可能直接瞄准消费者，告诉他们抗抑郁症之类的药物能够解决他们大脑中的化学失衡问题，尽管并没有任何证据表明抑郁源于某种化学失衡。

在欧洲大部分国家，医药公司直接向消费者营销药物是非法的。然而，它们自己推销诊断并不违法，因此它们就这么做了，雷·莫伊尼汉（Ray Moynihan）和艾伦·凯瑟斯（Alan Cassels）在他们的著作《出售疾病》（*Selling Sickness*）中记录了这一过程。诊断被当作消费者所有问题的解决方案、对他们未能过上某种生活的一种解释而直接向消费者进行推销。这就是这些文章对被诊断为多动症后那种神奇而极具变革性过程的描述。这一方法与销售其他任何东西并没那么多区别，只不过它不会说您的生活会因为某个新的吸尘器或唇膏而彻底改变，它销售的是某种诊断。

如果细想一下，您就会发现很多宣传和反污名活动都受到了药物销售公司的资助。它们倡导以下理念，即"精神疾病"很常见，往往诊断不出，但可以治疗。它们还宣扬以下理念，即不接受诊断就没法帮到您。它们倡导的是医学模型。

除了药物之外，没有其他针对多动症的干预措施。"未治疗的"多动症只意味着"未用药"。所有针对未治疗多动症的隐患发出大声警报的文章，实际上都是呼吁更多人服用药物以控制他们的行为。

煤矿中的金丝雀

在自主学习学校中,父母跟老师见面时至少有一位父亲(或母亲)会痛哭失声,这种事儿很常见。通常,这种情况发生在他们讲述自己发现该学校之前的生活场景的时候。在我参加过的一次会面中,一位父亲告诉我他8岁的儿子曾经被宣告无法进行教育,有人告诉他这个孩子的童年必须在某个精神病日间医院而不是在某所学校度过;另一位父亲告诉我他10多岁的孩子几乎有两年没离开过他的卧室了,完全拒绝上学,还曾尝试自杀;一位母亲告诉我她的女儿每天闹着不去上学,又抓又咬,而且这种状况已经持续了一年多的时间。

现在这些孩子都是该自主学习社区的成员,全身心地投入到了各种各样的活动之中。他们还是原来那群孩子,性格依然如故,但他们都摆脱了曾有过的压力,因此得以茁壮成长。这些孩子当中很多人都会接受诊断。推行家庭教育的父母讲的故事大同小异——在学校行为不可控的孩子,如果能够按自己的兴趣行事并受到尊重完全可以表现出不同的行为。如果孩子在自己所处的环境中受到重视和被接受,那么他们就会发生转变。他们会觉得自己有能力,可以对自己的社区有所贡献,能够得到发展并学有所成。这就是自主学习环境中成年人跟孩子之间那种充满尊重和非判断性的理解方式非常重要的原因。这种转变不会太快发生。如果您曾花了好多年来对抗某个体系,您无法一下子忘掉为了生

第八章
差异——做自己

存而学会的那些策略。

这些孩子正在经历从某个将他们的个性当作麻烦的体系向某个真正接纳差异的体系的转变。如果孩子真的被允许选择自己想要的东西，差异就不再是麻烦了。

空气中有毒的东西

从障碍的视角来看，破坏性行为是一种症状。换一种视角来看，这也是一个标志，代表孩子周围的世界出了问题。我们可能更希望避开那些被视为麻烦制造者、黑暗角落的"问题儿童"。

卡拉·沙拉比（Carla Shalaby）以前是一位教师，她对某些孩子进行了密切观察。她的参与者此前曾被老师认为在学校的头两年只知道在班里捣乱。她把这些孩子称作"煤矿中的金丝雀"。解释一下，在1986年，人们会把金丝雀带到煤矿中以探查有害气体。这些小而脆弱的小鸟会先于矿工死去，因而能够为矿工建立一个预警体系，使他们有机会逃出去。

从这一视角来看，那些拒绝或无法满足学校期待的孩子可能正在告诉我们哪里出了问题——即煤矿中的有害气体。他们很敏感，能够告诉我们环境的危害性。忽视它们会让我们陷入危险，因为所有孩子呼吸的是相同的空气。

沙拉比对自己所观察的孩子如何被社会化（或如何抵触被社会化），即对某个设定具体行为规范的文化进行了描述。成功意味着习得这些规矩，而该体系中深深地刻入了不公平，因为某些来自该文化的孩子在家里学习这些规矩而其他孩子则不然。她问道：我们是否真的应该把相关抵触看作一种障碍，以及我们是否应该告诉孩子顺从比抗议更有价值？

沙拉比追踪研究的孩子在完成二年级学业的时候（7岁）都被开好了药物。上学的孩子要按照特定方式行事，其所面临的压力非常大，他们的父母不得不让他们服药以帮他们学会服从。

我们告诉孩子，如果他们不喜欢，那有问题的是他们，而不是这个体系。我们认定不适合该学校体系的孩子肯定有障碍，让该体系依然如故而忽视了其自身的问题。

还有什么其他做法呢？

如果我们认为孩子的行为并非出自某种医学意义上的障碍，又该如何理解他们的行为呢？毫无疑问，某些孩子的行为跟其他人确实不一样。有些孩子就是无法保持专注而且永远也坐不住，有些孩子在社会互动或交流方面面临很多困难，有些孩子为了认字而苦苦挣扎，还有些孩子会打其他孩子或成年人。在学校体系之外差异并不会无影无踪。

该医学模型的问题在于，它让我们在脱离社会背景的前提下关注孩子的大脑。

即便医生也注意到了这一问题。20世纪70年代，乔治·恩格尔（George Engel）医生提出了一种生物—心理—社会模型，提供了一种更有用的思考问题的方式（如图8-1所示）。该模型包括生物学、心理学和社会学（环境）三个部分。

第八章
差异——做自己

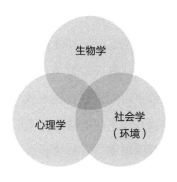

图 8-1 生物—心理—社会模型

该模型认为，任何问题或行为都应该从人们周围的生物学、心理学和社会学（环境）三个视角来加以考量——只有理解这三个方面的互动，人们才可能理解事情的真相。

我们来认识一下西德尼（Sidney）。在学校的推介下，西德尼（我见过的孩子的结合体）在母亲的陪伴下到一家英国国家医疗服务体系诊所来见我。

西德尼 10 岁，上六年级。我们见面的两个星期前，他跟另外三个男生曾计划逃跑。没人看着他们的时候，有两个孩子翻墙离开了学校。西德尼还没加入他们之前就被抓住了。学校让他休学，并当着全班同学的面公布了这件事。西德尼回到学校后，他的同班同学都躲着这个试图逃跑的坏小子。

西德尼发火的时候会打碎门窗等东西。他想逃但无处可逃。

西德尼和妈妈正在读一篇有关整天被关在动物园笼子里面的动物的故事。西德尼看了一眼画着一只被关在笼子里的悲伤的动物的图片，说："我在学校就是这样的。"

西德尼生气后会侮辱其他孩子，尤其是当他觉得他们曾侮辱过自己的时候。遇到这种情况时，其他孩子会抱怨而西德尼会被关起来，有时候他会被关一整天。被关起来的时候，他必须坐在校长办公室外面，谁都不跟他说话。他不被关起来的时候，会因为没有完成功课、打扰其他正在上课的孩子或说"傻话"而在早餐和午餐时间要待在房间里面。一般来说，每个学期有三四次他会错过早餐时间，为的是"赶上功课"。不过，他并没有赶上来。他过得非常惨。

我跟西德尼谈话时，他充满活力而且非常友好。他跟我说，他喜欢玩《我的世界》，喜欢踢足球。但是，以前人们把不让他玩《我的世界》当作他在学校惹了麻烦的惩罚；而在学校他跟其他孩子之间的问题会波及踢足球这件事，其他孩子拒绝踢球时跟他组成一队。明年西德尼就要读中学了，他妈妈担心情况会变得更糟。

西德尼所在学校希望他接受多动症诊断，或者也顺便做一下自闭症诊断。西德尼的妈妈不知所措。学校经常给她打电话让她把西德尼领走，并且跟她说西德尼"失控了"。她觉得肯定是自己的错，晚上睡不着的时候她会想自己哪里犯了错。

诊断并非解释

医学方式就是对西德尼进行诊断。根据相关症状清单，西德尼都符合标准。这些症状跟学校环境的要求有关。它们包括完不成任务、坐立不安、难以专注于他们感觉无聊的任务等。一旦西

第八章
差异——做自己

德尼被诊断,可能就要服药。可以肯定的是,人们会跟他说他的大脑有一些不一样,以及他那种行为方式是他自己也控制不了的。或许会有人告诉他他并不淘气或者懒惰,但也会告诉他他得了多动症。

所有人都会觉得长舒一口气。有人告诉过西德尼的妈妈这不是她的错,现在人们已经找到了西德尼这么讨厌学校的一个原因,而学校也获得了一个可以记录在案的说法。这一诊断会贯穿西德尼的整个教育生涯。

但是,多动症并非真正的原因。谁也不知道多动症到底是什么,人们只知道一系列相关症状。所有大脑扫描、遗传学测试或验血都无法证明某人得了多动症。多动症本身没有解释力,因为我们并不知道它到底是什么。实际上,它只是一种描述。

这意味着相关推理很快就会陷入死循环。西德尼上课时坐不住、不能集中精力、过于活泼,因此被诊断为多动症。下一次他上课坐不住时,他会想:"哦,这是因为我有多动症。"但是,他被诊断为多动症是因为他上课时坐不住。先有哪个呢?坐不住还是多动症?哪个能解释另一个呢?

行为即交流

还有一种方法是想想西德尼的行为说明了什么。不把他的行为当作一种症状,我们可以把他的行为当作一种交流。我们想一下西德尼的经历吧。

西德尼很活跃，他往往到处乱跑，而且他跑起来时特别开心，走路时则不然。这可能是他行为中的生物学部分——请注意，这些偏好没有任何问题，并非一种残障。

西德尼很容易发怒，不喜欢感到无聊。他更喜欢自己做出决定而不是听别人的话。他很容易觉得被捆住手脚，不喜欢待着不动。他喜欢能有几个亲密朋友而不是把时间花在整个班的同学身上。同样，这也不是一种残障，这完全是西德尼的自我体现。

接下来是社会环境。这是很多此类评估几乎不会问津的一个部分。

西德尼所在学校声名显赫，相关检查报告非常出彩。该校因其"高标准"和"零容忍"而深感自豪。这意味着顺从受到了高度重视，而任何违逆行为马上就会受到压制。对西德尼来说，别人让他做什么他就应该做什么，不要惹任何麻烦。西德尼喜欢在走廊上跑来跑去，这让他在这一环境中惹上了很多麻烦；在开始做什么事情之前他讨厌等别人告诉自己应该做什么，也同样让他麻烦不断。学校环境也会催生同辈压力，某个学生犯了错，全班同学都会受到惩罚。没用多长时间，西德尼就成了班里最不受人待见的那个学生，因为他常常让全班同学被留校。甚至还没来得及考虑自己的功课，西德尼就已经陷入了困境。

这一切让西德尼的境遇非常悲惨，也让他父母的日子变得异常艰难。

可是，这种情况是难以避免的。他所在的学校不必如此。如果西德尼可以在自己的学校到处跑，只要感觉憋得难受随时可以出去，他活跃的需求就不会造成这样的问题。

第八章
差异——做自己

真的是脑子有问题吗

而医学模型认为是什么地方出了问题,出问题的是西德尼而不是学校。这尤其让他的母亲陷入困境,因为似乎人们能找到的仅有的两种解释就是:要么是西德尼的大脑出了问题,要么是他的母亲不称职。她感到忧心忡忡,担心自己做错了什么事情。而对西德尼的诊断意味着她不是一个失败的母亲,她只是一个因为有一个患有残障的孩子而苦苦挣扎的母亲而已。著名的临床心理学家玛丽·博伊尔(Mary Boyle)将这种情况称作"大脑或指责"困境。

自主学习教育环境极大地改变了这一社会环境。它们清除了很多孩子们觉得难以满足的要求。其中包括很多行为规定,如穿什么衣服、如何走路、强制性课程、必须跟很多人坐在一间教室里面以及孩子们控制不了的跟传统学校学业要求相去甚远的规则等。

对很多孩子来说,环境改变后,他们的生物学和心理学特征不再是一个严重的问题。他们能够以前所未有的方式绽放。这并不意味着他们自身发生了变化。这也不意味着他们的行为不真实。不论就读于哪种学校,西德尼仍会喜欢在走廊上跑来跑去。这只意味着对学校来说他的这一喜好不再是问题了,谁也不会为此而惩罚他了。

寻找互动

对于某些孩子来说,即便那些自认为是以学生为中心的、进步的学校也不一定适合他们。面对把问题归咎于孩子而不是孩子与环境之间的互动的文化压力，它们也没有免疫力。

我们来认识一下卢克（Luke）。

一旦感觉不受控制，卢克就会开始担心。这种担心会让他颤抖，有时甚至会让他痛哭。感到不安时，他会拒绝服从任何要求，有时会从房间里跑出去。卢克喜欢在自己的平板电脑上玩《堡垒之夜》，这有助于他镇定下来。不知所措时，他还喜欢独处，只要能够脱离某种充满压力的情景，他就完全可以镇定下来。

卢克就读的是一所规模不大的学校，该校对自己个性化、富有同情心的教学方式颇为自豪。然而，这一方式并不包括允许卢克带他的平板电脑来学校。事实上，该校对孩子们使用科技产品感到非常头疼。卢克很害怕老师会告诉他的父母让他在家里也别玩平板电脑。

每天，所有孩子都会在外面的树林里自由玩耍几个小时。学校没规定什么时候应该结束，如果老师有事耽搁了或没空，他们往往会多玩一段时间。

卢克觉得这无法忍受。他不喜欢在树林里瞎玩，想知道什么时候可以结束。成年人也不知道，所以没法跟他讲。他发现自己很难加入其他孩子的行列，因为他的协作能力很差。他不会爬树，也不会踢足球，而其他孩子都会。他开始变得焦躁不安，想从那里跑掉。

校方找到了卢克的母亲，说他们认为卢克具有非常复杂的特殊需求，或许还有精神方面的问题。他们建议把卢克转到某个神

第八章
差异——做自己

经发展小组,而且找到了一个专门学校。他们教不了他了。卢克的学校对于孩子应该怎样有一套严格的模式。对某些孩子来说,这些模式很管用,对其他孩子来说则不然。对卢克来说,不幸的是,事情不太顺利时学校的策略就是判定孩子有问题,而不会研究一下如何改变学校的环境以配合卢克的个性。对别的孩子来说,在树林里玩几个小时简直太棒了;但对卢克来说,那就像一种折磨。如果某个不够灵活的环境遇到了一个具有特殊需求的孩子,那一定会有麻烦(如图8-2所示)。

图8-2 卢克在学校的生物—心理—社会模型

有时候，另类学校会谈到"自由"，不过它们指的是一种非常特别的自由：在树林里玩耍的自由，而不是玩电脑的自由；在户外玩耍的自由，而不是在任何时间回来的自由。对某些孩子来说，这种环境完美无缺；对有些孩子来说，他们会觉得压抑，觉得被控制。一所不考虑这一点的学校不是一个适合自主学习的环境，不论它们觉得自己有多么另类。

诊断的好处

父母寻求给自己的孩子做一个诊断是情有可原的。他们认同"孩子对父母来说的确非常难搞"这一体验。对某些家庭来说，有了诊断，他们就能获得一些额外的资助。诊断往往能够带来某个直接支援团体或认同。就希望上课的孩子而言，如果他们想获得合适的教育，他们可能就需要一个诊断。诊断可以很快给那些不理解某个孩子的行为为什么与众不同的人一个解释。

父母常常因为自己孩子的行为而备受指责，对于为孩子选择自主教育的父母来说，这种情况可能更加糟糕。他们做出了一个十分极端的选择，人们可能觉得他们的孩子就是小白鼠。因此，如果某个孩子在成年人彼此寒暄时拒绝跟别人打招呼或坐下，这就像是某种判断，不仅是对他们为人父母之道的判断，也是对他们的教育选择的判断。有了某个诊断，关于为什么他们家的孩子的行为跟其他孩子不一样就有了一个理由。

如果某个孩子想回归正式教育，诊断也很有用，因为这意味

第八章
差异——做自己

着他们从一开始就能获得额外的支持，而不是学校显然应对不了时才不得不走的程序。

文化差异

我们搬到法国不久，我意识到我们在那里的生活遭到了周围人的白眼，这让我非常难过。我在商店向人求助时，人们不搭理我；我们在过道上遇到邻居时，他们对我们不屑一顾。我花了很长时间才搞清楚其中的原因。在法国，每次遇到别人时都要非常有礼貌地跟对方打招呼，这是法国的文化。人们会不断地说"您好"（Bonjour）。每次您走进某个商店，每次您在过道上遇到邻居，您都要这样说。说过"您好"之后，您可以说些别的。但如果您一开始就说些别的事情，即便您很礼貌，他们也会觉得您很粗鲁。即使您在当天晚些时候遇到同一个人，您在说别的事情之前还是要先说"您好"。分别时也是如此。您说"再见"（Au revoir）和"日安"（Bonne journée）。那样别人才不会朝您翻白眼。

这一点与英国完全不同。英国人不会费这么大力气来打招呼。在英国，朝某个路过的邻居点头，走进商店不跟店员打招呼，都是很正常的事情。分别时，英国人往往会悄悄地溜走，不喜欢让人注意到自己的来来去去。事实上，法国人已经注意到了这一点。他们对于这一英国式倾向的不说再见悄悄走开的做法有一个特别的说法——"悄悄走开"（filer à l'anglaise）。

175

当时我的家人和我都没通过这一法国式礼仪的测试，我们甚至都不知道自己参加了这一测试。我们表现得粗鲁、没教养，而我们的行为方式在英国无可挑剔。当然，每个搬到其他国家、进入另一个文化的家庭都会遇到这一问题。他们凭借自己的文化假设行事，然后，他们突然发现那些果然只是一些假设。当我们周围不再是跟我们一样行事的人时，文化规范就凸显了出来。我们会犯下很多错误，而我们甚至不知道错在哪里。

自主学习的孩子被测试或被用来跟上学的孩子进行比较时，与上述情况非常相似。所有的评估都假定孩子是上过学的。这些测试的标准化依据的是上过学的孩子的样本。为数不多的有关接受家庭教育的孩子的心理健康和行为评估的研究表明，他们可能高估了自己的问题。上学是一个文化适应过程，而自主学习的孩子没有学过学校规范。

我们以一个喜欢蹦蹦跳跳、一兴奋就会摆手和大声喧哗的孩子为例。很多小孩子都会这样。如果孩子在学校蹦蹦跳跳，很快就会有人跟他说这种行为不太恰当。在操场上蹦蹦跳跳或喧哗没什么，但在教室内不可以。摆手会遭到其他孩子的嘲笑。那些能够控制自己的蹦跳或摆手的孩子会停下来，以免被人嘲弄或责备。在学校里会有这样一群孩子，他们要么无法控制自己的行为，要么被要求做什么事情时反应不够好。这些孩子可能很快就会被贴上标签，说他们都有特殊的教育需求。

在学校之外，蹦蹦跳跳、摆手或喧哗不是什么大问题，因此，除非父母感到厌烦，否则人们不会一遍遍地让孩子们停下

第八章
差异——做自己

来。父母不会带他们到这些行为可能成为问题的地方,而且往往会阻止其他孩子取笑自己的孩子。更多的孩子会继续表现出这种行为,因为没人给他们压力让他们不要这样做。这意味着您随便聚集的一些自主学习的孩子会比一群上过学的孩子表现出更多的另类行为。正如他们的学习更富有变化、更个性化,他们的行为也是如此。他们没有要顺从的那种压力。

如果自主学习的孩子到诊所接受评估,对他们进行评估的专业人士会假定他们已经在一个带有某些规范的更大群体中得到了社会化,比如回答问题时坐好、跟陌生人说话时有礼貌、听从指令、举手发言、上课时想出去但不会跑出教室等。

我们来认识一下阿米娜(Amina)。

阿米娜,8岁,是一个自主学习的孩子,她很怕狗。她父母带她去看心理医生,心理医生顺便发现了阿米娜不会阅读。她马上开始担心起来。心理医生假定阿米娜已经接受了多年的阅读辅导,如果她此前上学的话情况就应该是这样。当阿米娜的父母解释说他们推行的是家庭教育时,心理医生还是假定阿米娜肯定上过一些课(因为如果不这样,那怎么进行教育呢)。心理医生认为,阿米娜有一种特殊的学习障碍,应该接受诊断性测试。

有关自主学习者掌握阅读能力的研究表明,孩子们获得不同技能的方式非常难以捉摸。不论有没有干预,阿米娜下个月都有可能学会阅读。各种评估,即便是那些宣称非常客观的评估,运用到自主学习的孩子身上得出的结果也不可能跟运用到上学的孩子身上一样。

反过来说也没错，自主学习的孩子的父母可能很难让专业人士认真地对待他们的担忧，因为这些孩子对于自己遇到的情况可能也不那么焦虑。专业人士习惯于寻找那种焦虑或羞愧的严重等级。如果找不到，他们可能会假定孩子的父母小题大做。

设定焦虑或羞愧的等级

我上小学的时候非常讨厌玩耍。我们被迫出去玩，而且好像没完没了。我们的操场是用混凝土铺的。在那里，男孩子踢足球，女孩子跳绳。当时我想做的是看书。我拿出从图书馆借的书，坐在水泥地上看。这一奇怪的行为很快让操场上的人开始担心起来，他们觉得我应该加入他们。其他孩子还觉得我很怪，他们踢球时会瞄准我的头。很快，我开始对自己在操场上看书感到羞愧。

当时，我不想跳绳，踢足球的男孩子也不欢迎我，可是我觉得也不能当着他们的面看书了。游戏时间变成了让我担心的时间——我该去哪里呢？我该做什么呢？我能躲在厕所里多长时间呢？

我渐渐对自己想看书的欲望感到羞愧和焦虑。从表面上看起来这种欲望并没什么大不了，但事实上，那正是学校大部分时间都热衷于培育的东西。由于别人的反应，某个孩子小小的差别就变成了一个大问题。

在学校里，这种事从来没断过。对于很多上学的孩子来说，

第八章
差异——做自己

他们的行为被埋在层层担心、尴尬和自责之下。他们再也不只是活泼的孩子——他们是对活泼感到难过的"活泼的孩子"。他们再也不只是不会阅读的孩子——他们是觉得自己蠢、永远也学不会阅读的孩子。或者，他们变成了对于自己在家里讲的语言、自己的肤色或自己家吃的食物感到羞耻的孩子，因为他们觉得自己应该跟其他人一样。

这种事情没有什么必要。这是学校奖励顺从的产物，即便它们说自己非常欢迎多样性。如果所有人在教育过程中都走相同的、标准化的道路，真正的多样性就不是优点了。自主学习的孩子身上明显的不同之处之一在于他们对于自己的个体差异感觉没那么羞耻，因为从来没人把这个当成问题。他们就是他们。

在自主教育社区，另类行为要更为常见，多样性被当作生活的一部分。没人逼孩子服从学校的标准，没人让孩子因为自己坐不住或认字晚而难过。这意味着发展差异只是一种差异而已。

年幼时不存在这种压力，意味着孩子有机会在属于自己的时间学习各种技能。我认识好几个直到五六岁——比大部分孩子晚好几年——才开始玩想象类游戏的自主学习的孩子。我还认识一些日常生活自理能力比其他孩子发展慢得多的孩子。还有些孩子在大部分孩子学会不再乱发脾气很久之后才学会管理自己的情绪。

我们完全不知道每个孩子有怎样的潜能，他们在某个领域遭遇困难并不意味着他们在另一个领域也不能绽放。只要有发展空间，差异可能会是一种优势。因此，需要改变的是环境而不是孩子。

第九章
去学校化
——将学校丢在脑后

本书写到这里，或许您对自主学习是什么样子已经有了很好的理解。您知道了孩子可以用不同的方式学习，您也了解了外部动机和内在动机对于学习的影响。我们见识了考试和压力对教育的破坏力。您或许笃定自己希望试试一些别的东西。

迈出下一步的难度可能令人难以想象。

在心理上和现实中从学校转向另类教育形式的过程叫作"去学校化"。去学校化是一段转型期，是孩子离开上学的确定性，走向一个全新的、不太确定的常态。这段时期令人兴奋——但也充满焦虑和不确定性——因为孩子要尝试抛开学校来看看自己的未来会怎样。

几乎所有有关自主教育的东西都很古怪。谁都无法预测你们家选择的道路会怎样或者您的孩子最终会怎样。唯一的共同点在于，从上学到自主学习的转型极少一帆风顺。有些人将其比喻为把洋葱一层层地剥开。正当您认为已经剥完时，发现里面还有一层。

第九章
去学校化——将学校丢在脑后

本章将首先探讨我们只要活在这个社会就能获得的有关教育的那些文化信念。我会谈到什么是去学校化以及要做到这一点需要什么。之后,我会展示一个有关去学校化的认知模型以及几个家庭的例子。我还会介绍一些实用练习,以便让您开始进行去学校化。

无形的学校文化

我常常会遇到一些跟我说他们不需要去学校化的父母。他们通常会说孩子在学校时很叛逆,从来不听话;他们确定无论他们的孩子选择如何学习,他们都觉得没关系。我看着他们开始了自己的自主教育之旅,而他们确信自己清楚这样做今后究竟会怎样。

一年后,我们再次见面时,我听到的故事不一样了。有些人会说他们当时没意识到自己的去学校化进行到了哪一步,有些人会说去学校化不适合他们而且孩子又回到了学校或者他们一边等当地学校的名额一边请家教给孩子补课。他们说,他们的孩子就是不喜欢自主教育。

另外一类往往是那些最狂热的父母。他们的意思是自主教育跟自己想象中的不一样。认为自己没什么可学的人越多,他们就越不可能张开怀抱迎接自主教育。

在西方世界,学习是文化的一部分。没人问您家孩子上不上学,人们会问您家孩子上的哪所学校。绝大部分人童年时都会上学,然后他们再让自己的孩子上学。他们从没想过换种方式,就像有人来访时您总会请他们喝茶或者说"请"和"谢谢"一样。

这并不意味着人们都认为学校很好或者所有人在学校的经历都让人觉得舒服。讨厌学校不违背我们的文化;在学校被欺负是很平常的事情;觉得在学校没学到任何东西的情况也很常见;抱怨学校或者列出学校的局限性完全是正常的事情。这些都是我们熟悉的文化叙事。但是,刻意不让孩子上学,会令您一下子被列为完全不同的一类人。

从文化的角度来说,人们对于那些选择自主教育的人没有一个让人舒服的分类。人们会觉得不送孩子上学的父母不负责任。不再上学的孩子会被叫作"辍学者"。那些推行家庭教育的人会被戏称为把孩子藏在家里好把他们培训成未来的国际象棋选手或网球明星。那些人选择不让孩子上学是因为他们想走一条不同的教育之路吗?他们这样做可没什么帮手。

人们认为,最容易理解我们所处的这个世界的方式就是把新信息跟自己知道的东西相联系。随着我们不断获得新的经历,我们的信息网渐渐扩大。自主教育跟大部分人的经历相去甚远,因而人们失去了方向,不知如何才能将其融入自己的世界观。

这种文化隔阂解释了为什么选择自主教育的家庭需要一遍又一遍地解释自己的选择。他们往往需要对同样的人回答同样的问题。人们会问,"这是不是有点儿像蒙特梭利(Montessori)说的那样?""还是更像斯坦纳(Steiner)说的那样?"人们觉得无法接受,对他们来说,自主教育说不通。

第九章
去学校化——将学校丢在脑后

学校提供了安全和结构

学校的结构为童年提供了一个路线图(如图9-1所示)。它不仅划定了孩子们每天要做什么,而且划定了孩子们未来很多年要做什么。没有这样一个路线图,孩子们的前程就难以预测。突然之间,现在换成了由您来起草您的孩子的路线图,设定里程标。每年都不会再有成绩单、对学习进度的追踪或不及格记录。

图9-1 学校显然为人们的童年提供了一个线性结构

相比之下,自主教育绝对是非线性的、跃进式的,这条路不可能顺顺当当(如图9-2所示)。

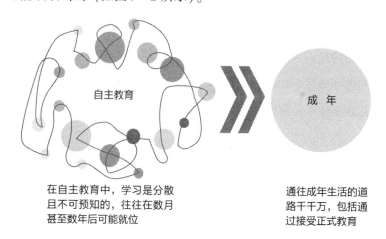

图9-2 自主教育不可预测,与学校教育相比似乎缺少方向

去学校化是怎样的呢

不论父母提前做了多少准备,在去学校化这段时间,自主学习的现实都会发挥作用。对于绝大部分父母来说,此时他们不得不放弃他们一直以来对孩子的某些控制。对其他人来说,此时他们会意识到进行自主学习需要付出多少努力以及他们的孩子在学校有多么不开心。

对于很多跟我谈过话的父母来说,在该去学校化时期,他们会担心也许他们的孩子的确需要去学校才能学习。对于自主教育会怎样,他们曾有过各种想象和想法。也许他们曾想象自己的孩子会决定学习天体物理学还是阿拉伯语,可是,在现实中,他们只想在网飞(Netflix)上看完整整八季的《欢乐满屋》(*Full House*)。

这一段不确定期是走向自主教育进程中很重要的一部分。走出我们的舒适区的确令人焦虑。意识到还有很多此前自己从未见过的选择必然会冲击您的世界观。有一段时间,所有的事情看起来都靠不住了。您的生活会失去所有的确定性。

如果不进行去学校化会怎样

不经历去学校化,所有决定和选择仍然会受到有关学校教育假设和学校经历的驱动。其中可能包括沿用学校的做法而不考虑

第九章
去学校化——将学校丢在脑后

它们是否是最佳的做法,还包括做出跟学校相反的决定。尽管人们依然会参照学校来做出决定,但自主学习的运行不会像人们期待中那么有效。

在学校过得不好的孩子会做出受这种经历影响的选择。有些孩子完全拒绝阅读,因为他们在学校里阅读是被逼的。也许他们对于任何会让他们想起学校的东西都不感兴趣,例如博物馆里面的研讨会、有关历史的电视节目等。某些话题不得触碰,因为他们此前在学校里学过这些话题。"数学"这种词汇可能会引发恐慌。他们希望绕路,以便在玩耍时避开学校。他们做出自己的决定并不是因为他们不喜欢阅读或研讨会,而是因为来自学校的压力已经触发了焦虑乃至抵触,这种情绪会持续存在,即便他们已经走出了学校。

在与此相反的场景中,孩子每天都会坐下来,从上午9点开始上课直到下午3点,中间有玩耍时间和午休,因为这些都是他们假定应该做的事情。他们购买符合孩子年龄的练习册并完成上面的练习,因为他们认为这是最好的学习方式。他们可能会上国家统一课程,因为学校就是这样做的。在这种情况下,该家庭会继续接受有关学校教育的假设并在自己家里加以运用。最终他们会"以家为校"。

没有去学校化,学校教育会继续统治孩子的教育,而且这种情况会持续到孩子离开校园之后很久。

如何开始去学校化

首先,最重要的是做出除非孩子自己想回学校否则就不让孩子重返学校的决定。只在假期试一试,您无法实现去学校化。如果所有人都知道再过几个星期又要上学了,去学校化就无法真正开始。因为,假期或许有些解压作用,但人们仍然会认为那些有关学校教育的假设一点儿也没错。

接下来,就是退出。在学校过得艰难的孩子特别需要一段没有压力的时间。这样做的目的就是为了减少他们有关学习以及自己能力的焦虑,以便他们能够重新在自己的环境中自由学习。孩子们生来就具有这种能力,年龄越小,他们越容易重拾这种能力。父母们可能需要很大的勇气,因为刚开始孩子可能会选择每天都不好好穿衣服、不梳头或不跟老朋友联络。他们或许会宅在家里,整天睡懒觉;或者,相反,他们可能总是跑来跑去,一会儿也坐不住。习惯于学校教育方式的父母往往难以接受孩子选择那些看似"浪费时间"的活动。

去学校化的阻力何在

谈到去学校化时,人们往往会把它当作孩子们习惯没有学校的生活的过程中会发生的事情。事实上,父母对于去学校化至关重要。因为,如果父母不进行去学校化,他们的孩子就没机会去

第九章
去学校化——将学校丢在脑后

学校化。

对于那些自己的孩子上自主学习学校而不接受家庭教育的父母来说，去学校化可能颇具挑战性。对于在外面做全职工作因而无法成为主要教育者的父母来说，去学校化更是一种挑战。原因就在于，他们跟孩子相处的时间要少于全天都在家的居家父母。

推行家庭教育的父母跟孩子在一起的时间很长。他们能够紧盯着孩子的学习，而且能很快了解孩子的优缺点。他们在真实的情景中观察孩子的学习。相比之下，上自主学习学校的孩子的父母，对于孩子每天到底做些什么了解甚少。通常这些学校不会给父母进行汇报。对于这些父母来说，相信自己的孩子正在学习就像一种冒险。他们可能会觉得自己的生活发生了很多变化——跟以前一样继续上学，不过已经失去了所有的可预测性和安全感。

当然，可预测性是一种幻象。学校不能保证好的学习成绩，好的学习成绩也不能保证一种充实的生活。不过，人们通常会觉得学校更安全一些，因为人们更熟悉学校而且学校是结构性的。这正是您需要质疑您的想法的地方。如果您无法看得更远，孩子学习的自由就会受到影响。这并不意味着有审查者或者有人试图压制您的想法。这意味着您需要反思自己的思维过程，当心自己陷入学校教育思维。弄清楚自己的想法后，您可能会更理解自己的行为。

刻意改变您的思维

在本章中，我打算介绍一种基于认知行为疗法（CBT）的反思自己思想和感受的方法。您可以利用这一框架反思自己的经历以及这些经历如何构成了您的内心世界。

认知行为疗法认为，在成长的过程中，我们会形成有关自身、这个世界以及他人的种种信念。这些信念会影响我们跟周围世界的互动方式。然而，我们却对很多这种信念都一无所知。它们叫作"基本假设"或"生活法则"。

要理解这一点只需要一个例子。现在，我们来认识一下安雅（Anya）和伊利斯（Elise）吧。

安雅计划推行家庭教育多年了，她根本不打算让女儿伊利斯上学。她满怀激情地规划了即将跟女儿一起度过的忙碌而开心的生活。后来，随着伊利斯上学日期越来越近，她开始有了自己从未料到的一些感受——恐惧。如果伊利斯什么都学不到并怪她怎么办？还有对损失和孤单的恐惧——对于她所在的那个由几个本地妈妈组成的小小朋友圈的恐惧，因为其他人都会送孩子去上学。而且，那些人已经专注于结交新学校的人员，彼此见面的机会也变少了。安雅突然感到被落在了后面。她想知道自己是否应该让伊利斯跟她当地的朋友一起去上学。

安雅是上过学的，读书期间她了解了一些有关教育的经典假设。安雅在学校的体验并不差，只是觉得没劲。最后，她无法确

第九章
去学校化——将学校丢在脑后

定自己想干什么,对于自己喜欢什么也不甚了解。她希望能让伊利斯尝试一下不一样的东西(如图9-3所示)。

此前安雅在学校的经历	
安雅最喜欢学校里的社交活动,在学校结交了很多朋友。安雅在校外没有朋友。	安雅在学校很用功,表现很好,但不太喜欢学校。她过早地离开了学校而且再也没回到学校接受正式教育,不过她一直觉得因为过早地离开了学校而未能充分发挥自己的潜能。

基本假设/生活法则	
如果不上学,就交不到朋友。	如果不去学校,就无法学习。

自动思维	
伊利斯会感到孤单而且没有朋友。	伊利斯会成为失败者,那会是我的错。

图9-3 对安雅进行分析

自动思维是我们最容易感受到的思维,从早到晚它们都会占据我们的大脑。安雅的自动思维让她惊讶。她非常自信自己的选择是正确的,但好像总会被某些突然产生的想法所包围。驱动这些想法的是她的一些基本假设。基本假设通常采取以下形式:"如果……就",或"我必须……",或"我应该……"。根据人们的生活经历,这些假设会因人而异。

另一位母亲桑迪(Sandy)的视角非常不同。她从未考虑过自主教育，但是她儿子本（Ben）在学校的那几年过得非常不顺利。因为拳打其他孩子，本多次被强制休学而且他也开始拒绝上学。桑迪决定把本带出学校，送他去一个业余的自主学习中心，在其他时间对他进行家庭教育。本很想离开学校。不过，本刚离开学校，桑迪就发现自己开始担心本会不会被以前的同班同学落下。在自主学习中心，本会玩耍，会跟朋友聊天；在家里，他就只想玩他的游戏机。在桑迪看来，本做的任何一件事情都不是"学习"。她很绝望，因此考虑把他送回学校（如图9-4所示）。

此前桑迪在学校的经历	
桑迪不喜欢学校，在学校曾欺负过同学。	桑迪的父亲逼着她去上学，还告诉她正是因为非常爱她才不能让她辍学。

基本假设/生活法则	
上学非常重要，在学校不开心也没什么。	如果您爱某人，就可以强迫他做某事。

自动思维	
本还是应该上学，而且要学乖一些。	我应该强迫本去学习，否则他永远学不到东西。

图9-4 对桑迪进行分析

第九章
去学校化——将学校丢在脑后

现在安雅和桑迪都对这一情形做出了反应,但她们对这件事情的看法和感受都是基于她们自己的经历。由于不清楚自己的基本假设,她们唯一能够意识到的就是自己的自动思维。

基本假设普遍存在而且适用于很多情形,而自动思维是具体的且更加个性化。

这些想法让她们非常焦虑,而她们感到焦虑时就会给孩子施加压力。孩子的反应就是抵触,这会让父母更加焦虑,进而形成一个恶性循环。改变这一恶性循环的唯一方式就是让父母少施加压力,让所有人都能松一口气。

确定您关于教育的基本假设

您觉得学校是怎样的?提到学校经历,您的头脑中会涌现出哪些记忆?上学期间您开心还是不开心?

无论您的校园时光好还是不好,您肯定已经得到了有关这个世界的运行机制尤其是教育的运行机制的很多教训。在您了解到的有关您自己、学习和学校的东西中,哪些是至关重要的呢?这些就是您的基本假设。它们通常非常笼统,因此适用于很多情况。例如:

如果不再上学,你就是一个失败者。
如果你考试不及格,你将一事无成。

如果大家觉得你太聪明,那么没人会喜欢你。

如果你很用功,你就会成功。

其他人比你更有见识。

你家的人在学校表现都很好。

只要上学,你就可以充分发挥你的潜能。

如果你整天就知道玩,你什么也学不到。

所有的孩子都应该上学。

学习好的人比挂科的人强。

胜过他人非常重要。

别人对自己的判断非常重要。

选择一个您对孩子的教育不满的情形。想象一下——也许您看到孩子正在打电子游戏,或者老师跟您说您真的需要保证孩子能够完成家庭作业。专注于这一情形,注意您的头脑中会产生怎样的想法,然后客观地把它们写下来。

这些想法可能包括:

他在浪费生命,而我是帮凶。

他将一事无成。

我辜负了他。

我要逼着他读书。

他打电子游戏上瘾了。

第九章
去学校化——将学校丢在脑后

这些就是您的自动思维。根据您最初的经历和基本假设,这些想法说得通吗?如果说不通,您可能需要深入思考一番,想一想您为什么会对这一情形感到不满。

请尝试填写以下表格。如图9-5所示。

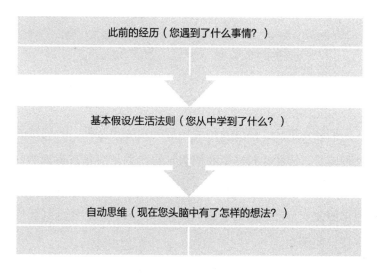

图9-5 对自己进行分析

想法、感受及行为循环

事实上,自动思维只是另一个循环的开端,因为当我们产生了某些想法之后,相关感受和行为很快就会接连产生。例如,当桑迪认为"我应该强迫本去学习"时,她内心感到既紧张又焦虑。为了释放这种感受,她试图逼着本做数学练习册。当本抵触时,桑迪变得更焦虑了。如图9-6所示。

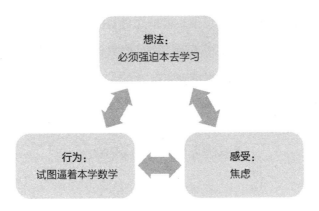

图9-6 桑迪的认知行为治疗分析

人们陷入想法、感受及行为循环的现象很常见。我们试图避开这种感受,因此在行动中我们假定自己的想法是有道理的。这样做往往会让事情雪上加霜,而我们的感受也会更加强烈。我们所有试图改变自己想法的尝试都没用,因为这些想法受到我们的基本假设的驱动。

看一下安雅这个例子,如图9-7所示。

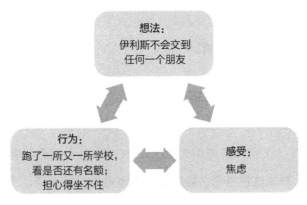

图9-7 安雅的认知行为治疗分析

第九章
去学校化——将学校丢在脑后

这里的问题在于,从安雅的行为来看,好像她的想法对于该情形来说是有道理的。然而,事实上,她的想法依据的是她以往的经历。她跑了一所又一所学校,但她知道自己并不希望把伊利斯送到学校去,因此她变得更加焦虑而且无路可逃。

现在,请您来试一下。选择最近一次让您感到焦虑、愤怒或情绪低落的情形,画出该循环,如图9-8所示。

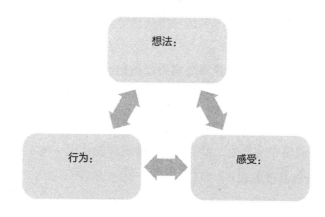

图9-8 自己的认知行为治疗分析

去学校化过程将质疑这些基本假设并打破此类循环。我们需要根据目前的情形而非基于以往经历,对未来的恐惧做出自己的选择。

转变基本假设

在您观察孩子的去学校化的过程中,您的某些基本假设可能会发生转变。没有比亲眼见证孩子自动学会一些您以前认为只有上学才能学会的东西更让人震撼的事情了。

我儿子8岁的时候，我刚要产生"如果我不教他，他就永远也学不会"或"我毁了他"这样的自动思维，他学会了阅读。以我自己在学校的经历来说，我坚信学会阅读非常重要。我在3岁时就会阅读了，我是一名如饥似渴的读者，那是我孩提时代的身份之一。我一直认为我的孩子也会像我一样。后来轮到了我儿子，结果他甚至不想坐下来让我给他读书，更不要说他自己试着读书了。

他还小的时候我尽量不表露自己的担心，很明显他3岁……4岁……5岁时，还不想读书。他6岁时，我们认识的上过学的小朋友几乎都学会了阅读，我对他迟迟没有进展保持了沉默。他7岁时，我暗中观察他，希望能看到他至少能认识一些字的迹象，可是我什么都没看到。

有一天（当时他已经8岁了），他正看着窗外的一辆小汽车。

他问我："那上面写的是僵尸（Zombie）吗？"

上面写的是"区"（Zone）。从那天开始，他开始识字了。他会认路标、广告，还有路过的商店的名字。他最初认识的字包括"出口""乐购""停"以及"免费"。看着他的时候，我几乎能感到自己的基本假设正在发生变化。一点儿没错，他本来就不需要别人教他。他正用自己的方式把一点一滴串联起来，等他准备好了的时候，该来的全来了。

我女儿还不认字，不过现在我对女儿的看法完全不一样了。我完全相信等她准备好了的时候就会认字，即便目前她说她只认识"比萨"。我的两个孩子学游泳的经历也很相似，他们不用人教就学会了游泳。

见证学习

学习认字这件事，每个孩子只会经历一次，您的孩子可能在学校就学会了。您无须等待类似的改变孩子人生的经历。有些事情能够帮助您专注于孩子眼前的学习。

下文将向您呈现一些能帮您将视角从学校教育思维转变过来的实用方法。

练习：学习日志

您需要将自己调整到您以前或许没注意过的那种学习模式。其中一种方式就是把孩子让您感到意外的时刻、能说明孩子正在思考的问题、孩子带给您的见解写成日志。人们感到焦虑时很容易陷入困境，无法感知那些奇迹时刻。现在，请把它们写在笔记本上吧。

为此，您要拓宽自己的视野，因为您的学校教育会引导您寻找有关学习阅读、数学等其他课程的证据。这样做的目的不是为了对孩子进行评估，而是为了帮您看到随处可见的学习。

自主学习的范畴远远大于学校学习，去学校化包括学会看到各种形式的学习。例如,您可能看到孩子跟其他孩子进行有效的讨价还价,或者孩子在《我的世界》中建造房子的能力越来越强。如果您觉得看不到任何形式的学习,请把他们每天做的事情写下来。过几个月再试试看。有什么变化呢?

学习可能存在的地方包括:

问题

观察

玩耍的复杂程度或多样性逐渐增加

社交互动

跟他人的关系

应对新情况的能力

自立能力增强

新的玩耍方式

电子游戏

身体技能

工艺

音乐

烹饪

自我护理

……

第九章
去学校化——将学校丢在脑后

有时看到学习并非一件容易的事情，因为我们的学校教育思维认为学习必须具备某种特别的形式。我们假定做任何事情都有正确的方式，也有错误的方式。马修（Matthew）的故事可以说明学校如何培养了他对历史的看法，因而未能看到他女儿们实实在在的学习方式。

最近马修带着他女儿们离开了学校，他充满了忧虑。看起来她们好像没学习任何东西。马修自己很喜欢历史，他试图跟自己的女儿们分享自己的这份热爱。他带她们去看有关维京人和罗马人的展览，给她们读有关埃及人的书籍。他的大女儿罗丝（Rose）很感兴趣，但她感兴趣的方式跟马修预想得非常不同。罗丝想知道那个长着红胡子的维京人一家遇到了什么事情，那个埃及奴隶有没有孩子或者那个画上的罗马男孩是否喜欢西红柿。马修很担心，因为这并非他对历史的看法。他觉得罗丝完全不得要领。

马修开始记录罗丝那些让人觉得奇怪的问题，他注意到罗丝对历史中的人文因素很感兴趣。她想了解人的故事，这就是她对已经发生的事情的理解。因此，马修开始问罗丝对于人的看法。他们开始寻找讲述过去个人生活故事的书籍和录像。罗丝开始写有关历史人物的故事。对罗丝来说，人物意味着一切。离开学校后，对她来说，她能用任何方式探索历史是最有意思的事情。如果马修能看到这一点，他就可以放下心来，跟罗丝一起享受对普通人历史的探索。

尝试新的假设

练习：假装

有时候，把我们的基本假设写出来本身就很有用，它有可能带来改变。然而，有时候您需要更主动一些。如果您觉得找到了给您去学校化进程带来麻烦的基本假设，您就可以主动尝试对其加以改变。

其中一种方法就是去找您觉得更适用于当前状况、您更喜欢的某种替代方式。

例如，如果您试图改变的基本假设是：

如果不强迫孩子，他们就不会学习。

您或许更应该相信：

如果不强迫孩子，他们可能以令人意想不到的方式进行学习。

您要做的就是挑战自己，假装相信这种新的基本假设。想象一下，如果您相信这种假设，您的行为会有何不同。

刚开始，您最好先用一个下午或一天的时间来试验。把这个新的基本假设写在一张索引卡上或者记录在手机上。如果您觉得自己的行为说明您还是认为最初的基本假设有道理，不妨

第九章
去学校化——将学校丢在脑后

> 拿出您的索引卡,读一下,想想相信这一假设的人会怎么做。
>
> 在认知疗法领域,这叫作"行为试验"。试试看会发生什么,看看情况如何。如果没用,调整一下相关状况,再试一下。

来看一个例子。

詹尼斯(Janice)因为自己10多岁的女儿梅西(Maisie)而感到非常沮丧。她已经离开学校四个月了,她做的唯一一件事情就是穿着睡衣随便躺在哪里,给她以前的朋友发信息。这让詹尼斯很恼火。她担心自己这样是在放纵梅西的不良行为,让梅西沉溺于手机,最终一事无成。

在强迫梅西起床、穿衣服和完成功课与放手让梅西整天赖在床上之间,詹尼斯左右为难。无论做什么,她都觉得糟透了。

在孩提时代,詹尼斯从来不能自己选择做什么。她每时每刻都受到严格控制。她只能把时间花在她父母赞成的活动上,如参加运动队和上音乐课等。詹尼斯认为,在这种情况下她的基本假设是:

如果让孩子进行选择,他们只会浪费自己的时间。

她决定更要相信:

如果让孩子进行选择,他们会做对自己而言重要的事情。

詹尼斯认识到，自己对梅西的强迫以及表现出来的不满让女儿无法进行自由选择。梅西的选择是对来自詹尼斯的压力的反应。因此，詹尼斯退了回来，不过她也确定自己不喜欢自己承担家里的一切事务而女儿什么也不做这种状态，她觉得这不公平。詹尼斯把自己的想法告诉了女儿，并一起制订了一个计划——詹尼斯不会干扰梅西发信息，梅西要帮妈妈网购而且每两天要做一顿饭。

没了压力，梅西决定要做一些跟发信息不一样的事情，她报名去当地的慈善商店做志愿者并开始自学弹吉他。

可是，孩子们怎么办

到目前为止，我一直专注于成年人的去学校化，这是因为通常成年人比孩子需要进行更多的去学校化。一般来说，他们至少要在学校待 10 年的时间。

然而，我把注意力放在成年人身上还有一个原因——因为我想，本书的读者，也就是您，是成年人。本书的核心前提之一就是孩子要能够选择如何学习以及学习的内容，因此让我建议您采用正规教育方法帮孩子去学校化是自相矛盾的。我从未遇到过一个跟我说自己需要去学校化的孩子，而且他们也不需要活页练习题来帮助他们。他们需要的是适合去学校化的环境。

第九章
去学校化——将学校丢在脑后

谈论学校

这并不意味着我没遇到过学会学校教育基本假设的孩子。事实上,在我遇到过的 6 岁以上的上过学的孩子当中,大部分人都公开表达过他们刚学会的有关学校的观念。他们被不上课的孩子所表现出来的现状吓坏了。他们带着不容置疑的语气告诉我的孩子们,"你们必须上学,否则找不到工作!"或者"我今年 7 岁,这么大不能再整天玩了……该干点儿正事了。"

孩子身上的学校教育假设比成年人更容易改变,因为他们对于自己更为开放。成年后,这些假设会躲藏起来,成为我们的心理状态的一部分。在孩子的童年时期,我们更容易看到他们接受这些假设并把它们加入自己的世界观的表现。只要问问孩子,学校是干什么的或者为什么必须上学,您就会明白这一点。

去学校化的环境

既然为孩子创造环境的是成年人,那么成年人也可以创造一个有利于去学校化的环境。您也可以创造一个完全阻止去学校化的环境。事实上,那并不难:您只需给孩子购买一门昂贵的课程或者报一所网校,并告诉孩子必须上课或上网校否则就回到学校去。

要实现有效的去学校化,您要向孩子保证即使他们做错了事情也不会强迫他们回学校。他们需要知道您带他们离开学校并非一种惩罚。他们还需要知道现在他们可以做出以前无法做出的选择。要让他们放松下来。这可能需要很长的时间。孩子们可能不太相信他们真的可以不去学校或者这并不是他们教育旅程当中的一次短暂转折。

或许您需要收回您说过的有关学校的一些话。例如，如果您曾告诉孩子他们必须上学否则就找不到工作，您就需要收回您的话并承认自己说错了。如果您做过让您后悔的事情，如强迫孩子上学或让他们求您不要离开，您也需要道歉。改变主意或者犯错并没有什么。哪怕您很难听进去，但让孩子能够表达上学时他们感到多么不安真的很重要。请准备好道歉以及倾听。

谈论您自己的去学校化

公开谈论您正在经历的去学校化进程、您过去的想法以及您现在的想法，可能对您有所帮助。看到随处可见的学习也能让孩子受益。如果您曾积极评价孩子的功课，您也能对孩子的在线游戏技能做出同样的评价吗？您能跟孩子一起玩而不是告诉他们该把玩具收起来做些更有成效的事情吗？

不要急于求成

如果您有所计划，可以先从孩子喜欢做的事情开始，而不是

第九章
去学校化——将学校丢在脑后

从您认为孩子应该学习的东西开始：去公园、去游泳；找一些新的冒险场地或逃脱室；找一些新的音乐；做定格动画电影；去跳蹦床或攀岩；去慈善商店或玩玩新游戏；找一些他们感兴趣的视频；听有声书或看电影；改造旧玩具或为自己印T恤衫；一起看电视。您在做这些事情的时候，不要向孩子施加压力，把东西准备好但不要坚持让他们做。不要报您必须提前付费的长期课程，也不要购买昂贵的课程。因为，为了让您的钱花得值，您可能会觉得应该强迫孩子坚持下去。

要有些耐心

去学校化进程是一个漫长的过程。学校要求孩子及其家人按照特定方式行事。不再上学后，孩子可以慢慢找到自己活在这个世界上的方式。有些时候事情进展很快，有些时候则需要慢慢来。教育人士或父母的角色在于为孩子提供一个安全的、包容的空间。

这可能需要几个月的时间而不是几天。您不能急于求成，因为您这样做会给孩子带来压力，继而引发焦虑，那么去学校化就难以为继了。

第十章
支持自主学习者

也许您翻到本章的时候，心里希望看到一系列学校的课程，还有很多小提示，告诉您如何在不损害孩子内在动机的前提下鼓励孩子学习数学和阅读。您的舒适区是数学、英语和科学，您希望了解如何确保孩子学习这些课程，尽管您在培育他们的自治能力。您希望他们能够自主学习而且还能保证有结果。

对不起，没有什么是可以保证的。您无法两者兼得。您无法让孩子学习什么东西而且还告诉他们要自己掌控自己的教育（您可以这样做，但这样的孩子不会是自主学习的孩子）。某些时候，他们也可能选择学习您认为十分重要的课程，前提是他们也觉得这些课程很重要。您可以直接提出建议，如果他们尊重您的建议，他们会听您讲，也许他们会认同您的建议。但是，如果您打算控制孩子的学习，您不能一开始就让他们做很多他们不得不做的事情。

在本章中，我打算讨论一下自主学习进程——它是什么样子以及成年人的角色。深吸一口气,退回来一步,从自己开始。

从内容到过程

换成自主教育意味着从指定内容到欣赏过程的转变。学校关心的是内容和结果,孩子应该获得什么知识和技能都是有计划的,而老师会制定相关策略帮助他们学习这些东西。学习过程没有保留信息或向他人证明孩子已经知道这些信息那么重要。对于这一点,考试前一天晚上死记硬背跟深入学习同样有效。从长远来看,奖惩可能会损害内在动机,但如果能带来考试分数的短期改善,学校就会采用奖惩措施。

当我跟成年人谈论自主教育时,他们往往会告诉我他们希望本来可以在学校就学会一些东西。他们这样做是为了向我表明自己觉得学校多么重要。有几个成功的专业人士告诉我,他们希望当初被人逼着记住乘法口诀表,他们一直觉得自己在这方面有所欠缺。有些人说他们希望当初能被逼着学习一种乐器或语言,还有些人对于自己在科学或地理知识方面的欠缺懊悔不已。按照他们的说法,好像只有在学校里面才能学到这些东西,一旦没在学校学习这些东西他们就注定会在这些方面有所欠缺。

对于自主学习者来说,这种态度毫无道理。因为,如果有人希望记住乘法口诀表或学会如何演奏长号,为什么不去学呢?为什么学校就应该是唯一能让人获得这种技能的地方呢?

在第一章中,我谈到了我们的教育体系的根源。在维多利亚时期,知识确实更难获得,学校(或图书馆)或许是人们唯一能够了解科学和数学的地方。不过,如今绝大多数家庭都有多个设备能够让他们找到关于无数个问题的相关信息。如果您不会乘法口诀,那并不是因为您不知道到哪里去查。

相比之下,自主教育专注的是学习过程,内容没有如何学习那么重要。当孩子获得了某项技能时,从这一视角来说,该技能是什么并不那么重要。他们也许并不了解毕达哥拉斯定理(勾股定理),但当他们遇到这一问题时他们知道怎么去查。他们不太可能会抱怨自己不了解毕达哥拉斯,因为没人教过他们。对他们来说,学习是一种主动的而非被动的过程。自主学习的孩子做的是他们在意的东西,而且在此过程中了解自我。

当然,从孩子的视角来说,这意味着相关内容非常重要。这就是他们做这些事情的原因。因为他们感兴趣,他们才会学那些东西。但是,从教育的视角来看,他们是否在了解粒子物理学、第二次世界大战或如何吹口琴并不那么重要。他们正在学习的是如何学习。

还记得苏伽特·米特拉、艾伦·托马斯等人对自主学习的描述吗?他们描述了一种孩子及其环境之间的协同效应。这种互动会带来学习和理解,但这些东西绝不是被迫的。这并不意味着成年人无法在该环境中提供某些东西——如果没有那些嵌在墙洞里的计算机,米特拉研究中的孩子将永远无法学会如何使用这些计算机。这意味着成年人要做好准备工作,让孩子触手可及,然后自己退出来。

第十章
支持自主学习者

促成自主学习所需要的策略包括父母要充满尊重、让孩子能找到（但不得干扰），还需要一个充满机会和挑战的环境。我将分别对这两个方面进行探讨，尽管它们彼此纠缠在一起。

在场（但不干扰）的成年人

上个周末，我妹妹带着她两岁的儿子来看我们。这个孩子一刻也闲不下来。看着他刚把锅堆起来又开始唱歌、拍视频、跳上跳下，我对于他能够毫不费力地掌控自己的学习以及这种学习的不可预测性深有感触。我们带他登上一座高塔鸟瞰巴黎，结果他大部分时间都忙着把门票塞进望远镜上的投币口。我们指着埃菲尔铁塔给他看，结果他问火车在哪里。在回家的路上，我们之间的对话基本上是关于为什么巴黎没有行人过马路的按钮（跟伦敦不同），过马路必须要等绿灯才行。

我确信他从巴黎带回家的信息不是我想向他传达的信息，而是他自己注意到的某些信息。绝大部分父母都可以接受这一点，因为很难说服小孩子专注于他们觉得无聊的东西。

不过，随着孩子年龄的增长，我们会一次次地让孩子集中注意力。我们会让他们把注意力从自己感兴趣的东西上转移开，专注于我们认为有价值的东西。我们很多人这样做的时候都是出于下意识，因为这是我们的主张。我们确信自己做的是正确的事情，让他们专注于数学而不是《我的世界》，或者专注于地理而不是抖音。为了说服他们，我们会跟他们说他们的选择没我们的选择好。

每当成年人跟孩子说他们所钟爱的东西并不重要时，孩子下次选择自己偏好的难度就会更大一些。对于孩子的生活很重要的成年人具有非常大的影响力，他们的声音会被孩子内化并带进孩子的成年生活。跟孩子说他们的选择毫无意义，会让他们成年之初完全不知道自己喜欢做些什么。两岁时对生活充满向往的孩子到了6岁时对任何事情都失去了兴趣。因为有了太多次被告知自己应该做别的事情的经历，他们已经失去了发展自己的偏好的能力。

在自主教育中，我们培育的是高质量的动机。我们希望孩子长大后能够知道根据自己的意愿而不是被逼迫做什么事情是怎样一种感觉。为此，我们必须真正地让他们进行选择。如果在此过程中您贬低孩子，声称他们的选择无足轻重，那么您就无法做到这一点。

这并不意味着成年人也要向往孩子向往的那些东西。对交通灯按钮感到厌烦没什么大不了。不过，厌烦什么东西，将其贬低为无足轻重、毫不重要的东西就不同了。您仍然可以谈论交通灯按钮，即便这让您无聊得想哭。但说不定您能学到一些新的东西。

孩子们正在学习倾听他人。如果他们能在很小的时候就开始学习倾听，那么他们永远也不会忘记如何倾听他人。两岁时他们可能还保持着自己的兴趣，但是，随着他们慢慢长大，这些兴趣会变得更加复杂。

第十章
支持自主学习者

给玫瑰染色

《爱丽丝梦游仙境》中有一个故事,红桃皇后要红色的玫瑰,但园丁们种的是白色的玫瑰。他们觉得自己唯一的选择就是把玫瑰染成红色,于是他们就那么做了。他们很怕事情泄露后因为弄虚作假而被杀头,因为他们知道被染成红色的白玫瑰跟自然长成的红玫瑰完全不是一回事儿。

爱丽丝看着眼前鞠躬的三个人,有点胆怯,"请你们告诉我,为什么要把白色玫瑰花染成红色的呢?"

老五和老七都望着老二,老二低声说:"哦,小姐,你知道,这里应该种红玫瑰的,我们弄错了,种了白玫瑰,如果皇后发现,我们全都要被杀头的。小姐,你看,我们正在尽最大努力,要在皇后驾临前,把……"就在这时,一直在焦虑地张望的老五,突然喊道:"皇后!皇后!"这三个园丁立即脸朝下趴下了。这时传来了许多脚步声,爱丽丝好奇地审视着,想看看皇后长什么样。

《爱丽丝梦游仙境》,路易丝·卡罗尔

这正是我们对孩子做的事情,我们试图把他们塑造成并非他们自己选择的样子。我们让他们害怕暴露自己,即便他们已经尽了自己的最大努力,竭力假装自己就是那个他们觉得我们希望他们成为的那个人。他们学会了向世界展示一种假象而把真实的自己隐藏起来。花园中不能种满各种色彩的玫瑰,也不能有其他花,这毫无道理。

紧跟孩子们的问题

孩子会提出问题。小孩子会问个不停,一直问到父母筋疲力尽。他们的好奇心在驱动着他们学习,因此,无论是通过他们自己的探索或是跟他人的讨论,他们需要有机会找到答案。自主学习与上学之间的一个关键不同在于焦点始终围绕着孩子的问题,因此他们会继续问下去。随着孩子年龄的增长,他们的问题会变得越来越复杂,但他们的好奇心依然如故。

学校问的问题是不一样的,孩子们很快就能了解到这一点。在学校,所有问题都必须围绕既定主题。孩子不能在历史课上问彩虹是怎么形成的。孩子可以问的问题应该能帮他们理解别人教他们的东西,而不能问究竟为什么要学那个东西或为什么一定要在学校上这么多年的学。

学校会问孩子很多问题,但这些问题也并非随便的问题。老师问问题的时候,他们知道自己想听到什么样的答案。这种问题不是为了询问,而是一种测试。孩子知道这一点,他们要做的就是努力猜测老师希望听到的回答是什么。

对问题进行回应是促进自主教育至关重要的一部分。这并不意味着您什么时候都需要知道答案,但您要鼓励这一过程。

自主学习的孩子会继续提很多求教性的问题,而此时上学的

第十章
支持自主学习者

孩子早就不再问这种问题了。成年人不必知道所有问题的答案，但他们需要倾听并认真对待这种问题。家里有自主学习的孩子的其他家庭成员是非常重要的资源。当孩子还不认字或还不会查东西的时候，成年人或大一些的孩子需要扮演这种角色，或者替他们找能对"鱼怎么生宝宝""为什么苹果会上市"这种问题进行解释的视频。即使孩子还不会打字，他们很快也能学会向 Siri 或 Alexa 提问，但跟别人一起寻找问题的答案具有一种特性。在这一关系中，孩子们会提出很多新观点。

任何东西都能让孩子提出问题。广告上的一个短语、某人随意的一句评论，随后他们就会开始提问、寻找答案并分享他们的假设。这些问题很重要——它们是引起一系列自主学习的火花，体现了一种跟他人建立关联并向他人学习的愿望。

随着孩子渐渐长大，他们会要求获得更为详尽的答案。对前几代人来说，这可能是一个问题，但对于身处 21 世纪的绝大部分孩子来说，互联网触手可及。您也要提出问题，让孩子看到您也在寻找答案。

有些孩子会一次次问重复性的问题，其原因可能在于他们还没有得到想要的答案。不过，对某些孩子来说，原因可能是他们难以从一个问题换到另一个问题。您把答案录下来或写下来可能会有所帮助，然后您可以说："这个问题你已经问了很多遍了，我们想一个别的问题好吗？"随着孩子年龄的增长，他们慢慢地可以反思这一过程，或许还会谈到自己为什么会问相同的问题以及自己希望听到怎样的答案。问重复性的问题也可能是焦虑的一个标志，在这种情况下，您需要想想可能造成孩子焦虑的原因以及您有什么方法可以帮助他们。

见证他人的学习

去年我决定学习针织。小的时候，我连结都不会打，我尝试织的东西到处都是洞。因此，我弄到了一个钩针和一些毛线，并在网上看了一些视频。我女儿的兴趣一下子来了，她会跟我一起观看。我跟她说我觉得针织好难，根本不知道从哪里下手。她给了我很多鼓励，还跟我说她觉得我能做得到，只是需要一些练习罢了。我们一起织了一个手链。我想也许她会学习针织，于是我试图教她怎么织。但她自己对针织并没什么兴趣，她更喜欢看我织。所以，我硬着头皮织了下去，终于给她织了一顶帽子，而且除了刻意留的洞之外，其他地方一个洞都没有。她说她为我感到骄傲。

孩子需要看到成年人正在学习，以及成年人也有力有不逮的时候。往往成年人非常擅长诸如阅读、烹饪或上网搜索之类的事情。孩子们可能觉得成年人无所不能，永远也不需要学习。把学习过程展现在他们面前，谈论您如何学习做什么事情；或者，您可以找些事情从头开始学，这样的效果可能会更好。向孩子表明，虽然您是个新手，但您并不畏惧。跟他们谈谈您的思考过程，这样他们就能听到这件事对您来说是怎样的。我们需要创造一种环境，人们在这种环境中学习时可能会犯错误、不知道如何下手但仍然会坚持做下去。在这种环境中,最重要的是过程而不是终点。

关联

自主教育很重要的一环就是跟他人建立关联。这一过程中会有大量的学习行为,如果孩子在该过程中能遇到自己的家人或文化背景之外的人,这种行为会特别多。再说一次,自主教育的目的始终是为了打开这个世界并创造机会。

对于所有人来说,跟他人建立密切的关系非常重要。就自主教育而言,有些人认为关联是该过程中至关重要的一环。特别的是,非学校教育者往往不太考虑自身所处环境的实用性,他们在意的是情感和关系方面。他们把家庭看作孩子环境中的一个关键部分。帕蒂森和托马斯的研究探讨了孩子与父母之间的互动,以及这段关系中要有些什么孩子才能够进行学习。对于推行家庭教育的家庭来说,这种密切学习的关系非常独特:父母非常清楚孩子学些什么,但不是因为他们对孩子进行了测试,而是因为他们每天都在跟孩子进行谈话。

有些非学校教育者把父母和孩子之间的关系比喻为跳舞——父母知道在哪里落脚以及何时对孩子提供支持,因此他们能够在恰当的时机采取恰当的干预措施。这听起来十分复杂,其实这是一种直觉行为——所有父母都会这样对待他们的孩子。他们想都不用想就会根据孩子的发育水平调整自己的言行。我们跟两岁的孩子说话的方式与我们跟 10 岁的孩子说话的方式完全不同，而我们无须为此制订什么计划。

父母可能需要刻意为孩子建立更广泛的关联，在孩子较小的时候尤其如此。不论孩子跟父母的关系多好，孩子应该还有其他可以信任、对话或学习的成年人，这很重要。这些人可能包括大家庭的成员、家人的朋友、发小、活动领袖或社区的其他成员。他们应该乐于跟孩子建立持续的关系。

关于边界

对父母来说，"边界"一词可能有些令人反感，因为某些行为主义专家所说的"边界"指的是给孩子树立某些专断的限制并死板地遵守这些限制。因此，边界可能包括孩子必须单独睡觉或您让孩子离开游乐场时他们必须离开。

边界不一定是专断性的或控制性的。人们可能把它们视为每个人的心理空间。定义为：在不伤害自身的前提下，人们所能容忍的东西的无形界限。这种边界可能包括人们需要多长的睡眠时间、独处时间以及保持健康要做多少锻炼等。它们还包括人们希望别人对待自己的方式、某人接受他人感受的程度等。往往婴儿会践踏父母所有的边界，因为他们的需求非常强烈而且他们还没学会等待。幼儿会打自己的父母、坐在他们的脸上，一般来说他们想怎么对待父母就怎么对待父母。这是很正常的事情。

然而，随着孩子渐渐长大，某些父母可能不会重新树立自己

第十章
支持自主学习者

的边界。学校为绝大部分家庭在童年时期孩子对父母的依赖与中学生的独立之间提供了喘息之机。失去这一机会后，某些父母会继续牺牲自己的需求。这已经变成了他们的第二天性。有些非主流育儿专家非常赞同这一做法。有一种育儿之道和去学校化鼓励父母尽可能少对孩子说"不"，尽可能说"好的"。

我们怎么做，孩子就会怎么学。我们希望他们长大后能够守住自己的边界，该说"不"就说"不"，同时也要尊重他人说的"不"。只尊重孩子们所说的"不"是不够的，我们还要帮助他们尊重我们所说的"不"。

相比整个家庭的需求，父母往往更看重家庭的安宁。这意味着家里声音最大的人权力最大，因为他们抗议的时间最长。创造学习环境包括确保每个人的声音都能被大家听到。

说"不"或坚持每个人的声音都应该被听到，可能会让某些孩子觉得非常苦恼。您的反应以及您为何觉得他们如此苦恼取决于孩子的发育年龄。很多孩子感到苦恼是因为他们非常焦虑，而减轻焦虑最好的方法就是练习做让自己焦虑的事情。如果您一直基于避免苦恼和焦虑来做出决定，孩子就没机会学习如何管理这些情绪。

有效的自主学习包括了解自己的边界以及保护家里每个人的边界和需求。

无差别的学习与玩耍

孩子上学之前，他们做的任何事情可能只被当作玩耍或取乐。一旦开始上学，整个世界就会被分为"学习"或"不太重要的事情"。"学习"必然会涉及要做一些成年人为孩子计划好的事情。学校认为这种学习比其他任何事情都更加重要，甚至会阻止孩子跟家人外出度假，因为学校认为学习就要坐在教室里才行。

这种对于学校学习重要性的言过其实，意味着学校认为自己有理由不让孩子做自己喜欢的事情，以便要求他们做些别的事情。小一些的孩子对这种事情的抵触更为强烈，因此学校让他们做的活动更接近于他们本来就会选择的事情。人们将其称为"基于玩耍的学习"。然而，大一些的孩子往往要花很多时间去做别人为自己选择的事情。他们被告知自己选择的事情没有学校为他们选择的事情有价值。

育儿很容易陷入相同的模式，因为父母试图让孩子远离他们认为毫无价值的活动。举例来说，即使那些主张孩子可以通过玩耍进行学习的父母，也更喜欢让孩子做手工、玩棋盘游戏或到户外玩耍而不是玩电子游戏或警察与小偷的游戏。说服孩子不要玩自己更喜欢的游戏变成了一场日常战斗。为了赢得这场战斗，父母要用尽各种策略。

我们来认识一下汉娜（Hannah）。

汉娜喜欢扮演匪徒。她抓起一个东西，就假装那是一把枪，拿着它朝孩子们射击。如果手上没有"枪"，她就把自己的手指当枪。她和自己的朋友一边跑一边喊"砰……砰……砰"，然后躺到地板上。她的父母都很温柔而平和，他们被汉娜吓坏了。这完全不是他们曾以为的想象游戏的样子。他们搭了一个"过家

第十章
支持自主学习者

家"角落并给了汉娜很多布娃娃。他们为她买了医生换装系列服装，鼓励她玩扮演医生的游戏。汉娜对着那些布娃娃射击，然后穿着医生服饰演了一幕救治的场景。

汉娜的父母跟汉娜聊了好几次，跟她说射击是多么严重的事情以及不应该玩死亡游戏。汉娜意识到这意味着父母不赞同匪徒游戏。她开始把这种游戏转入"地下"，父母不在的时候或在朋友家的时候她会悄悄地玩这种游戏。

出于绝望，她的父母禁止她再玩匪徒游戏。第二天，汉娜又朝着别人"射击"。爸爸提醒她匪徒游戏已经被禁止的时候，汉娜解释说她的新游戏叫作"拯救者"。她要从坏人那里救人，当然，要救人她就需要朝坏人开枪。这有什么问题呢？

父母们很难接受暴力类游戏。很多父母都担心，如果允许孩子玩这种游戏，就会使他们在真实生活中变得很暴力。他们会禁止孩子玩暴力类电子游戏。有些小学甚至不允许孩子在操场上一边用手指着对方一边喊"砰"，声称不应该把玩耍中的射击当作无足轻重的事情。

个人认为，这种说法是没弄清楚玩耍的意义。孩子的玩耍并非无足轻重或无关紧要。这是孩子跟这个世界进行互动的方式。他们利用这种方式探索各种理念和概念，应对自己周围世界中的难题。说某个孩子不应该玩什么就相当于说成年人不应该谈论什么。我们可以通过孩子的玩耍了解他们的想法，但是，如果我们不让他们玩，我们就阻止了他们之间的沟通。

难民营里的孩子会模拟自己的经历，集中营里的孩子会把自己的所见所闻拿来做游戏，经历过可怕事情的孩子会把这种经历拿来做游戏，这只是孩子理解事物的方式。

然而，玩暴力类游戏并不一定意味着这个孩子正在遭受伤害。这可能意味着他们正在探索死亡和受伤。也许拥有一把假枪会让他们觉得自己更强大；也许他们只是在模仿在电视上看过的节目。孩子周围的成年人也许并不理解他们玩这种游戏的目的，但是，如果他们非要玩这种游戏，他们一定有自己的目的。

跟孩子打成一片

跟把孩子拉开相反的就是加入他们。要加入他们，您只需跟他们待在一起。如果他们玩《我的世界》，就跟他们一起玩；如果他们在制作珠宝，您就学习如何制作或者只是看着他们做；如果他们想学习阿拉伯语，那么您也可以试一下。坐在孩子旁边，保持好奇心——但不要说三道四——就是一个好的开始。不要跟他们说该把平板电脑收起来了，不要批评他们选的游戏，不要问他们还要在那里坐多久，不要命令他们为您说明或解释什么——您只要观察和评论而不要质疑。

让某些父母不质疑是一件很困难的事情。我们习惯于让孩子告诉我们一些事情或让他们解释为什么要做这些事情。有时候，我们是在找机会教他们一些东西。但是，对孩子来说，他们可能会觉得成年人总是让自己难堪，而且总要为自己的行为做出解释。为了避免这种状况，成年人可以说一些不需要回答的话。不

第十章
支持自主学习者

要说"你正在干什么",试试说"这个游戏看起来挺有意思"。不要说"你为什么要玩这个",试试说"这个看起来有点难搞"。

加入孩子,您会让他们感觉受到了重视,您会向他们表明自己对他们感兴趣的东西也感兴趣。您还能跟他们建立一种关系,这种关系不需要他们做些您希望他们做的事情。将来,他们可以利用这一经历跟他人建立关系。

动手去做,不要只是学习如何去做

约翰·霍尔特是一位教育家也是一位作家,被很多人视为去学校化教育的创始人。在他的著作中,他阐述了孩子们如何通过做自己想做的事情进行学习。最初,在成年人看来,孩子们看上去毫无竞争力,但他们一直没停下来。他们通过看书、翻页或思考路标上的内容来学习阅读。他们通过听别人讲话、加入对方的谈话来学会说话,刚开始他们可能只是牙牙学语,时间长了他们就能说一些单词。学校会在脱离背景的情况下教孩子一些技能,学校相信以后他们有能力做自己想做的事情。在自主教育中,孩子们想做什么马上就会去做,通过这种方式,他们能学会拥有竞争力所需要的技能。

有一天早上,我女儿因为得了水痘从她所在的那所法国自主学习学校回到了家里。她已经过了传染期,但身上还有一个水痘。她离开之前,我想教给她一个我觉得对她可能有用的法语单词——"contagieux",就是英语中的"infectious"(传染性的,如

"I am not infectious any more",意思是"我现在不会传染别人了")。她有些怀疑地看了我一眼。"别人说话的时候我会跟着学,我就是这样学单词的。他们说什么我也说什么,这就是我学习的方式。我不需要你来告诉我。"

我听懂了,不再说话了。她是通过行动来学法语的。我试图帮她做好准备的努力不受欢迎也没必要。

充满机会的环境

孩子们从周围的世界中学习。他们不需要很多昂贵的玩具,但他们需要机会。他们需要有机会走出家门,到外面更大的世界去学习。

孩子们需要一个随着自己的成长而不断进化的环境。只要有各个年龄段的孩子,自主学习学校就能够提供一个不断变化的环境,但推行家庭教育的父母需要主动提前考虑。8岁以下的孩子最喜欢在树林里挖洞穴,到乡下去可能是最理想的选择,但如果孩子已经14岁了而且每天只有两班公交车开往城里,去乡下可能就很难了。

限制与约束

出于善意的成年人往往会花费很大的精力用于限制孩子的学习环境。他们会对孩子使用电子设备进行约束或者告诉他们只能

第十章
支持自主学习者

阅读适合他们层次的图书。我遇到过一些父母，他们会对孩子能在户外玩多久进行限制，他们认为孩子应该把时间花在更"值得"的活动上，如阅读或学数学等。当然，学校对任何事情都会加以限制。从外出时间、午休时间、锻炼时间、体育时间，到阅读小说以及上英语课，学校都会加以限制。它们创造了一个充满各种约束、各种学生不能做的事情的环境。

虽然由于安全原因某些约束是必要的，但成年人随时反思一下自己为什么要阻止孩子是很有益处的。如果是因为您认为孩子"在浪费时间"，也许您现在应该退后一步，加入孩子而不是约束孩子。

试图阻止孩子的父母很少会花时间观察孩子到底在做什么。很多父母言之凿凿地跟我说他们必须限制孩子玩《我的世界》、上网的时间以及"屏幕时间"。我问他们孩子们如何使用这些东西的时候，他们并不清楚。他们从未跟孩子一起玩过《我的世界》，或坐下来看他们用"屏幕时间"做什么。他们往往也不知道孩子喜欢的游戏怎么玩。他们在不太了解自己限制的东西的情况下就进行了限制。例如，当他们听说《我的世界》是一个极具创意和社交性的"沙箱"游戏时往往会感到非常惊讶。

我问他们，如果他们坐下来跟孩子一起按孩子的方式玩的时候会注意到什么？如果他们去找真正有益的新游戏而不是一心限制孩子会怎样？如果他们把虚拟世界看成一种学习环境，他们会拿什么让孩子进行发现？

专注于限制的影响是双重的。一方面，孩子跟父母会因为本来可以成为彼此关联机会的东西而争执不休；另一方面，孩子会把自己的时间花在很多低质量的活动上面，因为父母有"我们不花钱买应用"这样的规矩。如果每天孩子只能有 30 分钟的"屏幕时间"，他们不会冒险探索新鲜事物。他们会只顾着看自己熟悉的东西，因此会进一步限制他们的经历。

我们学习如何生活

我儿子 4 岁时，他所有的朋友都去上学了。突然之间，我们成了待在家里或游乐场上的唯一一家。他好像并不在意，但我很在意。我很快感觉到了孤独。我那些老朋友似乎也没兴趣跟我们见面，他们有了一个新的送孩子上学的妈妈群。我们试图结识新朋友时，好像事情总是不顺，就像某次我们跟当地另一个接受家庭教育的孩子一起出去的时候那样糟糕。我本以为他们相处得很好，我觉得儿子可能结交到了新朋友，为此我还挺开心。

第二天，我收到了一封电子邮件，从邮件中我得知我不在的时候，我儿子冲那个孩子吐口水还踢了他，那个孩子再也不想见我儿子了。他是唯一一个离我们不远的接受家庭教育的孩子。我觉得脸被丢尽了。周围没几家跟我们一样做出类似的选择，每次事故都像一场灾难。

我花了很长时间才缓过来。我一直觉得其他家庭是在容忍我们，其实他们根本不想理我们。果不其然，我们没交到多少朋友。我们不加入当地的一些群体，因为我儿子拒绝加入这些群体,他疏远当地所有的孩子,这让我非常害怕。

后来,我意识到,我们这样做就相当于剥夺了儿子学习如何跟其他孩子相处的机会。孩子只能从环境中有的东西当中进行学习。我们躲着其他孩子,他的社交技能就不会改善。

我下定决心要改变这种情况。我在网上找到了一些新的家庭,准备结交新的朋友。我为孩子们找到了很多好玩的事情。我邀请他们吃披萨。我像老鹰一样盯着儿子,教他如何跟其他孩子相处。我坚持不懈,即使孩子们一整个下午都互不理睬。有些时候,我们都挺难受。不过我们还是坚持了下来,一次次道歉,一次次尝试。他们之间开始有了真正的友谊,有些一直延续到了今天。

其他人很重要,对于那些难以跟他人相处的孩子来说,他们特别重要。对某些家庭来说,社交就像跟其他家庭会面或加入当地群体那样简单;对其他人来说,他们却要花费很多力气。当我的儿子跟其他孩子特别难以相处的时候,我们找到了一些愿意来我们家的成年人。我们找到了一个当地的接受家庭教育的十几岁的孩子,他每个星期来看我们,跟我的儿子一起玩。我们邀请了他的家里人过来好让我儿子认识其他成年人,尽管他拒绝跟他们说话。慢慢地,事情开始有了变化。

好心好意

毕业后,我去了非洲的博茨瓦纳,在一家残障儿童康复中心做志愿者。我们跟孩子们一起玩,帮他们洗刷、穿衣,帮他们完成其他日常活动。这些孩子大部分都患有脑瘫,有些孩子还有其他问题,如成骨不全或四肢缺失等。那里有一位叫作凯西(Cathy)的心理治疗师。凯西严肃而认真,有一天她对我说:"你知道吗,有些孩子比你还能干。你不要替他们做他们的事情,因为你正在偷走他们学习的机会。"这种说法非常有力,我被震撼到了。我偷走了他们的东西?我只是想帮他们!这么做让我感觉良好,他们很开心,我也很开心——问题出在了哪里呢?

我想悄悄地抱怨说凯西不知道自己在说什么,不过我忍住了没说话,只是看着她。我很快就明白了她的意思。她没有给孩子们洗刷或穿衣。她把孩子们的袜子给他们并向他们展示如何穿袜子。然后,她希望他们自己试试。有的孩子会哭。对于患有严重脑瘫的人来说,穿袜子确实非常困难。有些孩子求她给自己穿袜子,但她拒绝了。她说:"你们来这里是学习如何独立的,如果什么事情都让别人替你们做,你们就没法学会独立。"这些孩子进行了尝试,他们确实在学习。对于我而言,所有人都很开心,谁都没哭。但是,他们谁也学不会穿袜子。

这些孩子来自博茨瓦纳的郊区。他们被带到这所康复中心来,以便他们能够学会余生都需要的日常生活技能。将孩子带离其父母身边来做这些事情的体系能力有限。该中心的成员跟我讲了很多关于孩子们的故事。有些孩子回家后,几个月后中心成员去他们家时发现那些孩子已经忘记了怎么做事情,他们的轮椅被放在角落里从来没用过。他们慈爱的父母又回到家里,承包了孩

第十章
支持自主学习者

子的一切。虽然说为一个可爱的 6 岁的儿童包办一切没什么，但为一个 18 岁仍不会穿内裤的孩子包办一切就不同了。

自主教育存在一种危险，有些父母会把它诠释为孩子永远不用做自己不想做的事情。完全出于善意的父母为自己的孩子创造了一个环境，在那里所有的一切都是量身定做的，而孩子根本没有学习的空间。父母把食物送到他们嘴边，替他们解决问题，满足他们的所有需求。看起来一切正常，每个人都很开心，只不过，过了一段时间后，父母累垮了，而孩子已经完全依赖上了自己的父母。为了实现发展，我们都需要走出自己的舒适区。对某些人来说，这可能让人苦恼，但不能总是拿苦恼当作退缩的借口。

带着这种心态，我们来认识一下喜欢妈妈为她做的花生酱百吉饼的艾丽丝（Alice）。艾丽丝只要说"一块百吉饼好吗"，就会得到一块百吉饼。从艾丽丝两岁时情况就是如此，而现在她已经 10 岁了。艾丽丝对这种状况感到很开心，但她妈妈已经受不了了。她跟艾丽丝说现在她该学会自己做百吉饼了。艾丽丝表示拒绝，她喜欢妈妈为自己做百吉饼，这能让她感觉到妈妈的爱。而且，让艾丽丝自己给自己烤百吉饼也太难了。

艾丽丝的妈妈态度很坚决。艾丽丝大发脾气，哭闹个不停，还说她再也不吃百吉饼了。艾丽丝的妈妈说"那好呀"，但表示只要艾丽丝愿意，随时愿意教她学习怎么做百吉饼。第二天，艾丽丝过来问妈妈能否教她做百吉饼。这事儿很不容易，她不知道怎么切百吉饼，也不知道怎么涂花生酱，不过，她每做一次就会觉得简单一些。两个月后，艾丽丝已经可以经常做百吉饼，而且对于自己做小吃的新能力感到很骄傲。

一个家庭中的某种情形可能极其稳定、看起来也让人开心，但也让孩子缺乏学习的机会。有时候，人们需要打破常规。举例来说，想想您认识的从未学过烹饪或自我照顾的成年人（对我而言，他们都是男性，不过我不想一概而论）。他们小的时候，这些事情都是妈妈替他们做的，结婚后妻子替他们做。女人总是负责做饭和照顾家庭，而男人（可能也包括某些女人）从不觉得有什么理由要改变这种状况。他们年龄大一些之后，他们的女儿又会顶上收拾残局。每个人都觉得自己做不了，而这种看法会变成事实。生活是围绕他们技能的缺乏而组织起来的，从而夺走了他们学习的机会。

如果我们想都不想就去满足孩子的需求，也会夺走他们学习的机会。从长远来说，阻止某人学习生活技能不利于他们的发展，即便这样做是出于一种培育或呵护的意图。

自主教育的基本技能

布雷克·波尔斯（Blake Boles）花了多年时间来思考自主学习。他的事业就是非学校冒险，负责组织让非学校教育者在没有父母陪同的情况下外出旅行。他写了几部有关自主学习的专著。他跟我就去学校化、自主学习以及自主学习的真正含义是什么进行过非常热烈的讨论。对他来说，自主学习就是学习如何管理自

第十章
支持自主学习者

己的动机。

"非学校教育者的特别之处在于,他们能在还没承担任何经济责任的时候体验内在动机。一旦某个孩子到了18岁,他多多少少都会承担某些经济责任。这也是我们为什么说现在你必须具有更强的内在动机的原因。有一个转折点。通过让孩子长期沉浸式地体验如何应对内在动机的真正挑战,即自主学习的挑战,从而让他们对内在动机做好准备。"

沉浸式地应对内在动机的体验?如果想想第二章,您就会记得我认为人们可以把自主学习当成彻底的、杂乱而不可预测的沉浸式学习。如果我们也认为自主教育是一种对于内在动机的沉浸式体验,那么它就会让我们再上一个台阶。自主学习的孩子得到的是重复性的有关学习如何管理自我、愿望、挫折以及弄清楚自己希望如何跟这个世界互动的体验。没有了强制性的课程意味着他们可以沉浸式地体验决策和责任,因为他们才是掌控自己生活的人。

由此说来,我们可以说自主教育的基本技能就是自我调解的技能。其中包括知道自己想做什么的能力、管理自己情绪的能力以及对自己生活负责的能力,还有在周围的人都说"可以"的时候说"不"的能力,因为您了解自己也了解自己的偏好。

有时候这并不意味着自主学习的孩子容易培养。在我认识的父母当中,人们公认有些孩子会对我们所认为的好的建议说"不"。人们往往会尊重这种"拒绝",即便这样做会有麻烦。没人认为所有人都会加入进来。每次社交聚会时,总会有一两个孩子拿着平板电脑躲在角落里玩。在这种聚会上,人们往往假定所有人都必须参与进来,人们组织了游戏时尤其如此。此外,还有一些假设,例如你不应该带着平板电脑来参加社交活动等。上学的孩子也许会接受这种潜规则,认为事情本来就是如此,但自主学习的孩子会觉得这些规则很奇怪,因为那些总是打电话的成年人又怎么说呢?

在自己的环境中孩子需要获得感情上的安全感,因为人们感觉安全时学习效果最好。孩子需要觉得没人给自己施压;他们需要感觉被人接受自己本来的样子,即便是自己最糟糕的样子;他们需要知道别人对自己的爱和尊重并不取决于他们的行为;他们需要感觉自己的世界跟他人是有关联的,他们属于比自己更大的某个东西的一部分。只有到那时,他们才会开始探索。

如何才能知道自主学习正在起作用呢

您或许会想,说得都挺好的,但是,我怎么知道孩子是否正在按照应该有的方式学习呢?

去看看那些正忙于自己所做事情的孩子或青少年,无论他们是在堆泥巴还是在学习吹喇叭。自主学习的成功就在那里,在孩子跟这个世界关联的方式中,在这个世界对他们张开的双臂中。

这种学习可能是您意料不到的,也可能不是您会选择的那种学习。这种学习必然不会走寻常路。这没关系。真正重要的是孩子参与和学习的质量,因为他们正在学习如何找到自己在这个世界中的位置。他们正在学习靠自己出类拔萃。

如果您看不到孩子正在投入到任何一件事情上,那么您还远未到达去学校化阶段(孩子每在学校或在家上学一年,去学校化至少需要一个月的时间),您应该回到最基础的地方。首先,您是否对孩子真正投入其中的事情感到不屑一顾?您是否小看了他们建立的友谊或他们选择打发时间的方式?如果没有,那么您能做出怎样的改变?您如何才能帮助他们,使他们自治或有竞争力?他们做什么,您才会加入他们?

如果您问他们并认真倾听,他们会说问题出在哪里?

第十一章

幸福感
——看到其他人不想看到的东西

为什么现代的孩子这么不开心？好像每过几个月媒体上就会有关于焦虑、抑郁或者儿童心理健康服务供不应求的文章。孩子们不仅不开心，而且还越来越不开心。世界卫生组织声称，全世界范围内有10%~20%的孩子患有心理健康问题。这相当于有数百万孩子感到极其苦恼。这是怎么回事儿呢？

主动寻找原因者不乏其人。电子设备、佛系父母、欺凌、父母离婚、考试太多、压力过大、外出时间不足、期待值低、沉溺于电子游戏……好像没什么事情不会让孩子不开心或不焦虑。每个人都有自己钟爱的理论，很多专家建议父母针对孩子要做出改变，如禁止他们使用手持设备、让孩子多接触大自然或确保孩子经常能有一对一的时间。

正如这个社会的模式一样，我们首先从个人层面寻找解释。肯定是他们的父母哪里做得不对。由于望子成龙的父母时时刻刻盯着孩子、事事参与，孩子感到非常焦虑；或者由于父母一直玩

第十一章
幸福感——看到其他人不想看到的东西

手机,孩子得不到足够的人与人之间的互动。对孩子表扬太多的父母据说会让孩子长大后一事无成,而从不表扬孩子的父母又会被认为太挑剔、对孩子不够温和。很多父母也不太开心,这并不奇怪。

在本章中,我将首先解释一下压力与控制之间的关系,我会探讨学校对某些孩子心理健康的负面影响及其原因。然后我会探讨孩子们在情绪方面遇到的不同难题并提出一些建议。

问题到底是什么

当我们把眼光放得更远,就会发现孩子感到忧心忡忡并不令人奇怪。如今的孩子毫不费力就能获得来自世界各地的大量信息。人们无法对他们隐藏各种新闻,而大部分新闻都令人不安。

此外,大部分孩子整天生活在一种对他们提出非常具体、非常严苛的要求的环境之中,而他们对于这些要求几乎没有任何发言权。如果他们拒绝配合,据说他们可能会受到学校的排挤或者患上"学校恐惧症"。人们往往觉得这种焦虑毫无道理,有点儿像有人害怕蜘蛛那样可笑。但是,拒绝上学就毫无道理吗?我们不要假定忧心忡忡的孩子肯定患有障碍,而要先考虑一下学校的环境能否让所有孩子茁壮成长。

一旦孩子进入校门,他们就放弃了很多控制权。他们不能选择什么时候吃饭或什么时候上厕所。他们不能留自己喜欢的发型或带自己心爱的东西去学校。别人说什么他们就要做什么,而且还要接受相应的评估。他们唯一的选择就是是否服从。如果他们不服从，他们就会陷入麻烦。对他们的要求很多，而他们毫无隐私。绝大部分成年人都会拒绝忍受这种状况，没有报酬时尤其如此，但我们期望孩子在整个童年时期都能挺过去。把对这种状况的抵触归结为一种心理问题，似乎是没搞清状况。

控制与压力

离开学校后，我找到的第一份工作是在一家叫作德鲁克（Druckers）的手工蛋糕工厂上班。我们为全伯明翰的自助餐馆制作法式糕点。当时我想这份工作应该可以，我只需要上班、赚钱、回家，然后过工作时间之外的生活。

每天早上进入工厂的时候，我必须先穿上工作服——白色木底鞋、蓝白格子裤、白色围裙，还有一顶白色头巾式女帽。准备好之后，我才能打卡。我们的主管戴夫（Dave）喊所有女性"宝贝"。他会告诉我站到传送带的什么位置。我们制作水果蛋糕，我会拿着一大碗橘子瓣。每个蛋糕从我面前过去时，我要很小心地放上三片橘子，然后蛋糕会传到莎拉（Sara）那边去，她负责放猕猴桃片。最后，阿曼达（Amanda）会用热浆汁喷枪给蛋糕喷凝胶进行定型。

我从早上9点工作到下午6点，什么时候休息，我说了完全不算，戴夫说了算。有时候我从9点开始上班，10点时他让我休息，中午12点吃午饭，然后从12点三刻开始我就没有休息时间

第十一章
幸福感——看到其他人不想看到的东西

了,要一直干到下午6点。

很快我注意到有一种非官方的工作等级,而流水线工属于低得不能再低的那种。如果主管喜欢你,你可能晋升为喷枪工。如果你偶尔漏放了水果或把无核小蜜橘放反了,你就没机会了。

放了两个星期橘子后,晚上睡觉时我开始梦到蛋糕。在我的梦里,传送带越来越快,我在后面拼命地追,试图把橘子片放正。

我不知道戴夫为什么不让我放橘子了。或许他注意到我面无表情,觉得我需要换一换工作才能打起精神来;或许因为某个新来的雇员要先从放橘子开始。我和戴夫在工厂从未聊过天。我们不能冒错过任何一个蛋糕的风险,而且工厂里也吵得要命。人来人往,只有碰巧一起午休时我们才能认识彼此。

不管怎样,我换到了空心甜饼机那边。那是一个巨大的金属圆锥体,里面装满了奶油,中间位置有两个长长的金属锥。甜饼顺着传送带过来的时候,我就要抓起来两个把它们套到那两个金属锥上,然后"哐"的一声,甜饼机给它们注满奶油。哐……哐……哐……机器启动后会有规律地把奶油从金属锥里喷出来。我必须跟上节奏,否则奶油就会喷我一身。

我在那里每天要待8个小时,尽可能快地把甜饼放到金属锥上,以免被喷得全身都是奶油。如果戴夫觉得我动作不够快,他就会过来把机器调快:哐——哐——哐——哐——哐——喷射。他会大声地喊:"跟上,宝贝们!"

很快我的睡梦里充满了"哐哐哐"的声音和奶油。我开始失眠了。下班后我什么也做不了。与此同时,我一直觉得很焦虑、很紧张。周末的时候,我对周一充满了恐惧。上班的时候,我就蜕变成了一个老出毛病的机器人。我什么也控制不了。

尽管当时我很缺钱,但我还是做不下去了。我撑了四个星期。我递交辞职信时,戴夫笑了。

很多人觉得压力最大的工作是那些顶层的工作,您有权力决定成千上万名雇员未来的工作或者能让公司避免破产。大家这么想很符合在这些职位的人的想法,因为这让他们拿高薪时心安理得。人们选择一份自己没得选或毫无控制权的工作,并且相信这样压力会小一些,这种事儿非常常见。

事实上,相关研究表明事实正好相反。自己毫无控制权的工作才是压力最大的工作。领导的压力要比那些处于下层的人小。感觉自己有主动权比工作难做等因素更为重要。

这与我此前探讨过的有关自决理论的研究非常吻合。自决理论是一个有关动机的理论,它表明自主力、归属感和能力会强化内在动机。自主能力是指能做出有意义的选择、对自己生活有所控制的能力。如果剥夺了人们的自主能力,就剥夺了他们的乐趣。我在德鲁克上班的经历就是如此。当时,除了辞职,我毫无控制权。上学的孩子甚至连离开的选择都没有,而我们还不清楚他们为什么不开心吗?

人们需要自主力

大量研究表明,自主力关乎更大的幸福感。如果人们能选择

第十一章
幸福感——看到其他人不想看到的东西

自己做什么，而且想不干就可以不干，他们对于这个世界、对于自身就会有更好的体验。理查德·瑞安（Richard Ryan）和他的同事们发现，周末时大学生和个人的健康会变好，这就是所谓的"周末效应"。即便是那些周末上班的人往往也会自己决定上班的时间和方式。因此，跟工作日相比，他们的自主性会更高一些。

声称自己上班时拥有高度幸福感的人往往是那些——您猜得没错——对自己做什么具有更大自主力的人。

当然，有些人不得不做自主性很差的工作。有时候人们会被要求用完全相同的方式做手头上的工作，有时候这些要求会非常精确。不过，即便在做这类工作时，人们也能以多种方式获得自主力。在德鲁克上班时，本来人们也可以让我选择什么时候休息或者按我的想法给那台甜饼机设定速度。甚至，人们也可以问我想放橘子还是草莓片。

在学校复制这种低自主力体系有什么好处不得而知。只是因为某些工作没多少选择就让孩子在学校待12年、让他们体验毫无权力的感觉，这是说不通的。学校体系会随着孩子年龄的增长逐渐减少他们的自主力。在幼儿园和学前班，一般来说，孩子们可以在一系列活动当中自主选择，他们对什么事情失去兴趣后也不会被人逼着继续做下去。然而，从孩子5岁起，学校会逐渐加大控制力度。一般来说，对于自己每天要做什么事情，孩子无法做出多少真正的选择。即便到了14岁，能够做出某些选择，他们能选的也只是待在怎样的教室里与考怎样的内容，而不是就更为重大的事情进行选择。

事实上，孩子们离开学校去接受家庭教育时，他们常常做的一件事情就是拒绝脱睡衣或梳头。有些孩子会拒绝穿衣服或者一回家就开始脱衣服。他们觉得那些要求都是外部强加的，这一点再清楚不过了。当他们能够选择时，就会选择不遵守这种要求。

没有控制就无法提升幸福感

我们对于幸福感的所有认识都表明，控制孩子并不会让孩子茁壮成长。请回顾一下我在第四章中讲过的那些动机。对于小孩子来说，他们可以将内在动机作为自己的指引。他们会坚持这种想法。等他们大一些的时候，不仅可选择的东西越来越少，而且他们喜欢的东西也会受到贬低。人们会告诉他们要学好功课、生活并非只是玩乐、他们的未来取决于听从指令等。在孩子5~16岁时，规则无情地从内部转变到了外部。很多孩子对此愤恨不已，那些对控制最敏感的孩子会彻底失去自己的动机。

孩子们对于此类信息的敏感程度彼此相去甚远。有些孩子（包括我）很喜欢功课而且学得很好，在他们整个求学生涯中都能保持高质量的动机。这些孩子甚至不觉得受到了控制，因为他们已经内化了学校定下来的目标而且认同了这些目标，他们真心希望有好的表现。对于此类孩子来说，外部动机毫无必要，因为他们努力求学是为了让自己满意。他们的心理需求正在得以实现。

其他的孩子会失去一切兴趣。这些孩子会陷入恶性循环，因

第十一章
幸福感——看到其他人不想看到的东西

为在这种情况下,学校的反应往往是试图通过更多的控制来改变他们的行为。

他们可能会把孩子列入报告,每次上课、下课都要到老师那里报到;他们可能让孩子放学后或午休期间留校;他们可能让孩子独自坐在那里做作业,从而不让他打扰别人。这些干预都会减少孩子的自主力,而他们动机的质量也会进一步下降。学校控制得越厉害,孩子就越没有动力。

当心理需求无法得到满足

对于某些孩子来说,这可能意味着学校正在摧毁他们的幸福感。学校会剥夺他们的自主力,他们会觉得自己一无是处,会觉得老师和其他孩子都讨厌自己。在任何层面上他们的心理需求都没能得到满足,他们的行为越来越糟糕。

我们来认识一下以斯拉(Ezra)。8岁时,他在一个学期内被停学了28天。他愤怒不已。他一发火就会摔东西。一旦有什么事情不顺心,比如找不到自己最喜欢的铅笔或坐在他旁边的人碰了一下他的胳膊,他就可能大发雷霆。一旦发生这种状况,他就会被停学。后来他回到学校,这种状况再次发生之前他好像还可以。以斯拉拒绝跟绝大部分人说话,如果有什么事情可能做不成他就会躲开。他说功课很无聊而且觉得待在学校不舒服。以斯拉的妈妈带他回学校时,他很抗拒,会又喊又叫,妈妈把他放在教室时他还是抗拒不已。上课时,以斯拉总是坐不住,这让其他孩子感到非常烦恼。他们的父母会打电话进行投诉。以斯拉可能到不了10岁就会被开除。

以斯拉的妈妈急于获得帮助。她一直在上有关如何教养易怒的孩子、感官处理失调以及焦虑症的育儿课程。每门课程都对她有所帮助，跟其他父母见面带来的帮助尤其明显。但是，以斯拉还是时不时情绪失控，似乎妈妈做的所有事情都没什么用。学校会把妈妈叫去学校，跟她说孩子的这种情况必须改变。她感觉糟透了，因为她不知道该怎么办。

以斯拉的需求在学校得不到满足。他脾气暴躁，而学校试图利用外部调节强迫他遵守相关要求。不幸的是，这些尝试只会让以斯拉愤怒、备感挫折，以斯拉又陷入了麻烦。以斯拉陷入了恶性循环，他妈妈去上的那些课程不可能有用，因为它们考虑不到以斯拉生活中自主力的缺乏。以斯拉有责任做出改变才能完成学业。谁都不会去想如何改变学校，从而让以斯拉能更多地控制自己的生活。

以斯拉这样的孩子可能会到别的地方去满足自己的心理需求，例如，电子游戏、某个很多孩子会觉得自己拥有自主力或很有能力的地方。或者，他们希望能加入同样对学校感到愤愤不平的同龄人群体，这样或许能暂时感觉好一些。

学校和父母往往把孩子为解决问题所做的事情看作是问题所在。每星期玩30个小时电子游戏的孩子可能被诊断为"电子游戏成瘾症"，而他们的父母可能被告知让孩子少碰电子游戏。通过让孩子少玩电子游戏，我们只是减少了他们觉得拥有自主力的

第十一章
幸福感——看到其他人不想看到的东西

感受。除非我们能看到事情的全貌，否则我们可能会让事情变得更加糟糕。

重视孩子的幸福感

基于控制和压力的教育绝不可能真正重视孩子的幸福感。不解决孩子自主力的缺乏、只教他们保持正念，这种策略只会让孩子认为自己需要应付得更好一点儿。这并不会鼓励他们思考自己的需求，也不会赋予他们改变自己生活的力量。如果孩子在学校不开心，那么我们就需要倾听他们的声音，弄清楚哪里出了问题。

对孩子来说，行为跟自己的幸福感是紧密联系在一起的。很多孩子还不会用语言表达自己的感受，不过他们的行为就是他们的沟通方式。不幸的是，在学校，苦恼行为往往会被贴上"挑战性"的标签，被当成需要控制而不是被理解的东西。

很多孩子经历过的特殊问题往往会带来苦恼行为。理解这些问题有助于我们真正解决问题，不要徒劳地试图控制孩子对苦恼的表达。

创伤

发生在我们身上的事情都很重要。如果孩子遭遇了创伤，多年后他们仍可能受到其影响，但他们也许无法说清楚其中的原因。

赛义德（Sajid）今年14岁，谈起自己的生活时他的语调总是非常呆板，似乎任何事情都无法让他兴奋、都让他无动于衷，好像一切都快不起来。赛义德的妈妈说自己非常想念儿子的微笑，他们在一起永远没有乐趣可言。

在学校，赛义德跟其他上学有困难的孩子被放进了一个特殊班级，对此他深恶痛绝，他觉得被当成傻瓜，被孤立了。上小学时他还很受欢迎，有很多朋友，他们经常在一起踢足球。他的足球真的踢得很棒。11岁时，他的一条胳膊严重骨折，休学了四个月的时间。就在那段时间，他的父母关系破裂了，经常吵架。好像那一年改变了赛义德。此后，他发现自己很难专注于功课，成绩也一落千丈。他的足球也踢得不好了。他开始把大量时间用在玩平板电脑上，还用妈妈的信用卡花了几百英镑购买付费应用软件。他妈妈报了警，跟他好好聊了聊，但好像一点儿用处都没有。几个月后，他的老毛病又犯了。

所有人都想知道赛义德出了什么问题。他被带去接受读写障碍、计算障碍、自闭症和多动症评估。学校觉得应该收走他的平板电脑，他完不成作业时他妈妈就用这个来惩罚他。每当这时候，他就会大发雷霆、摔东西。

他妈妈很抓狂，希望在他成年之前跟他重新建立关联。好像留给赛义德的时间也不多了。他不想考英国会考，觉得自己的前途已经非常渺茫了。他想不出任何自己想做的事情。

赛义德的经历并不罕见。他没有受到虐待或被疏于照顾，但他经历了非常困难的一年，自己生活中的成年人忙于很多现实问

第十一章
幸福感——看到其他人不想看到的东西

题而无法脱身。他基本的心理需求无法得到满足，因此他转向了平板电脑。在平板电脑上买东西让他感觉良好，因此他买东西的次数也越来越多。现在，大家看到的是他在玩平板电脑并且认为这就是问题所在，但事实上这只是他应对自己的烦恼的一种方式。

当我们遭遇创伤时，它会以一种不同于其他记忆的方式存储在我们的记忆之中。在我们的大脑中，有两个区域会存储我们的记忆。就像一个文档橱柜一样，海马体中存储我们对于生活的叙事，这里存储的记忆附带有相应的日期。如果您想记住某个特定年份，您可以想一想相关的记忆。举例来说，我想回忆自己上一年级时的朋友。我可以想象自己穿越回到当年那个教室，头脑中浮现出一个小女孩的形象，她跟我穿着同样的蓝裙子，前面还有一朵红花——凯伦（Karen）。我有35年没想起过凯伦了，但她一直留在我的记忆之中。想到这一点，小学时候的其他记忆也一起浮现了出来。像成年人一样高的六年级学生在冰冷的操场上拖着我，擦伤了我的膝盖。如今我还记得发生了什么事情，但感觉那些事情都是过去的事情了。

创伤性的记忆会跟当时所有的情绪和感觉一起被记录下来。如果把海马体中的记忆整整齐齐进行归档，创伤性的记忆就像被塞在楼梯下橱柜中的一堆破纸。无论我们多么努力尝试把柜门关上，柜门都会被撑开。那些记忆栩栩如生，所有的感受跟这些事情刚发生时一样新鲜。想起有一次我在楼梯上摔倒导致脚踝严重扭伤的经历，我还记得心中的那种恐惧（还有脚踝的刺痛），虽然这已经是 20 多年前的事情了。这种记忆经常在我们回想过去、做噩梦或胡思乱想时浮现出来，它们就这样在我们并不希望想到它们时出现在我们的大脑之中。

孩子可能会经历各种创伤性的事情。赛义德经历的那一年听起来相当糟糕，但实际上没那么糟糕的事情也可能会导致很多问题。在我遇到过的具有创伤记忆的孩子当中，有些人忘不了被朋友排斥、会客时尿裤子或在大巴车上呕吐的事情。有些孩子对老师像发生了什么大灾难一样训斥自己记忆深刻。成年人希望孩子坚韧一些，如果孩子对某些事情提都不提，成年人会觉得不应该有什么问题。

很多孩子都有很多让自己烦恼或不愿谈及的记忆。这可能包括难以专心上课、恶语相向、易怒、焦虑、失眠等。这并不意味着他们需要创伤治疗（尽管某些人可能需要）。他们可能只是需要一点儿空间，跟别人说说发生的事情，但无须担心会让别人感到不安。也许，他们需要知道这只是对外界的正常反应。他们需要有机会表达自己的感受，而不是被人盯着自己不服从学校的要求。

情绪调节

小孩子难以控制自己的情绪。对他们来说，生活中的每个障碍都是一场危机。给错了不同颜色的杯子会让他们烦得要命，有人借了他们的蜡笔也可能会让他们大发雷霆。

第十一章
幸福感——看到其他人不想看到的东西

从孩子出生开始，父母就会帮助他们调节情绪。妈妈会通过摇晃或喂奶来抚慰他们，这样做是为了帮他们平静下来。孩子刚会走路时，情况就变成了定期给他们零食、哄他们睡觉、表示同情以及在孩子激动时予以干预。父母很快就能了解孩子能应对怎样的情绪问题，并相应地安排他们的日常活动。当他们犯了错或太过分时，灾难随之而来。

孩子依赖于父母帮助自己进行情绪管理。孩子受到伤害或拿不定主意时去找父母是为了获得情绪调节方面的帮助。父母会跟孩子保证什么事都没有，然后孩子就走开了。孩子上了幼儿园或托儿所，遇到同样的事情，他们会求助于一个像父母的人以及能让小孩子意识到这种需求的环境。

一旦孩子进了"真正意义上的学校"，焦点就从照护变成了教育。他们的老师不可能在教室为所有孩子提供情绪抚慰，而且这也不是老师该管的事情。孩子必须自己管理自己的情绪或找其他能让自己感觉安全的孩子。这是学校里的友谊非常重要的原因之一。没有朋友，在情绪调节方面就只能靠自己。

时间长了，如果一切顺利，孩子管理自己情绪的能力会得到提升，他们需要寻求成年人支持的次数也会逐渐减少。他们开始有能力处理很有挑战性的情形而且不会崩溃，受到挫折时也不会再尖叫或拳打脚踢。他们也更善于反思自己的情绪，更善于表达自己的需求。并非所有人都能学会这一点，很多成年人在处理自己的情绪方面仍然困难重重。有些成年人利用酒精、暴饮暴食来调节自己的情绪。

关于情绪调节，有些孩子比其他孩子感觉更加困难。对于父母来说，这样的孩子很难带，因为谁也不知道他们什么时候就会情绪失控。可能是在公交车上，也可能是在超市排队的时候。他们的情绪好像一下子就能从零上升到一百。他们的父母总是高度紧张，对于出现这种情况自己该如何脱身忧心忡忡。每天的安排都要围绕着让孩子不出乱子来进行。在学校里，那些在情绪调节方面进展慢一些的孩子更容易被认为具有特殊教育需求，因为他们的行为难以预测而且没有连续性。他们感到烦恼或生气时，可能会打其他孩子。

帮助孩子学习情绪调节属于无形的育儿工作。如果进展顺利，什么问题都不会发生。往往，担任主要照护者的那位家长会承担情绪调节工作，而另一位基本上甩手不管。如果一切顺利，这一工作也会了无痕迹。每个人看起来都过得不错，谁也看不到那些隐藏在表面之下的大量的帮助孩子保持平静和遵守规矩的辅助努力。

如何帮助孩子调节自己的情绪

情绪调节存在于内外两个方面。内部策略是指那些在人们头脑中实施的策略，比如深呼吸或正念；外部策略包括转向别的事情或换换环境等。大多数人同时使用这两种策略来管理自己的情绪。

在传统学校，孩子们从外部调节自己情绪的能力非常有限。

第十一章
幸福感——看到其他人不想看到的东西

很多成年人使用的策略他们都无法使用。他们无法自己决定出去坐坐,也无法躲开别人。感到非常苦恼或手足无措时,他们的选择仅限于努力从内部调节自己的情绪,或者以某种可能会让自己陷入麻烦的方式行事。有时候,学校会教孩子保持正念或放松,这并不奇怪,这是唯一不会以任何方式挑战学校规矩的选项。在学校环境中无法管理自己情绪的孩子,会在操场上打架、逃学、动不动就哭个不停或大发脾气。他们一整天都在忍着,只是那时候再也忍不住了。

如果孩子可以选择自己每天做些什么,他们关于情绪调节的能力就会得到提升。这很容易理解,因为他们有了更多的选择和机会。他们表达自己情绪的能力也会得到提升,这意味着小一些的进行自主学习的孩子往往显得比那些上学的同龄人更反复无常。

在我见过的进行自主学习的孩子当中,接近青春期时他们会做一件特殊的事情,即他们会学习如何反思和管理自己的情绪。即使是那些到了7岁、8岁或9岁仍然很难管理自己情绪的孩子(在学校,他们会让人非常烦心),随着年龄的增加,他们反思的能力也会逐渐增加。遇到应激情况时,他们更能保持冷静,而且开始学会慢慢来,不至于让自己茫然无措。因此,他们需要有做选择的空间。由于孩子缺乏情绪调节技巧而惩罚他们很可能会适得其反,因为这会让他们沮丧和焦虑——这种做法把问题的焦点放在了孩子自身无能为力的事情上面。这就像惩罚一个还不认字的孩子,会导致其焦虑和耻辱而且不可能带来有效学习。

学习策略

离开学校的孩子往往难以处理自己的情绪问题，帮助孩子保持平静的显性策略可能会对某些孩子有益。有很多孩子可以听的带有抚慰性故事的有声应用，还有一些重复但引人入胜的游戏，如俄罗斯方块，能帮有些孩子平静下来。

锻炼是一种很棒的调节情绪的方式，锻炼足够多的孩子可能一整天都很平静。孩子保证睡眠充足也很重要，一天下来他们需要很多帮助才能平静下来。有些孩子多年来都需要家长陪着才能入睡，这可能是因为父母的陪伴有助于他们平静地睡着。

有时候，父母觉得自己必须保持平静的外表，但这意味着孩子没机会看到其他人如何管理自己的情绪。当父母谈论自己的情绪以及如何管理情绪时，孩子可以加以模仿。例如，如果父母因为某种状况感到烦恼，他们可以告诉孩子，不过要提供某种解决方法。排队时，父母可以说："我发现等待是一件非常困难的事情，因为我不知道还要等多久。我打算深吸几口气，想几件有意思的事情让大家聊一聊。"或者，父母也可以说："公交车晚点了让我很生气……我想大声喊，还想骂人！但是我不打算跳上跳下，我想原地跑一跑。"通过持续使用这种策略，孩子会学习父母的样子。孩子可能会反思并提出自己的情绪问题，也可能会为别人建议使用什么策略。

第十一章
幸福感——看到其他人不想看到的东西

抵触

有些孩子对任何建议都极其抵触。只要不是自己的主意,他们就可能看起来毫无动机。其中有些孩子是离开了学校的孩子,不过有些则从来没上过学。这些孩子最容易受益于自主教育。

只需要知道别人希望自己做什么事情就足以让他们停下来。他们会让走近他们的人感到心烦意乱。您问他们想不想去看电影或想不想去冒险乐园时,这种孩子会说:"不,你不能逼我!"他们对于控制非常敏感,觉得任何事情都是对他们的控制,甚至包括让他们换衣服或刷牙。

这种抵触很可能受到了恐惧的驱动。他们并非故意讨人嫌,事实上他们对于做任何事情都感到害怕。他们感觉安全的区域极小。通常他们会感到高度焦虑,从而利用对环境的控制来管理自己的焦虑。

这些孩子需要控制性非常小的环境才能了解自己的选择和偏好。您只是说"现在该你选了"是不够的。他们不会真的相信,或者他们也不知道该选什么。

他们周围的成年人需要退后一步,保持缄默,对任何事情都提供不同的选择。不要告诉他们去刷牙,告诉他们牙刷已经准备好了,只要他们愿意随时都可以清洁自己的牙齿。不要说让他们换衣服,把衣服拿出来,说只要他们愿意随时都可以换衣服。陈述而不用提问。说"我们可以去公园……",然后就此打住。剩下的部分不要说了,不要担心如果您不再问他们一次他们可能会错过。您每次问他们都会增加他们的焦虑,他们越焦虑就会越抵触。

不容商量

对于可以选择的事情这种方法有用,但对于那些不容商量的事情呢?每个家庭都要自己决定哪些事情不容商量,有时如何决定取决于那些最让人苦恼的事情因何而起。例如,有些家庭不会坚持让孩子在饭桌上吃饭,或者不再坚持让孩子换掉睡衣。有客人来访时穿着内裤出来可能是一件不容商量的事情。通过允许无足轻重的争执休战,您可以专心守住重大原则的底线。让孩子穿什么衣服远远没有让他们不再打妹妹那么重要。

界定了什么事情不容商量,往往有助于人们提前安排并跟孩子达成一致。举例来说,当所有人都很平静,也没人打架时,您可以跟孩子进行以下这样的对话:"我不能让你打妹妹。你想打她的时候我该怎么阻止你?"您可以跟孩子一起想出一系列主意。其中包括坐在孩子们中间、一句暗语、跳起来做锻炼、大家一起练习打拳或者出去跑一圈。问问孩子什么事情可能会让他们感到讨厌、有没有什么标志。此后您就要留意并快速进行干预。重复您的底线:"我不能让你打妹妹。"深吸一口气。这是一场马拉松,而不是一场短跑。

如果您气得大喊大叫,请原谅自己。如果您说了让自己后悔的事情,要记得道歉,然后让这事儿过去。

第十一章
幸福感——看到其他人不想看到的东西

没有什么状况会一直存在

请务必记住,这是一个能够帮助孩子重获对自己生活掌控感的策略。一旦他们能够放松一些、不再那么固执,您就可以再次提及在餐桌上吃饭之类的事情。您可以采取一种非控制性的方式,因此,在餐桌上摆好晚饭后,您可以说"你如果愿意的话可以加入我们",然后就此打住。这样做的目的是创造一种正面的氛围并减少争斗的概率。您的孩子习惯于像打仗一样的生活,您要拒绝扮演在其中的角色。如果您不反击,慢慢地您的孩子或许会觉得足够安全,可以尝试一些新的行为。

有些孩子需要在这种低压环境下多待些时间。甚至某些从未上过学的孩子也需要这种环境。从性格方面来说,某些孩子好像天生对控制和压力非常敏感,对于看似无害的说法(如"雨已经停了")当中隐含的压力拥有第六感。他们对这一问题的回答是:"不,我不想去公园,你不能逼我去。"这些孩子很难管。不过,他们也是天才,因为他们能发现其他孩子看不到、成年人假装其不存在的控制。

对他们来说,压力永远会造成相反的效果。焦虑会加剧他们的抵触,而压力会增加他们的焦虑。他们身边的成年人必须超级灵活,能意识到自己的控制性趋势并学会保持沉默。对他们来说,轻声地提醒也像是训斥。

对这些孩子来说,这种现象不会一直存在。他们会长大,形成反思自己行为的能力。我认识一个孩子，他从8岁时开始谈到自己的"自动否定回答"，那是一种对任何建议回应时都会做出的否定回答。一旦他发现了这一问题，他就可以提到这一问题并加以探讨。如今，当他说"不……你不能强迫我……"的时候，这代表的是一场对话的开始而非结束。

对于拒绝出门的孩子来说，制定一份日程表可能有些帮助，这样他们就能提前知道接下来会有什么事情了。一个看起来符合逻辑而且公平的体系可能也会有所帮助。如果您可以在那一刻到来之前提前做好规划，您就有更大的机会让规划得以实施。

我们来认识一下乔茜（Josie）。7岁时，乔茜已经上了两年学了，但情况不太好。由于在妈妈来接她回家时，她朝老师扔东西，乔茜面临被开除的下场。

乔茜总是发火。妈妈给她买来了练习册并给她布置了学习角，但乔茜根本不往那边去。她会扔东西，还会撕课本。对于任何要求她都会大喊大叫，对于别人建议的任何活动她都会大声地喊"没门儿"，而且还常常会冲对方踢上一脚。乔茜拒绝走出家门，妈妈建议去游乐场时她会把房门插上。

她妹妹4岁。这种状况持续6个月后，全家人都感到筋疲力尽，她妹妹觉得很无聊，想去上学。乔茜的妈妈觉得这可能是个好主意，不过这意味着她不得不带着所有人（包括乔茜）每天出门两次接送孩子。

乔茜的妈妈引入了一个轮流体系，每个人都可以选择隔天怎么做，而且把时刻表贴到了墙上。乔茜先选，然后妹妹选，然后

第十一章
幸福感——看到其他人不想看到的东西

妈妈选，再然后又轮到乔茜和妹妹选。周末时姐妹两个分开，父母各带一个，这样两个孩子都可以选自己喜欢的活动。根据约定，在该乔茜选的日子，别人甚至不能建议外出，这样乔茜就可以放心。其他日子，乔茜至少要出门一个小时然后才能回家。此外，他们还可能邀请别人来做客，不过客人在的时候，如果乔茜愿意，她可以去另一个房间。

得知别人在哪些天才能建议外出时，乔茜立刻安静了许多。刚开始，她还是会抗议，不过随着她逐渐习惯于外出，她的反应有所缓和。外出练习让她学会了平静，她也没那么易怒了。她开始享受外出，后来有一天，她自己提出了外出的建议。

乔茜的故事说明了在支持孩子自主时考虑到家中每个人的重要性。或许控制性最小的应对方式本来应该是完全接受乔茜的拒绝外出，但那样就意味着她妹妹和妈妈完全没有了自主。乔茜会独揽全部的权力。因此，她妈妈建立了一个乔茜、她自己以及乔茜的妹妹都能进行选择的结构。她妈妈也知道乔茜拒绝外出并非因为她真的希望待在家里，而是因为她此前在学校所经历的那种强烈的恐惧和焦虑。她需要了解外出是安全的，而且自己再也不会回到学校。随着乔茜渐渐变得不再那么焦虑，她开始能够做出有关自己要做什么的真正选择。全家人也变得更开心了。

当选择让事情变得更糟

有时候父母试图给孩子很多选择，但这件事情本身就会增加孩子的焦虑。对某些孩子来说，两个有关外出的选择就已经很过分了。他们也许能够应对在去公园和待在家里之间进行选择，但是要在去公园、玩游戏和待在家里之间进行选择呢？超负荷了。到商店在众多零食中选择一种？超负荷了。这会使他们非常焦虑，进而引发抵触，结果他们什么也做不了。

如果您的孩子好像无法处理选择，可以暂时把选项减少。不要让他们自己到商店里选，相反，进商店之前，您可以问："你想要吃香蕉吗"。如果他说想要，那么就买个香蕉好了。如果这样他还受不了，那就说"我打算买个香蕉……"等。说"我们可以去公园……"，然后就此打住。不要提其他选项，不要犹豫不决。这种状况不会一直存在。他们会逐渐养成应对选择的能力，但他们需要先减少自己的焦虑感。如果他们总是处于超负荷的状况，就没法减少自己的焦虑感。

我遇到过一些孩子，如果人们提前警告他们会发生什么事情，他们就会非常焦虑，还有一些孩子会因为没人警告自己而非常焦虑。您是最了解自己孩子的人。想想您能否弄清楚什么情况会让他们受不了，下次可以换一种做法。

焦虑的孩子，焦虑的父母

焦虑让很多孩子退出了学校。分离焦虑、拒绝上学、普遍焦虑——这些东西都说明这些孩子对于学校的要求感到非常不安。有时候，一旦把学校抛开，这种焦虑就会得以解决。不过，有时

第十一章
幸福感——看到其他人不想看到的东西

候焦虑会挥之不去,如果每个人都避而不谈,他们的焦虑尤其难以解决。

情绪可能会传染。坏脾气和焦虑会像传染病一样从一个人传到另一个人。如果父母很焦虑,孩子也会感到缺乏安全感。如果孩子觉得父母对自己的焦虑感到焦虑,他们或许会觉得自己的那种感觉是正确的。

皮帕(Pippa)一向都很焦虑,对于换衣服或父母去上班这样的事情都充满忧虑,因此她的父母决定让她在家接受教育而不是送她去上学。他们觉得,给孩子一对一的关注,她在成长过程中会充满自信而且也会慢慢地变得外向起来。

结果恰好相反。皮帕非常恐惧超市的购物车,也很害怕松鼠。谁也不知道到底为什么。皮帕的父母非常宠孩子,而且一向努力满足皮帕的需求。因此,他们帮她避开她害怕的东西。他们大部分时间都待在家里,即便外出也会绕路以免遇到连锁超市里的购物车。他们通过快递购物,因此可以永远不去超市。他们还不得不绕一大圈避开公园,以免遇到松鼠。他们希望这样能让皮帕保持平静,但事实上这好像让她更为焦虑了。在路上,她一直东张西望,担心有松鼠跳出来。除了超市的购物车,她又开始对滑板车感到焦虑起来。这样就进一步限制了他们能做什么以及什么时候可以外出。

父母试图帮助皮帕避开她害怕的东西,他们的行为完全是自然而然的行为。不幸的是,皮帕从自己父母的行为里学到的是她感到恐惧是对的,因为她的父母觉得这种恐惧非常现实,他们会尽量避开超市的购物车以及松鼠。由于皮帕看不到任何购物车或松鼠,她从没机会了解事实上这些东西非常安全、不会伤害到自己。她的世界在不断缩小而不是不断拓展,而且如果皮帕的父母继续避开她害怕的那些东西,这种状况会愈发严重。

皮帕的父母必须改变自己的做法。他们对皮帕说自己感到非常抱歉,但必须改变这种情况。他们说自己并不害怕购物车,而且他们知道购物车没什么可怕的,因此他们再也不会帮助皮帕避开它们。

担忧的小精灵

他们打了个比方,说有一个"担忧的小精灵"坐在皮帕的肩膀上,不断地告诉她有些东西很危险,但事实上那些东西并不危险。皮帕很喜欢这个主意,她画出了自己的"担忧的小精灵",把她说的话都放在对话泡泡里面。她甚至还画了一辆超市的购物车。皮帕的父母开始路过超市,如果皮帕感到不安,他们会说:"哦,担忧的小精灵又来编故事了,那些购物车不会伤害我们的……"然后继续往前走。他们开始表现出没什么好害怕的样子,时间长了,皮帕看到了而且也学会了做同样的事情,即便她感到焦虑也不再害怕了。他们买了一个玩具购物车,里面还有只松鼠,回家后把它们放在很容易看到的地方。皮帕的世界又开始拓展了。

第十一章
幸福感——看到其他人不想看到的东西

何时需要寻求外部帮助

在某些情况下,孩子的生活可能被各种恐惧所主导,或者,孩子的情绪一直非常低落。在这种情况下,您或许希望找一个治疗师,帮助孩子平静下来并跟这个世界重新建立关联。

想找到一个不把回归传统学校视为治疗目的的治疗师可能很难。您可能需要先跟这位治疗师解释您的教育和育儿哲学。如果他不愿意听,再找别的治疗师。设定目标的应该是您以及您的孩子而不是治疗师。

孩子离开学校后会发生变化,有时候会有一段重新调整期,这是很正常的事情。即便孩子希望离开学校,失去那种结构以及日常的社交也可能是一种冲击。孩子离开学校后可能有一段恢复期,期间他们可能感到筋疲力尽,这是相当常见的现象。这种现象本身并不需要大惊小怪,但如果这种状况持续好几个月都没有任何改变,您就需要当心了,也许您需要开始考虑寻求外部帮助。

第十二章
求救！关于自主教育的问题

以下问题并非来自个人——它们都是合成后的问题。多年来我主持有关线上自主教育的论坛、跟其他父母谈话、探讨反复出现的问题之后才形成了这些问题。在我的职业生涯中，我跟很多父母和孩子进行了接洽。这些都是真实的父母曾经遇到过的问题。

问题：我希望让我家十几岁的孩子能更多地控制他们的教育，但我无法放弃工作，而且其他成年人也无法整天待在家里。我不希望他们整天独自待在家里。如果他们还是待在学校，我如何才能让他们更多地控制自己的教育呢？

您可以让他们在学校增加自己的自主力。首先，您可以向他们明确表示您不会只盯着分数，他们也不必向您汇报。您可以让他们自己负责自己的作业，不要每天都替他们确保一切准备就绪。您可以让他们选择在学校里不做哪些事情。很多父母给孩子

第十二章
求救！关于自主教育的问题

施压，让他们做出特定选择或者参加某些课外活动。您可以改变自己跟他们的校外活动选择的关联方式，像支持他们有关功课的选择那样支持他们。其中可能包括帮助他们找到他们需要的资源，或者确保不让他们的时间被功课所主导。

在校外，您要忍住，不要提很多有关课程的建议，确保他们有空间真正做自己想做的事情。在家里您也可以支持他们自主，提供选择而不是发号施令。您可以让他们明白，对您来说，考试并非最要紧的事情或最终目标。想办法让他们做一些他们觉得自己很能干的事情，而不要在意那是些什么事情。看一下有没有什么事情您可以加入他们——也许他们会让您跟他们一起玩某个电子游戏，或者您可以找到一个新的、基于他们的兴趣而非学校列为优先事项的集体活动。

问题：我家孩子选择做一些微不足道的事情。我儿子会花很多时间阅读《选择你自己的冒险》系列图书，我女儿看《小马宝莉》停不下来。我担心，如果我把他们带出学校，他们会被其他孩子落下好几年，让他们选择自己要做什么是一种教育疏忽。我如何才能让他们做更有价值的事情？

谁有权定义什么事情是微不足道的呢？您只需看一下以前的学校课程就会明白：一百年前曾被认为至关重要的东西，在如今看来根本无关痛痒。如果您的孩子忙于什么事情而且很感兴趣，那么他们就能从中学到一些东西。您的儿子可以从《选择你自己的冒险》中了解选择及其后果，还能了解叙事结构，而《小马宝莉》是一个拥有很多成年人粉丝的心理剧。与其试图让他们做些别的事情，您觉得加入他们正在做的事情怎么样？自己读一读《选择你自己的冒险》，这样您就可以跟儿子一起讨论了。跟您的女儿一起看几集《小马宝莉》，看看您能从中获得什么，而不要只是想着那些选择有多么欠缺。

"落下"是学校会使用的一个概念。孩子们不可能在发展进程方面被落下，除非他们所处的环境没有给他们提供足够的刺激。学习不是线性的，它们不会像学校让您认为的那样累积起来。您的孩子会以不同的方式获得发展，这就是多样性。

问题：我明白自主教育对于已经打好基础的十几岁的孩子非常有用，但是，如果孩子没学过那些基本技能，他们怎么知道迎接自己的是什么呢？

这是个非常有趣的问题。很多人觉得自己可以接受青少年选择自主学习，因为他们可能会选择进行大量阅读、拿出时间画画或设计科学实验，但人们就是不明白一个整天玩耍的小孩子怎么会变成一个具备所需技能的青少年。

玩耍是一个非常棒的学习渠道。通过玩耍，孩子能够学会很多技能，其中包括复杂的社交推理、转换视角、情绪调节以及解决问题等，这些都是"基本技能"。如果缺乏这些技能，无论多少学术知识都无法弥补。玩耍也包括很多种类，孩子有机会尝试

第十二章
求救！关于自主教育的问题

各种形式的玩耍非常重要。例如，玩乐高能开发的技能跟玩购物不同，而到外面玩能开发的技能又有所不同。随着孩子逐渐长大，如果没人劝止他们的玩耍，他们的玩耍自然就会复杂化或更加复杂。自主教育包括重视各种学习，而不是只盯着学术性课程，孩子小一些的时候尤其重要。有些小孩子对阅读感兴趣，有些小孩子对阅读没兴趣，也许，在他们希望学会如何阅读之前，把用来激励他们的时间和精力用在为他们提供玩耍及发展其他技能方面可能会更好。

自主教育并非让孩子在真空中学习。他们需要一个充满机会的环境。在家里，这往往意味着父母要提前一步，想一想他们可能对什么感兴趣并帮他们获得相关资源。这可能比上某门课程更费力，因为这必须是个性化的。有时候，人们还可能需要另外准备一些资源，"以防万一"孩子对已经准备的资源不感兴趣。在这种情况下，图书馆、慈善商店以及 Kindle 上面的免费样本可能会对您有所帮助。跟别人打交道至关重要，因为通过社交联系，人们可以分享学习，学习效果也会更好。由于其他孩子和成年人的存在，自主学校的环境本身就充满了机会，而且周末时上自主学校的孩子的家长仍会考虑如何为孩子提供机会。

如果某项技能在我们的社会中至关重要（如基本的认字和计算技能），那么总有一天孩子们会希望获得这种技能。有些孩子不用一分不少地交学费就能做到这一点，他们的方式类似于学习如何说话。其他孩子则受益于某个阅读计划或规划好的项目。自主教育不会排除上述任何一种方式，但会排除强迫孩子或告诉孩子到了年龄就应该学些什么东西这类做法。自决理论也认为培养阅读习惯或学习数学时应该避免外部动机，因为从长远来看，外部动机可能会损害孩子的内在动机，即便外部动机在短期内确实有用。

问题：我的儿子患有自闭症、多动症、强迫症以及感官处理失调。他在上学，但他感觉非常难受。但是，我担心无法在家里给他提供如此复杂的特殊需求。学校跟我说他需要看看治疗专家，我也没受过这种培训。我不知道该怎么办。

听起来您的儿子真的不适合上学。学校什么时候都会跟您说它们做的事情非常重要，而您应该一直送孩子上学。学校对此深信不疑。对自主教育有所体验的老师寥寥无几。他们知道孩子在学校是个什么样子，但他们不知道如果孩子不上学会怎样。他们也不知道由于在学校的经历，孩子离开学校后会变得多么苦恼。您比他们更了解自己的儿子。

您不知道如果没有了学校的压力您的儿子会怎样，但如果他现在感到非常难受，您让他离开学校也没什么好失去的。他现在的这些诊断结果都是他对特定状况的回应。改变这一状况，您或许也能改变他的感受以及他能做的事情。您的儿子并没有残缺不全，但他现在所处的环境让他无法茁壮成长。

学校不会就此消失。如果您现在把孩子带离学校，大概一年后若您觉得再也无法驾驭，您随时可以带他回到学校。当他离开

第十二章
求救！关于自主教育的问题

学校后，一旦您更为了解他的需求，您就可以试试给他其他形式的支持。或许您也可以在校外的孩子圈子里找到很多跟他有类似需求的孩子。

对于有很多这方面需求的孩子来说，他们可能需要很长时间才能从学校的经历中得以恢复。这条路不会是一条坦途。也许您需要联系几个跟您有类似经历的父母帮您渡过难关。如果他觉得什么疗法有用而且还希望继续接受治疗，您需要确保他理解您的选择而且不把回归学校当作目标。

问题：我的 11 岁的孩子每天玩好多个小时的平板电脑。每天早上一起床她就开始找平板电脑，每天晚上也都以玩平板电脑而结束。我担心她不会获得任何其他技能，担心她玩平板电脑上瘾。我该怎样鼓励她做点别的事情呢？

在我们的社会当中，人们普遍恐惧屏幕。当我们因为什么东西而感到恐慌时，我们很少能进行平静的思考。暂时退后一步，想一想发生了什么情况。

她正在用平板电脑做什么？平板电脑只是工具，其本身并不是活动。就"屏幕时间"这一概念而言，我们好像觉得孩子在屏幕上做的所有事情都可以归为一类，但事实上孩子可能在阅读、画画、玩游戏、编程、听播客、跟朋友聊天、制作定格动画、做研究、写故事——这些事情都可以在平板电脑上做。在一个可以做这么多事情的设备上，有人把一天中相当多的时间花在上面，这并不奇怪。

您能否在她玩平板电脑的时候加入呢？如果您自己也有平板电脑或者手机，您或许可以在她玩的游戏中加入她的行列。或者，您可以跟她坐在一起，看她正在做什么。如果她做的事情非常有限，您可以探索一下她能否在平板电脑上做一些她希望做的其他事情，或许会很有价值。在我的孩子还小的时候，我会在晚上花时间为他们寻找新的游戏、给他们更多的选择。我们发现了一些很棒的应用，直到今天还很受他们的喜爱。您可以先找找"跟 X 相似的应用"，其中的 X 是她非常喜欢的一款应用或者"非常适合 11 岁孩子的应用"，总之就找适合孩子的应用。

如果您有一个平板电脑，您可以在她旁边探索其他功能，这样她就有机会看您在做什么。如果您有一些会造成相反结果的规矩，如不在旁边电脑上花钱打游戏，也值得注意一下。这往往会导致孩子只玩一些让人沮丧的免费游戏，因为人们设计这种游戏就是为了让您花钱进行购买。这种游戏会让孩子在近乎无聊的状态中玩几个小时，因为他们不得不一直等待而无法加速。如果您能找到一些提前付费的高质量游戏，那么这种玩耍就会更有回报。

问题：我很担心数学。我一直觉得数学很难，我觉得自己的儿子可能也会这样觉得。如果他不跟着某门课程学，我完全看不到他打算学数学的迹象。

第十二章
求救！关于自主教育的问题

数学是很多人首先会感到担心的东西。奇怪的是，最担心的人往往是在学校花了12年学数学的人，他们还是觉得数学很难、很可怕。他们担心，如果他们不让自己的孩子走同样的路，他们的孩子也会觉得数学很难、很可怕。对我来说，这根本说不通——如果您的孩子经历这一过程也会有同样的结局，那么您为什么还要重复一个对您不起作用的过程？即便您的孩子到了十几岁仍对数学一知半解，他也不用在学校因为数学苦苦挣扎好多年。因此，有必要时再学，事情可能会更轻松一些。

数学无处不在——数字和图形在我们的生活中随处可见。在学校，孩子学数学时的焦点在于做对题目。对很多孩子来说，这是一种很可怕的经历。如果孩子被问到如何理解某些超过他们发展程度的数学概念，这种经历尤其可怕。在校外，孩子们可以探索数学而不必害怕犯错。数学只是生活的一个组成部分。通过切蛋糕和分成盒的冰淇淋，我的孩子学会了分数；通过观察平板电脑电量的减少以及玩大富翁，他们学会了百分比；通过花钱，他们学会了小数；通过在《我的世界》搭房子，他们学会了体积和面积。这些东西就存在于我们的生活之中。

如果孩子认为自己需要背诵乘法口诀，可以背诵，但也可以认为这么做不值得（正如我自己认为的那样）。您可以找一些孩子可能感兴趣的平板电脑数学程序，但不要强迫他。最容易让他讨厌数学的方式就是给他施压。相反，您为何不把对他的教育当作改变自己有关数学看法的一次机会呢？您可以再次学习如何学数学，只不过这次您不必再担心。有一些书专门写给想学习数学以便跟上自己家孩子的成年人，您可以先看看这种书。

问题：在受了多年欺凌后，我 14 岁的女儿去年离开了学校。她感到非常悲伤。刚开始，对于可以离开学校她感到很开心也很放心，但她现在说自己的生活完了，她永远会是一个失败者。我怎样才能让她明白她可以控制自己的生活呢？

她现在的生活状态如何？她每天可以做些什么？她独自在家，原学校里的朋友都不搭理她了吗？

在学校受到欺凌的孩子离开学校时很不容易，因为他们经常被告诫要坚持下去，否则欺负他们的那些人就会赢。因此，当他们离开时，他们觉得自己已经输掉了。已经习惯了学校的青少年可能特别难以适应无组织的状态。在这一阶段您可能需要主动一些，您可以找一找家里有跟她年龄相仿、也离开了学校的孩子的家庭，邀请他们过来吃吃披萨等。夏季出去野营可能也会有所帮助。英国有几处不错的野营地，很多家里有十几岁孩子的家庭经常会去那些地方野营。您可以想想什么事情能让她有好的感受，看看能否多做一些这样的事情。听起来好像她觉得自己很失败已经很久了，您或许需要帮她想想什么事情能让她觉得自己很能干。这种事情可能包括让她在家里负责某项任务——例如，做三餐计划、烹饪，或者学习一项她和您可以一起合作的技能。

如果她有自残倾向，我建议让她接受儿童和青少年心理健康服务（CAMHS）。如果您能支付得起相关费用，建议给她找一个

第十二章
求救！关于自主教育的问题

私人心理专家。

问题：我家 11 岁的女儿还不会阅读。她想加入女童军（Girl Guides），但她因为自己阅读能力不足而自惭形秽。我跟她说等她准备好了就能学会阅读，但她说"其他人都比她先做好了准备"这一事实意味着她很蠢。我真的希望她能自然而然地学习。我该怎么办？

问问她想做什么。如果她想用某个阅读程序学习阅读，那就找一个帮她学习。您可以采用一种支持自主学习的方式——不要逼迫她，不要进行奖惩，要向她表明您知道她有一天会学会阅读的。

人们可以通过很多方式学习阅读，作为父母，您要灵活一些，要对她积极回应。执着地认为自然学习是最佳的方式，跟试图强迫她完成某个拼读计划一样值得商榷。对于年龄大一些的孩子来说，"准备就绪"可能也很难说，因为她能够看到绝大部分上学的孩子早在 11 岁之前就已经学会了阅读，因此，她会质疑自己的能力。跟她解释一下，告诉她上学的孩子被教了好多年才学会阅读而她并没有这种经历，因此这种情况更像是他们已经学会了某项技能，她只是还没获得这项技能而已。您可以拿游泳或骑自行车当例子，人们都在学东西，只是大家学习的时间不同；有些人是被别人教会的，有些人是通过自己练习学会的。从长远来看，这跟他们的能力毫无关系。

关于女童军，我觉得，如果您能提前跟女童军的领袖谈谈，解释一下您的女儿还不会阅读但她很在意这一点，问一下她们能否保证这不会成为一个问题。她们有能力处理这种特殊情况。一个 11 岁的孩子不会阅读可能存在很多原因，但人们没理由让她因为这件事而感到不舒服。

问题：我们决定让孩子们离开学校，以便他们能够更多地控制自己的教育——但孩子们不希望这样做！我儿子说他不希望成为一个失败者，而我女儿说她会想念她的那些朋友。我们该怎么办？

啊，这是两个希望留在学校里的孩子。他们当然希望留下——他们被告知学校非常重要，也不知道如果不上学自己的生活会变成怎样。强迫孩子离开学校有违自主教育的所有原则，这会让您从一开始就走上一条错误的道路。不要那样做，要确保他们知道这只是一个选项，对于他们想怎样求学，要给他们更多的自主。例如，让他们自己负责完成作业而不要指望您一遍遍地催促他们。上学就要求学生每天到校，但您不必接受学校的评估体系。例如，您不必跟孩子讲分数多么重要。您可以谈论其他的学习方式，并展示您一直以来在不去学校的情况下如何学习新东西。

或许您可以先试验一下。有些家庭会出去旅游半年来试验一下自主教育。在社会层面，这比单纯地带孩子离开学校更容易让人接受，也可以为您提供一次了解自主教育的机会，但要绕开工

第十二章
求救！关于自主教育的问题

作或其他事务组织这种活动显然非常不容易。如果您的孩子还是选择上学，那么他们这么做也是出于一种知情的视角。不要忘了，学习者的自主力在自主教育中至关重要。如果孩子选择上学，这种决定也应该得到尊重。

问题：上个月我们带着十几岁的孩子离开了学校。从那以后，他们什么事情都没做。他们整天穿着睡衣躺在沙发上看那些毫无意义的肥皂剧。他们抵触所有的活动建议或外出建议。我应该把他们送回学校吗？

这叫作去学校化。当孩子离开学校后，他们需要时间恢复。往往，这需要数月的时间，他们上学的时间越长（或他们的经历越糟糕），他们恢复的时间就会越长。第一个月是急性恢复期，这段时间甚至还没暑假长。

如果您的所有建议都受到了抵触，您应该停止提出任何建议。相反，开始做一些您觉得有趣的事情。如果您愿意，可以走出家门，并邀请他们跟您一起出去，但要做一些您想做的事情，不要指望他们对某个主意充满激情。培养一个爱好，做些新菜，请人来做客。如果孩子愿意，就让他们参与进来；如果他们不愿意，就不要让他们参与。把施加在孩子身上的压力卸掉，专注于重获孩子的内在动机。

不说他们选择的电视节目毫无意义也许会有所帮助，因为您不知道他们从中学到了什么或者他们为什么觉得那些电视节目引人入胜。

问题：我的儿子患有高度焦虑。有些日子，他甚至不愿意下楼。我们带他离开了学校，因为他拒绝去学校。学校说，如果我们不让他退学，学校也会派劝学官员过来。现在我们不知道该怎么办……情况不仅没改善，反而更糟了。

这种情况确实非常艰难。听起来您的儿子非常不开心，这是他离开学校的原因。现在您已经使他摆脱了学校的压力，但他还是感到高度焦虑。焦虑可能是一个自我延续的问题。我们会躲避让我们感到焦虑的东西，但我们越这样做，越感到焦虑。听起来，您的儿子陷入了逃避和焦虑的循环。

有一些自助类书籍，您可以读读看。最重要的是，您要真诚地跟您的儿子谈谈他的感受以及逃避可能会让他感觉更糟而不是更好。您可以谈一下自己因为什么事情感到焦虑时会怎么做，以及您以往如何应对焦虑。

据我们所知，锻炼是帮助人们应对焦虑的最佳方式，所以请您看看如何能把更多活动引入他的生活。在某些游戏机上有一些可以在家里做的锻炼，不过，如果您能找到他在户外喜欢做的事情，那更好。骑自行车、快走、滑旱冰或跑步可能都很有意思。

我不知道他担心外出是否是因为其他孩子可能会看到他并问他为什么不上学？您可以问问他，这是否是他担忧的一个问题。如果是，首先您可以把外出安排在没有其他孩子的时候，而且计

第十二章
求救！关于自主教育的问题

划好不要在学生们的玩耍时间路过学校。从长远来说，重要的是，要帮助他接受外出时可能会遇到其他孩子这一情形，或许可以演练一下要说些什么；但从短期来说，一次专注于一件事情可能会比较有用。

让他知道如果他恢复了也不会被逼迫重回学校，这或许也很重要。有时候，孩子在学校很不开心，这一点从他们的焦虑和抑郁中可见一斑。离开学校后，他们需要知道自己能够从焦虑或抑郁中恢复，但那并不意味着自己要重回学校。

如果事态持续恶化，看看您能否找到一个富有同情心、不会试图让他重回学校且有能力提供帮助的心理专家。

问题：我觉得我的孩子天生就没有好奇心。他们看起来对什么都不感兴趣。若有任何东西能引起他们的兴趣，我随时准备带他们去，但他们从来不问，从他身上看不到一丁点儿火花。我们做什么都没有用：去博物馆、去主题公园、出国旅行……他们看起来完全无动于衷。其他人家的孩子有那么多忙着做的事情，而且他们还上学。我想自主教育意味着要让孩子成为热爱学习的孩子。我该怎么办呢？

他们真的完全没有好奇心，还是对您希望他们感兴趣的东西没有好奇心呢？他们对社交媒体或同龄人感兴趣吗？

我不知道您的孩子是否觉得您摆好了姿态，随时愿意让他们表现出自己的兴趣所在。这种期待感事实上会阻碍孩子进行探索。这是一种压力,父母就像老鹰一样盯着自己,看自己有没有什么好奇心的迹象。他们应该觉得表现出兴趣没问题,而且是今天就表现出兴趣,而不是明天。

您能否退后一步,不要再组织外出,相反,把精力集中在您自己的生活上?您能学些什么东西?什么东西真的让您感兴趣呢?让他们看到您正在做您感兴趣的事情而并不期待他们加入进来。

问题:我家3岁的孩子每天花好几个小时看"油管"上的惊喜彩蛋视频。这些东西看上去毫无意义,就是在浪费时间,但她就喜欢看这些东西。我怎样才能让她学点儿更有用的东西呢?

惊喜彩蛋视频!这是我们这个时代的一个现象。对成年人来说,它们实在无聊、毫无意义,但对5岁以下的孩子来说它们永远那么令人着迷。小孩子喜欢惊喜彩蛋视频(以及惊喜彩蛋)是有原因的。在这个发育阶段,他们正在了解心理状态及其可能的变化。很小的孩子认为想法和现实没什么差别,他们想的和别人想的一模一样。在2~5岁,他们会逐渐意识到想法可能跟现实不同。

惊喜彩蛋提供了以下的反复体验:一无所知,然后只要打开彩蛋,真相就会突然显现,我们的心理状态也会随之发生变化。孩子们喜欢惊喜彩蛋的原因跟他们喜欢捉迷藏一样,就像他们玩的时候就站在您面前,把眼睛盖上,喊着"来找我呀"一样。他

第十二章
求救！关于自主教育的问题

们就像在做改变心理状态的试验。

说到这里，让小孩子不看"油管"上的视频可能特别困难，因为上面有无数个有关相同主题的新视频。这一主题不会自然终结，而让处于这一发育阶段的小孩子自行放弃是一件特别困难的事情。往往，当成年人说该停下的时候，他们会大声抗议。

让所有孩子有时间跑跑、玩各种游戏非常重要。确保不让孩子随时能找到平板电脑，事情可能会轻松一点儿。有关成年人的研究表明，只要智能手机在身边，他们跟别人对话的质量就会下降。这是一个让人分神的东西，我们忍不住想看一看。因此，试试不要让每个人同时使用电子设备或者说好什么时间可以玩平板电脑。

提前规划好孩子停止玩平板电脑的时间，但是不要硬性禁止，要找个更让人兴奋的活动。找找能像惊喜彩蛋一样满足他们同样的发育需求的机会。用彩泥做成您自己的惊喜彩蛋，把小玩具藏在里面，这样您就可以打开自己的惊喜彩蛋了。把东西藏在信封里面让孩子找；玩捉迷藏。或许您会发现他们也喜欢把东西放起来让您去找。如果您家有大一些的孩子，或许他们可以自己制作惊喜彩蛋视频，让小一些的孩子观看或参与拍摄。

. # 第十三章

自主学习在行动
——自主学习者的故事

自主学习到底是个什么样子?您不必因为我说这种非常不同的教育方式有用就信以为真。您最应该问的人是那些已经这么做的人,还有正在推行自主学习的人。我收集了一些从小就实行自主教育的成年人的故事、有自主学习的孩子的父母的故事,以及自主教育学校或学习社区里的教育者的故事。其中有些故事已经在他们的博客或在线杂志上发表过,有些则是专门为本书写的。

观察自主学习

父母最担心的事情之一就是如果没人教孩子,他们究竟会不会学会阅读。朱丽叶·肯普(Juliet Kemp)是一位科幻小说作家。在这个故事中,她写的是她的儿子里昂(Leon)在没有接受正规指导的情况下很早就学会了阅读的事情。

第十三章
自主学习在行动——自主学习者的故事

里昂很小的时候（好像是在他刚会跑的时候）就学会了阅读（我小的时候也是这样），而我们没有给予他任何直接教导或专门指导。

当然，我们给他读了很多书籍或路上偶尔遇到的一些字词。由于在伦敦核心区长大，等火车时他经常看着地铁线路图玩。他大概两岁时，经常读的一句话就是邮局里面的电子提示"请等待"。从很小的时候开始，他就对那些单词和字母很感兴趣，就像有些孩子对挖掘机、恐龙或布绒玩具感兴趣一样，那些东西就像他的朋友一样。我发现这种近似于"教学"的事情很有意思。我们从未刻意"教"他认字或为了"学会阅读"利用相关资源。不过，他的确看了很多网上旨在教小孩子字母表的视频，但都是靠他自己并且按他的节奏来（搜索的时候成年人偶尔会加以协助）。事实上，刷了一个又一个有关字母表的视频之后，他后来还看起了教斯拉夫语和阿拉伯语字母表的类似视频，有些让我们没想到的是他还学会了那些字母（让人伤心的是，如今 8 岁的他已经把它们都忘光了）。他还会让我们找平板电脑上的"单词"或"字母"应用，那些应用大部分明显属于教育类应用。不过，他还能根据自己的目标、按照自己的节奏使用那些应用，这些都不属于外部主导进程。

他非常抵触某些传统的"学习阅读"活动。知道他已经认识了一些字之后，我尝试建议读图画书时我们每人读一行，但他一句也听不进去。大声读书绝对是大人的事情。后来，有那么一小段时间，他坚持自己读他最喜欢的《星球大战》图画书对话中的部分内容,但也仅限于此。

据我所知,他学习阅读的方法并非当前英国学校中采用的原音拼合法(synthetic phonics)。而且,就他手头上的资源而言,他是对基于拼读的资料最没激情的一个。他先学会了很多整个的单词,然后到了某个时间,好像他又使用了一个出色的成年阅读者学习某个生词的方法,即把这个生词分解为若干可识别部分的方法。值得注意的是,虽然3岁时他能够像"解码自己遇到的任何文字"那样进行"阅读",但这并不意味着他理所当然地理解这些字词!他的词汇量和构思技能并未跟随这种严格意义上的"阅读"练习而来。

大部分时间,这对他来说是一种纯属个人的进程。我们知道他忙着接触那些不同形式(如磁吸字母、拼图、图书、视频、游戏)的单词或字母,但我们并没有多少有关他正在学什么的外部证据,直到他主动做什么事情说明他已经掌握了阅读。例如,他3岁时突然开始大声读一家博物馆墙上的"行为准则"或邮局里列出来的"不得邮寄物品清单"等。阅读并非外部强加给他的东西,而是他非常感兴趣也做出了大量投入的技能。对他来说,显然那时候就该做这样一件事。

另外一个成年人普遍担心的问题是科学。没有实验室怎么学科学呢?自主科学学习始于一种由孩子的问题引领的教育所催生的求知感。

劳拉·格蕾丝·韦尔登(Laura Grace Weldon)[《自由放养

第十三章
自主学习在行动——自主学习者的故事

式学习》(*Free Range Learning*) 一书的作者] 写到了她家孩子如何进行科学探索。

我们家所有事物都穿上了一层又一层科学的外衣。是的,有时候科学也是有味道的。

有时候我们对科学的沉迷毫无道理,比如我们吃晚饭时往往会讨论需要多少柚子电池才能启动一辆汽车。大家会针对这一永远不可能实现的项目提出各种看法,包括用柠檬汁而不是用整个柠檬等。

有时候,这种科学是伪教育性的,比如我们曾从脚趾缝采样并放进有盖器皿中培养细菌。获胜的器皿中细菌生长得非常旺盛,她确信自己的细菌值得活下去。她给它取了个名字,还试图喂它葡萄糖和琼脂。这让她那些兄弟姐妹不敢进她的房间。细菌爬过盖子的时候,我坚持认为她应该把它扔掉。直到现在,我还会因为这一可怕生物的灭亡而被指责。

有时候这种事情会没完没了。我的后代似乎天生就喜欢发现。他们发现一只蜘蛛,会观察它,试图弄清楚它是什么蜘蛛。还有一个为期数月的活动,其中包括观察和简述一只麝鼠的分解过程。他们一定要探讨完某个问题的各个方面,他们探究得如此深奥以至于我那肤浅的大脑往往会走神。他们往往会走进房间宣告一些趣闻,此后就是一些有关最近刚解密的俄罗斯研究、涡轮增压发动机或河岸生态学的奇怪对话,这种对话也可能同时包括这三个话题。他们坚持让我看一些视频片段,结果由于那些视频太长，我看着看着就走神了。如果我对某个孩子提出的假设表示质疑，那我就惹祸了。他们会像猫戏老鼠那样戏谑我的怀疑，然后用一系列事实对我进行"轰炸"以证明他们的观点。我也曾试图在这些科学争执中捍卫自己的观点，但那就像拿一把叉子跟光剑对战一样悲惨。

其他人家可能有电子游戏遥控器。我们家有成堆的书和期刊（有人会喊"谁把《新科学家》中有关中微子的那期拿走了？"）；浴缸里放了一堆某个儿子的烧杯、管子和烧瓶；厨房里放着各种培养品（比如某个玻璃瓶上可能贴着一张纸条，上面写着"别碰我，这里养着酸菜"）；还有罕见的什么东西被搭建或拆解时各种锯子、电焊或空气压缩机发出的声音。我知道其他人家的冰箱上会贴着很漂亮的正常图片，但我们家冰箱上往往会贴着各种奇怪的信息。上面贴得时间最长的是一张列着全家所有人头围的卡片。我们家最小的孩子11岁的时候，我就成了全家头脑最简单的那个人。

科学不应该被局限于某种正规学习。我丈夫和我从未涉足过科学界，但我们觉得保持对于科学的好奇心并不难。这与一种"许可"态度有关。杂乱无章、耗费时间、结果难以确定的事情就是一种实验。它们是正在运行的真正的科学学习。当孩子希望了解情况、希望有所发现时——不是晚些时候，不是下个兴趣，而是现在。我的孩子在科学方面远比我聪慧，但是，更重要的是，他们能够发现自己希望了解的任何东西。

第十三章
自主学习在行动——自主学习者的故事

自主学习者通过行动进行学习,这些行动很难分成若干科目。莱拉·埃尔德里奇(Lehla Eldridge),插图画家、作家,她与丈夫安东尼·埃尔德里奇-罗杰斯(Anthony Eldridge-Rogers)一起出版了《跳起来、落下去、飞起来》(*Jump*,*Fall*,*Fly*)。她描述了做蛋糕时她的女儿们进行学习的情况(如图13-1所示)。

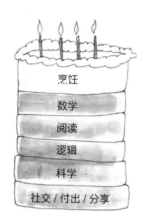

图13-1 利用做蛋糕进行学习

这个蛋糕代表了孩子学习的一种方式。通过对非学校教育的孩子的观察,我注意到学习是一个线性的过程。一来二去,学习就成了自然而然的事情,而且始终如一。

我们以做蛋糕这一简单过程为例:

烹饪——女孩子正坐在桌旁看菜单。她们选择做蛋糕。她们决定做一个巧克力蛋糕。她们看书,查询需要什么材料。然后,她们在厨房里到处找所需的东西。她们开始行动了。

数学——她们把所有东西称好,绷着脸,全神贯注,就怕把数量弄错。她们努力把所有材料的量都准备得一丝不差。有时候也会出现混乱；有时候她们觉得面粉不听话。

阅读——她们从未停止阅读，把手机上的菜谱翻来翻去。她们会把上面的字读出来，她们的声音就像空中的丝带一样飘来飘去。厨房里面的工作正如火如荼地进行着。

逻辑——她们按照菜谱上的步骤做蛋糕。有时候，事情不太顺利，面粉会溅到地板上或者水倒得太多。最终她们做对了，从逻辑上来说，她们找到了正确的材料而且顺序也对。

科学——她们不想用鸡蛋。她们认为，根据这个菜谱，她们要用亚麻籽代替鸡蛋。查询后，她们采用了"亚麻籽鸡蛋"菜谱，把亚麻籽掺进去，然后加了温水。她们看着它膨胀然后稍微变黏。她们看到了食物被混合以后发生的化学变化。刚被送进烤箱的时候是生的，从烤箱拿出来的时候它已经熟了。

社交——蛋糕做好了。她们把它晾了一会儿，然后宣布"该吃蛋糕了"。她们看了看周围有谁，谁想吃蛋糕。她们煮了茶，然后请大家过来。我们一起坐下来，一边聊天一边吃蛋糕。如果您在那里，您也可以吃一块。

海蒂·斯蒂尔（Heidi Steel）是一位合格的老师，她决定跟孩子们做点儿不一样的事情。她在家对他们进行教育并在网上发表有关他们的生活的博客。在此她描述了她的四个孩子各自不同的学习方式，甚至包括他们在玩相同的玩具乐高时不同的学习方式。

第十三章
自主学习在行动——自主学习者的故事

生孩子之前，我是一位合格的老师。我学过儿童发展，也学过不同的教育方法。我曾花了 14 年时间观察小孩子的玩耍和发展。我从未听说过去学校化、自主教育或终身学习。

我受的教育走的是学校体系的传统道路，不过我接受的培训拓宽了我对孩子学习方式的理解。我们的孩子从未上过任何形式的学前班，我也没直接教过他们，但他们也学会了走路、数数、辨认颜色等许多本领。让自己的孩子接受教育也有让我感到不安的一面：设定目标、被迫坐好、不断地被告知应该做什么、何时去做、如何去做以及做多长时间等。

当我们加入了家庭教育社区后，读到有关自身这一话题时，我们发现了去学校化。

转向去学校化并没有让我们的日常生活发生任何改变。我们只是继续支持孩子们的自主并帮他们做他们喜欢的事情。我们做他们热爱的事情，而且我们按他们喜欢的方式、在他们希望的时间做那些事情。

我家四个孩子对于学习有不同的偏好。一个孩子通过玩电脑游戏学会了阅读；一个孩子通过几年来每天让我们读书给他听以及寻找绘本学会了阅读；还有一个孩子喜欢给朋友写信，通过反复写熟悉的短语学会了认字。我们家老大喜欢先坐回去，观察好了之后再尝试新的东西；我们家老二在熟悉的地方感觉最舒心；我们的一个女儿很喜欢跟朋友在一起或聚精会神地跟某个专家合作；我们家最小的孩子喜欢无拘无束地按自己的想法去潜心探索。

我们家孩子跟乐高之间的互动，可以完美地说明他们每个人都有自己不同的学习方式。从孩子们很小的时候，我们家就有乐高积木。用家里的积木自由拼搭一直是令我们家老大感到最开心的事情。即便我们有了成套的乐高积木，他还是更喜欢自己先用那些积木拼搭，然后再看说明书。我们家老二对说明书完全没兴趣，只专注于拼搭东西。现在他们两个都能自由地拼搭任何自己想拼搭的东西，而且他们确信要拼搭出自己的模型需要哪些积木组合。我们的大女儿一定要按说明书拼搭，而最小的女儿会先按说明书拼搭，然后再自己进行调整。他们都学会了如何拼搭乐高，不过他们也了解了自己更喜欢如何进行学习。

有时候，我们在很长一段时间内会断断续续做一些事情。有时候，我们会连续几天沉浸于自己感兴趣的事情；有时候，问题和疑问一闪而过，人们只是做一番思考罢了（至少目前就是这样）。我知道他们在学习，因为他们会跟我分享很多他们昨天还不知道的事情，或者他们已经具备了此前没有的技能。我注意到他们跟此前的事件或我们曾有过的对话建立了联系。我相信他们一直在学习。

凯西娅·康特维尔-莱特（Kezia Cantwell-Wright）的女儿从来没上过学。在此，她描述的是自己观察到的大女儿对数学和认字的探索。

她五岁半时，"数学"这两个字让我们很受打击。最初情况还非常轻微，好像是什么事情要发生的一种暗示。她坐在汽车后

第十三章
自主学习在行动——自主学习者的故事

排问我:"3+3+3是多少?"回答后我解释说那叫作"倍数或乘法"。在那场对话中,我们只算到了2和3的口诀就停下来了,因为我们已经到达了目的地。

一周后,走在镇上时,她解释说所有数字都跟10有关系并说了各个数字之间的关系,这是她一直在思考的一些东西。她发明了一种游戏,我们会彼此挑战求出总数。她非常努力,想用一个超难的题难倒我。她想了解更多的和,因此我问她是不是应该给她找一本有关和的书。接下来的几个月中,在她的要求之下,我们看完了一本以《星球大战》为主题的数学书的大部分内容……直到满足了她当时有关掌握数学的愿望。她偶尔还会告诉我和是多少或把它们写下来,但那种强烈的程度再也没那么大了。

慢慢地,她对单词的兴趣开始以不同的方式显露出来。有段时间她喜欢玩押韵游戏,比如"还有什么单词是以字母 B 开头的?"有段时间她喜欢"那是什么意思"的游戏。她会沿着路标追踪字母、在杂志上追踪字母、抄瓶子标签或包装等。我们制作过漫画,她给我讲过故事,我们读过猜一行最后一个单词的那种小书,也读过《纳尼亚传奇》(*Narnia*)和《哈利波特》(*Harry Potter*)等小说。那些小说引发了我们之间有关标点符号和斜体的对话,也带来了一些新游戏,比如"停,我要在这一页找到所有的阿斯兰(Aslan)"。

有时候她非常执着于学习阅读或写字。有好几个月的时间,我们非常努力地看完了几本《快乐拼读》(*Jolly Phonics*)的书,她发明了各种复杂而有趣的游戏，我必须根据她的动作猜她读的是哪个单词。但是，这些阶段过去后，我开始好奇我们什么时候才会从读单个单词进展到读真正的书。

去年夏天，在外面的时候她读了某个标志上面的"请"（Please）这个单词。当时我猜那可能代表着一个新阶段的开始。这个单词比我们通常在拼读书上遇到的单词要难得多，她自己也是这么推理的。几个星期后，我们度假时，她用自己的语言编了一部"字典"。当时我们正在读《哈利波特》的第二部——《哈利波特与密室》（*The Chamber of Secrets*），她被书中汤姆·里德尔（Tom Riddle）那本有魔力的日记迷住了。在接下来几个星期中，她把那本日记抄了好几遍。每一遍都透露了她的真实阅读水平，不过她的拼写慢慢有了改善。她宣布说："我要当作家。"不过，她的阅读还没什么进展。

我的女儿今年7岁。几个星期之前，她宣称："我真的想阅读……我希望能读你会读的任何东西，我想做你能做的任何事情，我都想当成年人了！"这基本上就是她出生以来的态度。"那你为什么不试试呢？"我边说边递给了她一本苏斯博士的《在爸爸身上蹦来跳去》（*Dr Seuss'Hop on Pop*）。"看看你能读多少！"

她接受了我的挑战，并且在接下来的三个晚上几乎读完了整本书。她又兴奋又自豪，要求读更多的书。她已经读了好几本"苏斯博士"系列图书，现在她正忙着理解和练习那些难懂的单词，这样她就能利用她那非凡的才华流利地读出来。她的目标是能阅读任何东西，我知道她能做到。

第十三章
自主学习在行动——自主学习者的故事

有些父母把去学校化作为他们更大的人生哲学的一部分。阿基拉·理查兹（Akilah Richards）著有《养育自由的人》（*Raising Free People*）、《以去学校化求解放》（*Unschooling as Liberation*）以及《治愈心灵》（*Healing Work*）。她和自己的伴侣克里斯（Kris）让他们的两个女儿接受非学校教育。在下面这篇2016年发表的故事中，她讲述了他们做出这一选择背后的原因。

去学校化生活方式背后的心态

克里斯和我帮助我们的女儿们获得有关信息，带她们了解日常生活以及成年后所需的生活技能。我们没把自己当作她们最主要的老师，也没把自己视为她们的榜样，虽然我们明白，作为父母，我们高高在上，同时也是她们默认的最主要影响者。我们主动为女儿们寻找导师以及她们感兴趣的其他资源。

作为父母，我们都希望把她们培养成喜欢自己的肤色、自信且自立、熟悉如何在这个数字时代开发和利用相关信息的女性。我们推行去学校化，因为每天让孩子坐在某个建筑里6个小时这种生活不符合我们的兴趣，也不符合我们作为一个家庭的需求。我们并非反学校，我们赞同学习。但对我们的女儿们来说，学校为她们搜集、探索和处理信息的能力加上了不必要的束缚，而且把她们的时间进行了分割。

我们相信传统的小学以及对大学教育的追求为人们成长为专业人士甚至实现个人价值提供了一条道路，不过此外还有很多其他道路，今天尤其如此。特别要指出的是，在美国学校里，黑人的孩子尤其被严重低估并受到了不公平的待遇。

我们的两个女儿读公立学校的时候都被认为是很有天赋的孩子。为了满足她们的求知欲，她们所在的小学准备了一门特殊的课程。但这还不够，或者说根本不可能够，因为我们的孩子——跟绝大部分孩子一样——不是靠积累信息来学习的，她们学习靠的是体验或引导。如果您深入了解孩子的学习环境，就能够真正了解他们那种令人难以置信的吸收、转化及利用信息来影响其环境、得偿所愿的能力。

我们没有试图留在该体系内渴求改变，而是设计了自己的方式。现在，我们一家四口正在学习如何利用新的媒体工具和资源，而不是教材、老师的讲解或指令来查找、搜集及处理信息。我们每个人跟世界各地的人都有关系，而并不是只跟那些因为我们的事业、学校或社交圈子而碰巧离我们不远的人才有关系。我们跟人们建立关联，依据的是我们的兴趣和目标，而不是巧合、年龄或所处的位置。马利（Marley）和塞奇（Sage）基于自己的需求建了社区，通过 DIY.org 这样的数字会面社区进行健康的竞争，获得日常生活技能的人就能获得相应的徽章。在可汗学院，孩子们可以拿出足够的时间来练习在实际生活中会用到的数学技能。

有些父母为孩子创立了专门的集体自主学习环境，这种环境跟学校没有任何相似之处，大家甚至无须到哪所建筑物里见面。

第十三章
自主学习在行动——自主学习者的故事

亚历山大·霍斯特（Alexander Khost）是一位父亲，同时也是儿童权利倡导者。他讲述了自己最近创建的机动小组（Flying Squads）的情况。

2018年秋季，机动小组创建于纽约市布鲁克林区的一家图书馆。但其背后的这一概念早在几年前就已经存在了。

当时，我正在读科林·沃德（Colin Ward）的书——《城市里的孩子》（*The Child in the City*）。该书探讨的是，为了让孩子获得真正的自由，孩子必须成为城市本身的一部分。孩子在自己所在的街道应该感到轻松自在，应该受公共场所的欢迎。在如今的现代文化中，这一理念已经不存在了。

跟学校组织的郊游不同，机动小组并没有预定好目的地，相反，孩子们会练习共同决定目的地以及在这段时间做些什么这些至关重要的技能。我们每周会面一次。每次我们都会先到某个公共场所（通常在图书馆）碰头，用社区日志记录并反思前一次的聚会。然后，大家一起出去探索大家都感兴趣的东西，尝试如何建设社区，以及作为一个年轻人如何就社会正义问题表达集体的关切。

这意味着一切都有可能。

11月的某个周二，我们出发前先在图书馆做好了计划。我的儿子詹姆斯（James）非常热衷于向我们介绍他此前在唐人街某个商店发现的"像云一样轻的小面包"。他拉了足够的票，我们决定今天先去那里。我们乘坐地铁到了唐人街，一路上猜测着詹姆斯所说的地方在哪里。"在曼哈顿桥附近,过了那个转角,就是那个有龙的转角……"现在,我完全把詹姆斯当成了纽约市的一名导游。我相信他会找到那个地方。

我们一点儿弯路也没走,他带我们进了坚尼街上的一条小巷,然后进了一个走廊上的一扇小门,我从没想过这里会通向一家小店。几分钟后,有个孩子跟我说:"我觉得我们好像走进了阴阳魔界。"跟我们的日常生活相比,在这里我们对于纽约的感受绝对是不一样的。显然,所有人对于这种新感受都兴奋不已。

詹姆斯说得没错,那些面包真的像云一样轻,而且很好吃。我们每个人吃了一个,然后对于接下来做什么进行了规划。我们打算回到布鲁克林的6号码头(位于伊斯特河沿岸的一个受人欢迎的游乐场)。不知怎么,有个孩子带着我们所有人走过了曼哈顿桥。那是最美妙的一次外出,那次步行之旅非常完美。我向一个小男孩发起了"哒——哒——哒"蹦跳着穿过整座大桥的挑战。走到半路的时候,他对我说:"我从没想到这座桥有这么长!"我问了一下其他人,但我没想到差不多所有孩子都未曾走着通过这座桥。

我们从桥上下来的时候,很多人抱怨说"腿都快断了""累死了"。因此,我们决定不去6号码头了,改去海盗船游乐场。奇迹般地,那些累得筋疲力尽的小家伙们一个个都"满血复活"了,玩了一遍又一遍海盗船,直到不得不回家才结束。

坐地铁回家时,有个女孩挑战我,让我用最大声音唱"我的小马"(*My Little Pony*)以引起全车人的注意,而她会给我录像。

我们回到总部时，所有人看上去都累坏了。不过，他们脸上的微笑说明他们今天过得太棒了。

精通之路

很多父母允许自己家年幼的孩子掌控自己的教育。他们能够理解 8 岁甚至 12 岁以下的孩子可以在玩耍中学习，但认为青少年自己选的那些活动并没有这种价值。他们不明白自主学习的青少年怎么能变成值得雇佣的成年人。

朱迪·阿诺尔（Judy Arnall）是畅销书《上大学从去学校化开始：在这个充斥着内容的世界上最重要的是关系》（*Unschooling to University*：*Relationships Matter Most in a World Crammed with Content*）的作者。在这本著作中，她对 30 名接受非学校教育的年轻人的求学之路进行了追踪研究。以下是她讲述的关于接受非学校教育的青少年乔什（Josh）如何考上大学的故事。

十几岁的孩子开始选择职业道路时，去学校化能够发挥什么作用呢？很多人觉得小孩子整天玩是可以的，但是到了该考虑自己的终生事业的时候呢？如果人们钟爱的是 STEM 类（科学、技术、工程和数学）的事业呢？

以我书中描述的 30 人小组中的一人为例。乔什今年 16 岁。他没接受过正规的学校教育，整天喜欢逗猫玩、约其他接受非学校教育的哥们儿看电影或者吃午饭、读各类杂书、尝试修改游戏或者玩《堡垒之夜》。

乔什对这些东西的热爱促使他选定了自己的事业。他热切地想成为一名软件工程师。

加速学习背后的科学

年轻人选择职业道路时,很多人认为接受非学校教育的孩子肯定要补上12年的教育。然而,我们忘记了这些年中我们的大脑一直在接收、处理以及合成相关信息。到了16岁,大脑已经进入了前额皮质成熟的最后阶段(直到25岁)。青少年进行推理、批判性及抽象思维、制订计划、决策以及实施自控(动机)的神经官能会上升到其巅峰状态。

接受非学校教育的孩子并不是没受过教育的孩子。通过在真实世界中的体验性教育,乔什花了16年时间进行阅读、思考、写作、学习和领会科学、历史和数学。也许他需要练习把自己学到的东西写到纸上,不过那是高等课程的目标。根据他能获得的权限,那可能需要1~3年的时间。这段时间很快就会过去。与此同时,对于学习的热爱以及好奇心会被保留下来。

我知道您会想:数学是线性的,要以之前的知识为基础,乔什怎么可能一年内完成十年的数学学习?答案是,乔什并非从一年级才开始学习数学,他已经有了一定的知识储备。可以肯定地说,过去16年中,乔什都在以体验的方式学习数学。他烤过面包、卖过东西、查看过天气、参与过学习项目、邮寄过包裹,还

第十三章
自主学习在行动——自主学习者的故事

玩过《超级战舰》游戏。他已经学会了加减乘除、测量、分数、小数,也以体验的方式在自己的生活和活动中学会了整数、坐标。也许他需要一门为期4个月的课程把他头脑中的数学学习转化为在纸上进行计算,不过,等他准备就绪,他很快就能学会。父母们很难预测孩子的未来或想象孩子长大了会是个什么样子。看着自己家6岁的孩子,很多父母难以想象,在没有任何正规教育的情况下,自己的孩子到16岁时会具有怎样的能力或变得多么聪明。

接受非学校教育的孩子并不是在补知识,而是选了另外一条道路对那些知识加以合成——这条道路需要更多地输出或展示他们已经学会的东西,还需要在他们感兴趣的领域进行新的学习。乔什知道如何计算某个包裹的体积,但可能从来没有人让他在纸上进行计算并列出相关步骤。

到16岁时,他的学习从未受过传统教育的约束。在他那些上学的朋友当中,很多人已经因为13年的强迫学习(或许还包括在上学前的3年)而筋疲力尽,而乔什对学习依然兴致勃勃。如果乔什有相关动机而且也喜欢软件工程学,没什么东西能够阻挡他。

生活于北卡罗来纳州达勒姆的霍莉·维尔德(Holly Wilder)说自己是一位终身学习者,她非常赞同自主教育。她是领航社区学校(Pathfinder Community School)的创始人之一。这是一所为5~14岁的孩子开设的自主学习、自我管理的学习社区学校。

在此她讲述了该学校第一届毕业生乌利（Uli）通过非正规学习锤炼自己编程技能的故事。

我第一次遇到乌利的时候，他正试图黑进图书馆的电脑。他是个还不足10岁的孩子，梳着马尾辫，脸上带着不易察觉的微笑。他好像对我说，"看起来有人要检查一下自己电脑的安全问题了。"我丈夫杰西（Jesse）是一位软件工程师，跟一个具有类似精神的小伙子对话让他非常兴奋。不过，他们说的话我听不懂。

杰西说："等这个孩子18岁的时候告诉我，我打算雇用他。"

乌利一直在进行自主学习。在摩塞克敏捷学习中心（Agile Learning Centre Mosaic）学习结束后，乌利转到了领航社区学校这所2018年成立的自主学习学校。

在摩塞克，乌利玩耍、交朋友，而且迷上了《我的世界》。他的父母对于他对电脑的兴趣很头疼，最终他离开了学校。某一天，父母让他管理自己的屏幕时间。他们相信乌利自己会想明白屏幕时间这回事儿。

乌利在领航社区学校变成"电脑迷"一点儿也不令人奇怪。孩子们有时会不小心删掉电脑的操作系统，人们可以找乌利，他会在我们的谷歌盒子上费尽力气一遍遍地安装 Linux 的双操作系统。

他把步骤写了下来，这样，就算他不在，我也能在两个操作系统之间进行转换。

第十三章
自主学习在行动——自主学习者的故事

只要有人能待得住,乌利就会跟人家滔滔不绝地谈编程的事情。在开放参观日,乌利会追着那些在科技公司上班的家长不放,他会向不认识的陌生人问有关他正在做的项目的问题。他妈妈劳拉(Laura)跟我说,将来若有人问他在哪里学的编码,他会说,"哦,跟路过的人学的呗"。那一点儿没错。

留意到乌利对于编码的极大兴趣后,我安排他每周去一次我丈夫杰西上班的公司。刚去的时候,他正在忙着修改某个复杂的程序,可以让《我的世界》中那些可爱的"海龟"机器人像病毒一样自我复制。这是一个古灵精怪的做法,而他看上去非常享受这件事情。

接受了不到六个月的指导后,他已经开始参与一些非常有用的项目,而且还参与了互联网上的高级编程课题合作。

我要指出的是:乌利正是家长最害怕的孩子——他完全沉迷于电脑,每天有12个小时盯着电脑屏幕打电脑游戏,而且多年如此。

允许他继续沉迷其中的结果是他现在已经成了一位技术高超的电脑程序员。他可以用电脑做出绝大部分人要花钱才能得到的东西,而他只有15岁。

要了解目前的状况发生了怎样的扭转,试看一例。很多领航社区学校的家长主动让孩子学习编程或建议孩子学习编程。利用这段时间,乌利学习了很多不同的编程语言,现在他成了为领航社区学校的家长提供编程建议的人。此外,他现在有了自己的生意,在家乡有20多名客户,他为他们提供有关计算机方面的帮助。

对我来说，这一例子恰如其分地说明了自由的、无限制的玩耍可能转变为极其有用、极其有意义的工作。对孩子来说，玩耍就是工作。作为成年人，如果您足够幸运，您的工作也能成为玩耍。

我不知道编程是否会成为乌利终生热爱的东西，但我相信无论他想深入研究自己选择的任何东西，他都会做得非常不错。

改变他们的思维

对于某些家长来说，不对孩子抱有期待可能很难，有时候还会很痛苦。有些家长发现自己走上了一条从没想到过的道路：孩子带着他们走向了自主教育。

莎拉（Sarah）家的老大2015年离开了学校，当时他只有7岁，而她家最小的孩子还没上过学。老大被诊断为自闭症、多动症、双侧听力丧失以及感官处理失调，而最小的孩子被诊断为自闭症。莎拉说：

我家老大在主流小学读了三年。这三年是我家最可怕、最糟糕的三年。回想起来，他刚入学那年是最好的一年。但是，随着要求越来越高，问题也越来越多。学校无视我的建议或反馈。学校不善于沟通，认识不到他的很多需求，能满足的就更少了。在言行方面，他开始变得很有攻击性。尽管他的行为日益恶化，学校还是很固执，拒不承认学校无法满足他的需求。结果，学校不

第十三章
自主学习在行动——自主学习者的故事

让他转到某所特殊学校去。我感觉这个儿子要完了。我研究过家庭教育，觉得肯定要比主流的求学方式好。当时，我意识到正规的学校教育完全不适用于我的儿子。

就个人而言，我更喜欢半结构化的学习。经过不断尝试，我试过给他们略微增强结构性或尝试更为正规的学习，但每次都遭到严词拒绝。有一次，我家老大对我说："你想这个样子，但我不想……"我意识到他是在大声、明确地告诉我"我更青睐的方法并不适合他"。我越来越清晰地意识到了学校对他的影响，我完全接受了终身学习是能够满足他的需求的理想方式的想法，尽管这对我来说也是有关学习看法的极大转变。

没有哪天算是标准的一天。有些天我们有明确的计划——例如，外出、访客或玩耍等。在那些没有外出计划的日子，我们各自忙自己的事情。我确保自己能拿出时间跟两个儿子开展一对一的活动（他们很少喜欢一起做事情）。其中包括一起读书、画或学科学。有时候，我想到一个主意或某件自己很想做的事情，而且他们可能也会喜欢，我就会邀请他们加入进来。有时候，我会有一个他们感兴趣的"主题"，这样他们就能在这一方面有所进展。

亲眼看到他们的热情、兴趣和学习在发展，这是最让我感到满意的一件事情。由于对某个电子游戏充满激情，他们对于世界地理、世界历史、政治人物、历史人物、历史事件、地标、政治体系和宗教的兴趣也大增。而且，在玩游戏的时候，他们还获得了进行战略或战术性思维、计划、评估及资源管理方面的技能。

如果能跟随自己的兴趣进行学习，孩子们就会不断学习，并且最有效地学习，我对此深信不疑。

离开了学校体系，我就能够专门创造能够满足他们特殊教育需求的环境，其中包括赋予他们高度自主。不过，最大的好处还是他们可以远离同龄人之间的攀比。每个孩子的道路都是独一无二的，他们走出的每一步都应该得到喝彩。对于像我家孩子一样的孩子来说，离开学校就是救命良药。

在自己的博客网站上，艾莉丝·陈（Iris Chen）说自己是一个正在寻求恢复的华裔美国人当中的"虎妈"。她讲述了自己进行去学校化，以及放弃逼迫孩子学习的历程。

正好在一年前，在我的去学校化之旅中我终于做好了放弃钢琴的准备。如果您不是一位正在寻求恢复的华裔虎妈，您可能无法理解这对我而言有多么困难。我已经放弃了所有学校式的课程（包括数学），但还没放下钢琴和中文。最终，接受了坚持让我的孩子学习钢琴并不符合有关自主教育的信念这一事实之后，我请诺诺（NoNo）和恺恺（KK）坐下，提供了"继续学习"和"放弃"两个选项，然后等着他们回答。

他们的回答惊到了我。

"我们想继续玩。"

我尽量保持面无表情，但我内心暗自庆幸不已。

我们觉得，除非逼着孩子学习，否则他们就不会学习，遇到困难也没勇气坚持下去。我们想错了，孩子天生就具有学习自己

第十三章
自主学习在行动——自主学习者的故事

觉得有趣、有必要学习的东西的动机。我们只需要让他们自由地发现那些东西就可以了。

以前,每天我都会设好定时器,然后就像那位典型的虎妈一样站在旁边看着他们练琴。如今,我正学着让孩子定义自己的学习进程和进步。他们想练多久就练多久,只要下次上课之前完成任务就可以。他们可以练习自己想学的歌曲,无论是流行歌曲还是小奏鸣曲。没人再要求他们进行独奏、参加钢琴考试或考证。结果,他们不但没有失去动机或变得散漫,他们的幸福感以及对钢琴的兴趣反而增大了。他们正以某种对自己有意义的方式进行学习,而且绝非为了取悦他人或赢得认可。

并非所有孩子都希望成为大师、明星运动员或著名艺术家。有些孩子就是因为喜欢弹琴才弹琴。如果您家孩子生来就没有那种动力或志向,那就放手,为他们喜欢做的事情欢呼吧,不要坚持让他们一定要取得怎样的成功。如果您家孩子非常能干,那就找到相关资源、机会和导师,让他们茁壮成长,但也要提醒他们,他们的价值并非基于他们的表现。

当我问儿子怎样让练琴变得可持续而且让人乐在其中时,诺诺希望能慢一点,每周少学几首歌曲。我们请老师调整一下,老师很配合。这让诺诺没有了压力,也能自由地练习,包括为他的漫画书中的反派人物编一首主题歌。另外,恺恺很容易感到无聊,希望挑战性大一些。他很想学习那些对我来说也很有难度的曲子,从《马戏之王》(*The Greatest Showman*)的曲子到《侏罗纪公园》(*Jurassic Park*)中的配乐他都想学习。他甚至还用自己演奏过的曲子进行了编曲，弄明白了每个调子对应的数值。

按照孩子自己的意愿来做，他们都很享受练习钢琴，但他们享受的方式又有所不同。我没有向他们强加千篇一律的期待，我的角色就是帮助他们跟随自己的天赋、满足自己的好奇心以及实现自己的目标。

成年自主学习者

布丽娅·布鲁姆（Bria Bloom）小的时候接受的是非学校教育。她讲述了自己以前以及现在如何学习。

可以说我的教育很简单——如果我喜欢学什么东西，我就开始学，并且尽最大努力学。

我曾通过玩耍学习。我讲的每个故事都描述了不同种类的玩耍，以前、现在以及这辈子我都会继续进行这种玩耍。在小溪旁，我们搭过桥、建过城堡，还编过各种故事。我对各种材料（石头、砖头、木头、泥巴）及其物理特性进行了验证，我在玩耍中体验了生存的基本理念。围绕大自然的各个方面以及在陆地上生活，我展开了写作、阅读和研究，因为这些东西都很有趣。我玩过很多游戏，我的朋友和我一起发明了这些游戏，并根据游戏的结果和吸引力进行了商谈和修改。我在心里、在现实中都玩过很多幻想游戏，编了很多故事情节和人物，并把我的幻想世界跟别人创造的世界关联了起来。在我的幻想游戏中，我对角色、

第十三章
自主学习在行动——自主学习者的故事

情绪、人物有了更深的理解,而且对于不同视角也产生了同理心。

我曾通过跟生活中的人进行真实的对话来学习。最近,一个朋友的生日派对结束后,她让每个人分享一段自己最喜欢的有关我的记忆。轮到我父亲的时候,他讲了开车带我去跆拳道道场的故事,那时候我们会进行长时间的讨论,一起探讨各种想法。这也是我最珍爱的记忆之一,从中我学到了非常多的东西。我们探讨的话题从政治到戏剧,再到心理学和社交,还有鲜为人知的美国历史。我们的讨论属于我较早通过合作开阔思路的体验之一。

我们对话的核心是一种真正的关系。我向父亲学习,不是因为他逼迫我或期望我向他学习,而是因为他信任我、尊重我。我向父亲学习是我的主动选择。我了解到跟别人对话很重要,尽管彼此在观点、想法或信息方面可能会有所不同。

这些对话非常有力量,因为每个人所拥有的知识或经历各不相同,当您把知识传递给另一个人的时候,这些知识会在您身上变得更加深刻。每天我都跟那些自主学习的年轻人待在一起,从文化到时尚、媒体、段子、政治等,我们无所不谈。我强烈地感受到对于人类关系、文化和理念有了非常深刻的理解。很多大人物教学是最好的学习方式,但我更喜欢把"教学"换成"共享"。把15个具有不同知识的人聚到一起,每个人都跟其他人交流思想。不仅这些人能够获得知识,他们跟别人分享的知识可能也会变得更加深刻。

在成长过程中,我还通过自由地选择深入探究自己喜欢的活动来进行学习。例如,学习西班牙语、练习武术、观看音乐剧、学习各种形式的舞蹈、管理自己的金钱、玩龙与地下城系列游戏……对于这些活动的追求都出于我的个人意志。还是那句话,每个人的道路都是不同的,但其中最重要的一个方面在于由他们自己选择做什么。很多接受非学校教育的人选择上传统课程或参加传统教育项目,但区别在于他们这样选择是基于他们的兴趣以及学习的愿望。

我的热情、好奇心和合作习惯推动着我的生活。当我成为一名成年自主学习者后,这些价值观仍然伴随着我。

那么,我怎样学会自己需要知道的那些东西的呢?

我采用的方式跟我现在学习所使用的方式并无二致。我学到的就是自己需要知道的东西。我了解了自己热爱什么以及如何去追求自己热爱的东西。我学会了如何持续不断地学习并通过跟他人对话以及彼此之间的关系进行学习,我学会了如何将自己的体验用于自己热爱的领域。我学会了如何找到和追求自己一生渴望的、需要的知识。

后 记

本书取名为《自主学习法：给孩子更好的教育》，出于多个原因——上学确实改变了我们的思维，学校教会了我们以特定方式思考自我、他人以及这个世界。12年的求学经历让所有人都发生了或好或不好的深刻改变。毕竟，这就是上学的意义所在。这种改变将伴随我们终生。

为了给孩子选择一种真正不同的教育，成年人必须从自身做起。首先，学校教育使我们认为很多事情都是理所应当的，我们要改变这种思维。例如，改变人们都需要强制教导的思维、学习需要强制的思维、孩子需要奖惩才有动力的思维等。

同样重要的是，要改变我们作为家长或教育者应该扮演什么角色的思维。我们周围的文化促使我们认为自己的角色是为了塑造未来的人——育儿、管教、教育，以便有更多的机会实现最优的结果。接纳自主教育要求我们专注于培育孩子，而不是把他们塑造成我们认为他们应该变成的那种人。这并非易事。我们习惯于控制孩子，因而在大部分时候，我们甚至注意不到自己正在做什么。

利用控制来育儿的现象无处不在。我家孩子和我一起阅读的时候，他们对我小时候读过的书籍的反应让我非常惊讶。那些让我觉得非常自然的东西，对他们而言似乎成了天方夜谭。这些书里的家长通常会运用他们的权力，不让孩子吃饭或不让孩子走出房间。他们禁止孩子跟朋友见面；他们打发孩子去学校，结果孩子烦恼不已；他们坚持让孩子做家庭作业，不让孩子去玩。在我小的时候，我觉得这些做法无可厚非。但是，对于习惯于掌控自己生活的孩子来说，这些做法毫无道理。

有时候，即便那些自以为很温和或以孩子为导向的家长也意识不到自己正在对孩子进行控制。我们当中的很多人更倾向于认为孩子应当自由地选择我们本来要为他们选择的东西，而不会反思我们对自己权力的微妙运用。有些家长很乐于告诉所有人他们的孩子可以自由地选择不玩电子游戏或阅读某些书籍，但是，他们显然没有意识到孩子在认真地倾听他们的声音，而且孩子学到的是哪些选择才会得到父母的赞许。当您无须坚持孩子就会按您希望的去做，您很容易认为自己是一位不喜欢控制孩子、有求必应的父亲（或母亲）。只有当孩子的选择跟您的不同时，您才会真正发现自己潜在的控制倾向。没人说过改变思维不痛苦。如果事实证明孩子的喜好跟您的有所不同，您或许需要放弃那些您始终难以释怀的梦想，比如到乡下尽情地散步或跟孩子一起阅读小说等。当孩子宣布自己的选择，而且家长答应他们时，此时自主教育的挑战才真正开始。

"改变我们的思维"的最后一个含义跟孩子自身有关。本书始终认为，孩子是自己学习过程的积极参与者。他们会影响自己的环境，用我们提供的原材料尽量创造最好的环境。在此过程中，他们的思维也会随着这种互动而改变。人的大脑具有非凡的可塑性，孩子在成长过程中的体验非常重要。不过，对于每个孩子来说，体验方式各不相同，不存在"放之四海而皆准"的方式。环境越富有弹性、反应越积极，就越有可能为不同的孩子提供茁壮成长所需要的东西。自主教育能够切实改变孩子的思维。不上学跟上学是不一样的。

督促孩子顺从我们预定的理想做法会造成问题，相关证据随处可见。有些证据在孩子还小的时候就显而易见，有些证据则要等到孩子成年后才会显露出来。

在本书中我带您走过了一段旅程。我请您思考过我们的学习方式、我们做事情的原因以及教育与有关学习和动机的心理学之间的互动。我曾说过，上学并非获得教育的唯一方式，对一些孩子来说，上学具有一定的难度。我说过自主教育是一种切实可行的对上学的替代方式，而且有证据表明自主教育是有用的。我跟您分享过有关自主教育的故事，并探讨了深入研究自主教育过程的成果。

也许，当您刚开始阅读本书时，您希望能够看到一些规划相关项目的技巧或方法，甚至可以让孩子以"注意不到的方式"进行学习。或许您希望能够找到一些策略，可以帮您说服孩子主动选择坐在书桌旁每天花 5 个小时学习他们的教材。相反，我邀请您专注于您自己的思维、对孩子和教育进行深入思考。

就我个人的经历而言，很明显，学校要求孩子学习的方式与孩子自身的特点之间具有一定的不相容性。自主教育提供了一种替代方案，它与孩子的实际学习方式相契合而不是相悖。

心理学悖论

在本书的最后一部分，我打算解释一下学校体系与人类心理学之间的四大冲突。这些矛盾之处意味着，学校可能极其努力，但这种努力大多适得其反。事实上，这种努力可能让孩子的学习变得更加困难。最后，我将对自主教育如何解决这些悖论、如何让孩子自由学习加以说明。

1. 控制

上学基于以下假定，即如果不加以控制，孩子学不到任何有价值的东西。这一观念并非仅限于主流看法。虽然很多非传统学校会强加一套不同的价值观，但强加就是强加。禁止计算机或手持设备跟禁止某些书籍或玩具同样具有限制性。对成年人来说，这种控制可能看上去没那么严苛，但铁腕就在那里，孩子们对此一清二楚。

拿走对孩子的控制以便对他们进行教育，这种做法会造成一种悖论。当我们消除控制后，会使孩子的动力减弱，同时也让学习失去了很多乐趣。我们试图教育孩子的方式反而让孩子的学习变得更加困难。

对于我们当中很多人来说,这种话难以接受,因为我们小时候听到的是如果我们不听话就永远学不到任何东西。长大后,我们觉得一定要有人逼我们,我们也必须逼孩子。很多人到了成年后仍然带着这种想法。成年后,我们继续强迫自己去做让自己不开心的事情,因为我们相信,如果我们不做那些事情,我们什么也不会去做。

成年人控制孩子的需要注定会失败,因为人类不喜欢被人控制。基础心理学告诉我们,拿走一个人的控制权对于他的幸福感具有深刻的影响。相关研究表明,夺走人们有关学习的选择对于动机具有深远的影响。

自主教育能够解决这一问题,因为自主教育从不会夺走孩子的控制权。在孩子还很小的时候,他们对于自己的学习就保持着控制。这意味着成年人无法完全控制孩子会选择学习什么——他们能做到这一点的想法在很大程度上是一种错觉。不论某个学校体系的控制性有多强,在其中接受教育的所有孩子学到的东西永远不会相同,而且他们各自的进步也不会相同。

2. 赋权

人们对于上学的看法与孩子对上学的体验之间存在着一个巨大的脱钩现象。这些孩子通过他们的言行告诉我们,对他们来说学校是一个充满敌意的地方。他们告诉我们,他们感觉非常无力,他们需要的不是学校。在很多情况下,学校反过来会把他们当作患有"失调症"的孩子。这样，我们就不必再去听他们的行为反映了学校怎样的问题，因为我们把问题归在了孩子身上。

通过让孩子做出有意义的选择而不是许诺他们（如果他们听话）以后能找到一份好工作，孩子得到了赋权，自主教育解决了这一问题。自主教育倾听每个孩子的兴趣和需求，并让他们掌控自己的学习。这意味着他们周围的成年人必须放弃某些有关孩子学习的权力——或者，更准确地说，是他们对于权力的幻想。

3. 背景

学校将学习与其背景割裂开了。它让本来非常具体的东西变得非常抽象，从而导致了一个问题。脱离了背景，学习也就失去了意义，因为您希望理解什么东西而进行的阅读与因为您5岁了根据课程规定必须教您相应的阅读大不相同。

这里再次出现了一个心理学意义上的悖论。我们知道在背景下的学习更为轻松，背景为孩子学习提供了动机。孩子希望自行决定参与社区活动，这样做是因为他们有学习相关技能的动机。将背景从学习中剥离，意味着学校不得不通过奖惩体系来创造动力——但这些东西会损害孩子的内在动机，让学习变得不再那么令人享受。学校越试图激励孩子，他们越可能遇到这一问题。

通过将学习留在其背景之中，自主教育解决了上述问题。如此一来，孩子就能从自己周围的整个世界中学习，而不是只能从学校有限的环境中学习。大量的心理学研究表明，小孩子无须直接教导就能从周围的人那里进行非常复杂的社交学习。事实上，相关研究表明，直接指导有害于孩子的学习，而探索更为有效。人们没理由等孩子到了5岁就改弦更张。因此，自主教育会避免教导，除非孩子希望得到教导，这样孩子就有了进行探索的空间。

4. 焦虑

这是一个我非常关心的悖论。在工作中，我经常遇到感到焦虑的孩子，人们会问我能否利用心理疗法帮他们减轻焦虑。

心理疗法（更偏重认知疗法）基于以下理念，即人们感到焦虑是因为他们的思维陷入了非理性状态。从理论上来说，人们焦虑的原因在于他们对事件的阐释，如果我们能够改变这种阐释，他们的焦虑就能得以减轻。对很多人来说，这很合乎道理——如果某人害怕蜘蛛或者气球，那么心理疗法或可减轻他们的焦虑。心理疗法对于因为以往发生的、如今已经过去了的事情感到焦虑的孩子非常有效。

学校的情况并不一样。学校是一个让很多孩子感到焦虑的地方——尽管失控本身也能引发焦虑——但问题并非如此简单。对学校感到焦虑跟对蜘蛛感到焦虑不同，因为这种焦虑并不是非理性的。学校体系利用羞耻和焦虑来激励孩子。从很小的时候起，孩子们就受到了失败的威胁，而且人们还说他们的生活取决于他们在学校的表现。持续不断的竞争和比较、定期的打分、关系重大的考试、公开的羞辱或奖励——在学校，孩子们躲不开公开的、让人焦虑的曝光。很多孩子学会了通过学习来避免失败的耻辱，但这不是因为他们希望学习或对学习感兴趣。此外，孩子们感到焦虑，或许因为学校标准化的要求跟孩子们的发育阶段不匹配。可能孩子还没准备好就被催促着学习什么东西，如果孩子在自己所在的年级年龄偏小，情况尤其如此。

因此，孩子们的处境是——他们的焦虑被刻意用来让他们按照特定方式行事，但是当他们真的变得焦虑了，人们又会说这意味着他们有了心理问题、失去了理性。这就像学校说的："你们必须足够焦虑，这才符合我们的目标，事情就是这样。"焦虑并不是这样的，您无法刻意变得"足够焦虑"，然后又把过多的焦虑称为非理性。

焦虑还存在一个悖论——焦虑和恐慌会阻碍学习。焦虑是一种基于恐惧的反应，因为焦虑，我们的祖先才会待在离火不远的地方，才会安全。焦虑关乎生存——如果说生存是重中之重，那么学习数学就没那么重要了。当我们感到高度焦虑时，大脑中更加理性的部分就会关闭，只会留着生存所必需的部分。

孩子在学校越焦虑，他们的学习就会越没有效率。当他们的学习效率下降时，他们对于失败就更加焦虑。学校采取了诸如加强观察和控制或让孩子上辅导班等措施，但这让孩子更加焦虑。孩子陷入了焦虑和失败的恶性循环之中，而且看起来他们无路可走。有些焦虑的孩子会表现出愤怒，他们会为此受到惩罚，而这又增加了他们的焦虑。

通过不将焦虑当作激励，自主教育解决了这一问题。在自主教育中，没有基于年龄的比较、没有考试，也没有公开的羞辱。

成年人不会说孩子们的未来取决于他们现在的表现或如果他们考试不及格就永远无法成功,从而避免让他们感到焦虑。孩子们学习是因为他们想学习,如果他们想参加考试,那也取决于他们。即使孩子们做一些容易让人焦虑的事情,也都在他们的控制之中,也是他们可以选择的事情。此外,一般来说,自主学习环境要比学校环境更加非正式、更加个性化,因此也不会那么让人焦虑。

通过这种方式,让孩子可以自由地学习。

结 论

　　学校并非获得教育的唯一方式。自主教育是一种真正可行的选项，关于如何进行自主教育、为什么自主教育真正可行，本书已经一一进行了阐述。让孩子控制自己的学习意味着成年人必须放弃对孩子的控制，对很多成年人来说，这是一个让人害怕的设想。很多成年人无法想象不控制孩子的学习会发生怎样的事情，正像他们无法想象如果自己当初没有受到控制怎么能够学习一样。人们不去直面这一恐惧，反而认为学校才是唯一的出路。这个让人舒一口气的想法让我们避开了以下现实，即这是一个我们替孩子做出的选择。不过，认识到这是一种选择至关重要。因为，如果这是一种选择，那么我们就必须权衡其利弊——相应的益处是否足以补偿相应的弊端。

　　对很多孩子来说，情况的确如此。对其他孩子来说，其弊端过于突出，因此懂得还有其他选项可选至关重要。因为，尽管我们表现得好像学校是唯一的学习之路，很多孩子还是被告知：如果他们对学校感到烦恼，那么问题在他们身上，跟体系无关。

结 论

自主教育不是一个很轻松的选项。然而，这是一条与人类心理学相向而非相背的道路。它顺应孩子希望玩耍、社交和探索的天性；它顺应孩子自主的需求；它顺应孩子的动机，使他们在那些重要的东西出现在自己的生活中时开始相关学习。这些都意味着，人们不必让孩子去适应某个预先定好的框架，因为自主教育可以让孩子绽放、成长，不论他们选择什么方向。

对很多孩子来说，自主教育让他们感到解脱。对其他人来说，自主教育挽救了他们的自尊和自我感受。所有家长都应该了解自主教育，否则一代又一代人只会选择让孩子上学，而对于自己还有另外一种选择却一无所知。

我希望，通过阅读本书，您能够为自己的孩子做出一种积极的选择。上学并非获得教育的唯一方式。您可以顺其自然，不要硬逼着孩子非进入学校体系不可。我们可以顺应孩子的天性而非违背他们的天性。意识到我们正在做出的选择是一种让人恐惧的责任，但有了这一认识就有了改变的可能。

一切取决于您。